枳園本節用集索引

西崎　亨［編］

和泉索引叢書49

序

江戸時代以前に編纂された辞書を一般に「古辞書」と呼ぶが、その性格には種々のものがある。

① 読むための辞書（現代の「漢和辞典」にあたるもの）

② 書くための辞書（現代の「国語辞典」に通じるもの）

と分類するとき、節用集は和語に対応する漢字を書くための辞書である。因に、節用集の語彙は書簡、日常の文書、社会生活上の通常に使用するものを類従するものである。

通俗語集成としての性格を有する節用集の語彙は、中世以後近世を経て、現代語に通じる国語語彙の史的研究、特に語彙の形態、語彙の解釈等に資するところ多いものである。

ところで、節用集には異本が大変に多い。例えば、当該索引の枳園本節用集の場合、伊勢本系統の系統を受けていると言われるが、その影響関係には複雑なものがある。

節用集のお互いの関係を確かなものにするためには、部立、所載語彙及び所載語彙に対する傍訓等についての詳細な比較が必要である。

本索引は、枳園本節用集の異本関係及び枳園本節用集自体の国語研究を通して国語史研究に資することを目的として編むものである。

平成十二年十月十五日

西崎　亨

目次

序……一
枳園本節用集索引のために……五
枳園本節用集索引……一七
凡例　一八
ア…一九　イ…二七　ウ…四〇　エ…四六　オ…四八
カ…五八　キ…七〇　ク…七七　ケ…八六　コ…九〇
サ…九七　シ…一〇四　ス…一一八　セ…一二三　ソ…一二六
タ…一三〇　チ…一三九　ツ…一四五　テ…一五〇　ト…一五四
ナ…一六一　ニ…一六六　ヌ…一六八　ネ…一七〇　ノ…一七二
ハ…一七三　ヒ…一八四　フ…一九〇　ヘ…一九五　ホ…一九八
マ…二〇三　ミ…二〇七　ム…二一〇　メ…二一二　モ…二一四
ヤ…二一七　ユ…二二〇　ヨ…二二二
ラ…二二五　リ…二二六　ル…二二九　レ…二二九　ロ…二三〇
ワ…二三一　ヰ…二三四　ヱ…二三六　ヲ…二三六
あとがき……二三九

枳園本節用集索引のために

◆枳園本節用集について

国語調査委員会編纂『疑問仮名遣』において、「大槻博士の所蔵。用紙は鳥子、製本は粘葉。奥書に、（中略）明治丙子秋日書於玉池之凝翠軒古稀老人枳園　とあり。饅頭屋本よりも語数多く、而して両者一致の点少なからず。」と解説の付された、いわゆる大槻本で、自らの跋文のあることによって、森枳園の旧蔵書であることが明らかであり、橋本進吉博士によって、枳園本と名付けられたものである。

ところで、『印度本節用集古本四種研究並びに総合索引』（中田祝夫・勉誠社）の「印度本節用集四種総合索引のために」の第二節（二）の「印度本節用集諸本解題」において、印度本系諸本の各本を（その一）弘治二年本類、（その二）永禄二年本類、（その三）枳園本類とに分類し、分類される各々について略述がなされている。

ちなみに、枳園本類の項では「この類に入れられるべきは、枳園本の一本であり、その特徴はただちにこの類の特徴となる」として、次のように解説する。

写本二巻一冊。縦一七・五センチ。横一三・五センチ。匡郭は、高さ一四・五センチ。横一二・五センチ。有界一面八行。綴葉装上巻九二丁（「イ」部―「ク」部）、下巻七七丁（「ヤ」部―「ス」部、及び附録）。古い金襴の表紙があるがこれは、後補である。本文第一面の表が甚だしく変色し、表紙を欠いて長く曝されていたことを思わせる。本文の書写は室町末期らしいが、識語を欠く。四十四部で、「為」「於」「恵」部には本文を欠く。門は、

天地　時候　草木　人倫　人名　官名　支体　畜類　財宝　食物　言語　数量　音名　銭数

の十四門。楽名はハ部、銭数はイ部に限られている。ヤ以下を下巻とし、四十四部十四門あるのが永禄二年本類に似ているが、「銭数」門だけが多く、また「時節」を「時候」とする。また所収の語において日本諸国名が附録でなく本本中に摂取されているのが大きな特徴で、伊勢本の影響を受けていることを示している。

ところで、当該「枳園本」は、本索引の底本とした『天理図書館善本叢書節用集二種』に「易林本」と共に収載されたが、同書に安田章氏の極めて詳細な解題がある。その中で、本書の書誌的な点はともかくとして、その系統についての考察のうえで、本書に対する新しい方向性を示唆されるものである。

解題の中で、「巻上は第二種の、巻下は第一種の、如何なる現存の永禄二年本類に近い関係を有するかということが問題になるであろう。」として、次のように記すところがある。

巻上では高野山本の方が近い関係を有するように思われる。人名門の姓名について見ると、ウ部（十三語）、ク部（十語）が語順も完全に一致するのを始めとして、高野山本が枳園本と概ね対応しているのに対して、堯空本はウ部になお四語を持ち、特にイ・ト部ではそれぞれ八語、七語がはみ出しているといった工合である。（略）高野山本になく堯空本にのみ見える語もあるけれども、巻上の基礎になったものは高野山本に近い一本であったであろう。

以下、詳細な本書の系統については、安田章氏の解題によるとして、ここでは少しく高野山本との対応について触れることとする。

安田解題に見るように、人名部の「ウ」「ク」部については、

枳園本　運慶　宇都宮　宇佐　雅楽　上野　上村　臼井　臼杵　鵜川　鵜舟　浦上　浦壁　浦野　上原

高野山本　運慶　宇都宮　宇佐　雅楽　上野　上村　臼井　臼杵　鵜川　鵜舟　浦上　浦壁　浦野　上原

枳園本　（君澤）元三大師　　日下　久下　工藤　久世　倉部　黒川　黒沢　楠　朽木　栗本　（倶生
神）

高野山本　　元三大師（鰥寡）日下　久下　工藤　久世　倉部　黒川　黒沢　楠　朽木　栗本

とあり、解題にあるように、その語順は一致する。因に、傍訓については、

枳園本　浦壁（ウラカベ）元三大師（グワンザンタイシ）楠（クスノキ）朽木（クチキ）栗本（―モト）

高野山本　浦壁（ウカベ）　元三大師（無傍訓）　楠（無傍訓）朽木（クツキ）栗本（クリモト）

のようにあり、必ずしも一致しない。

ところで、例えば「イ」「へ」「ト」部の人名部については、

枳園本　入鹿大臣　印月江　印陀羅　伊奘諾　伊奘册尊　一色　井上　飯川　飯尾　飯田　石谷　伊勢　井尻
入江　岩松　岩山　一条　猪俣　井早田　猪谷　壹岐　磯　市　伊賀　伊奈

高野山本　入鹿大臣　印月江　伊奘諾　伊奘尊　一色　井上　飯尾　飯川　石谷　伊勢　井尻　入江　一条　岩
松　岩山　猪俣　井早田　猪谷　壹岐　伊賀　伊奈　市　磯

枳園本　扁鵲　米元章　逸見　辨慶　氷涯

高野山本　扁鵲　米元章　逸見

枳園本　融大臣　東坡　杜子美　土岐　富田　富部　痞　豊田　土肥　伴野　富永　遠山　利倉　百々　富樫
富山

高野山本　融大臣　東坡　杜子美　土岐　富田　豊田　富部　土肥　伴野　富永　遠山　利倉　富樫　百々

のように、枳園本、高野山本に見え、概ね両本の対応関係は認められるが、語順の異なるもの、一方にあって一方にないものなども存する。安田章氏の指摘のように、語順まで一致するものと、右に示したような一致しないものとの比率については、全体の調査を俟たなければならない。しかし、高野山本の他本の想定の必要を思わせる。

なお、安田章氏の解題では、特に人名門の姓名についての、枳園本と高野山本との比較がなされている。

しかし、試みに天地部の対応について、一丁オモテのみの掲出語を抽出すると、

枳園本　印度　伊勢　伊賀　伊豆　和泉　出雲　因幡　石見　伊豫　壹岐　斎宮　一部　一口　伊香保沼　瞻駒山　不知哉河　五十鈴河　斑鳩宮　厳嶋　伊登岐嶋　生田浦　岩余野　伊吹山　猪嶋崎」上一ォ
（以下略）

高野山本　印度　一部　一口　伊香沼　瞻駒山　不知哉河　五十鈴河　斑鳩宮　求食火　廻嶋　囲炉裡　瑞籬　田舎　堰塘　井磧　井関　牽牛　淫雨　板敷　磌　礎　甍　磊　院　乾　一所懸命地　稲妻　電　雷　石橋　磴　杜　古　今」一ォ（以下略）

のようになる。かなりの隔たりを認めざるを得ない。

なおまた、枳園本と高野山本との、仮に「イ」部の部立を比較すると、

枳園本　天地　時候　草木　人倫　人名　官名　支体　畜類　財宝　食物　言語　数量　銭数
高野山本　天地　時節　草木　人倫　人名　支体　官名　畜類　財宝　食物　言語　数量　銭数

「ロ」部の部立を比較すると、

枳園本　天地　人倫　支体　官名　草木　畜類　財宝　食物　言語
高野山本　天地　人倫　支体　官名　畜類　財宝　食物　言語

のようになっており、必ずしも一致するものではない。

ともかく、部立・掲出語彙・掲出語彙の掲出順・掲出語の訓み等についての詳細な調査を俟つ必要があろう。

次に、当該枳園本は室町時代末期のものであることは定説であろうが、その国語学的側面についての指摘は当然必要であるが、右傍・左傍の加点例及び異本注記例について示すに止める。

◆右傍・左傍に加点した例（但し、後筆と認められるもので、索引中にとらないものも含む）

		右訓	左訓	右音	左音
上					
一ウ7	岩	イワヲ	イワ		
二オ2	幹	イゲタ	イツヽ		
二オ6	電	イナビカリ	イナツマ		
四オ3	洟唾		スヽハナ ツハキ	イダ	
七オ2	何許	イクソハクソ	イカハカリ		
八オ3	勢	イキル	イキヲイ		
八ウ5	縊		クヒル	イツ	
十二オ6	芙蓉	ハス			フヨウ
オ6	荷	ハス	ハスノハ		
オ7	藕	ハス	ハスノネ		
十二ウ2	櫨	ハゼノキ	ハジノキ		

ウ4	蒺莉子	ハナヒシノミ	ハマビシ		
十四オ1	觜	ハシ	クチバシ		
オ3	鸍	ハイタカ			セウ
	鷂	ハイタカ	ハシタカ		
	鶆	ハト			ライ
	隝	ハト			ライ
オ8	膃肭臍	ハタカス			ヲツトゼイ
十五オ5	薄紙		ウスカミ	ハクシ	
十七オ7	跋扈		フミハタカル	ハツコ	
十七ウ2	撥撫		ハライスツ	ハツブ	
5	蔓	ハビコル	ハフ		
6	煩費		ワツライツイヱ	ハンヒ	
7	唾	ハク	ツワキ		
十八ウ1	罵	ハツカシ	ハヅカシメラル		
3	雪耻	ハチヲス、ク	（ハチヲ）キヨム		
二十オ7	虹	ニジ			コウ
	霓	ニジ			ケイ
二十三オ2	山茨菰	ホウヅキ			サンシコ
3	木瓜子	ホケノミ			モツクワ

4　熟瓜　ホゾヲチ　ホソヂ
二十三ウ4　頬　ホウ　ツラ
二十四オ1　田鳥　ホトトギス　タヲサ
二十四オ4　布衣　ホイ　フヱ
帽子　ボウシ　モウス
8　反故　ホング　ホウグ
二十五オ8　風聞　ホノキク　ホノカニキク
ウ2　惘然　ホル、　ハウゼン
二十七ウ2　眇邈　カスカ　ハルカ　ベウバウ
4　偏傍　ヘン　ツクリ　ヘンハウ
二十八オ4　経　ヘン　ヘタリ
謙　ヘル　ヘス　ヘリクタル
二十九オ2　扉　トホソ　トヒラ
3　トシキミ　トサイ
三十オ4　富田　トミタ　トンタ
ウ4　土挑　ドヂャウ　（ド）テウ
蠹魚　ムシハム　トキョ
（「蠹」字の訓）
三十一オ1　砥　トイシ　ト

三十三オ1	擒	トラウ	トリコ	
2	動	ドヨム	ト丶メク	
三十四オ3	千世	チヨ	チトセ	
三十五オ7	縛	チヌ	フリ	
三十六ウ5	忸怩		カヲアカム	チクチ
7	踟蹰		タチヤスラウ	チチウ
三十七オ2	千尋		チイロ	チジン
三十七ウ4	直下		ミヲロス	チヨカ
四十四ウ6	可咲	ヲカシ	ヲカシケ	
	推並	ヲシナヘテ	ヲシナラヘテ	
四十五オ6	佗	ヲクレタリ	ヲソナハル	
四十五ウ1	生	ヲウ	ヲ丶ル	
四十六オ4	辷	ヲシマヨウ	ヲシマロハス	
8	捲	ニカス	ニクル	
四十九ウ2	高野山		タカノヤマ	カウヤサン
五十ウ2	庚申		カノヘサル	カウシン
五十一オ3	樫	カシ	カタキ	
5	薤葱		ニラ（「薤」字の訓）	ガイソウ

6	蹇	カマ			カン
五十三ウ2	蟷螂	カマキリ			トウラフ
五十四ウ3	羯鼓			カッコ	カック
五十五オ1	鍋	カマ	ナベ		
五十六オ7	邂逅		タマサカ	カイコウ	
ウ6	姦	カシマシ	カダマシ		
五十七オ1	由所	カケマクモ	カシコキ		
2	嫁		トツク	カス	
ウ3	艾安		ヲクル ヤスシ	カイアンニ	
五十八オ7	宵	ヨイ	ヨル		
六十一オ2	當腹			タウボク	(タウ)フク
六十二ウ8	手巾	タナコイ			シユキン
六十三オ2	俵	タワラ			ヘウ
4	団子			ダンゴ	(ダン)ス
六十四オ6	嗜	タシナム	スク		
六十六オ7	霄	ソラ			セウ
ウ6	杣人	ソマヒト	ソマウド		
	息女		ムスメ	ソクヂョ	
	某	ソレカシ	ソレ ナニカシ		

六十九オ1	颷	ツジカゼ			ヘウ
	颹	ツジカゼ			リャウ
	飆	ツジカゼ			クワウ
2	晦日	ツモコリ	ツゴモリ		
ウ1	槻	ツゲ	ツキ		
七十オ2	鴾	ツヽ			タウ
3	滑々鳥	ツクミ			クワツクワツテウ
8	裏	ツヽム	ツヽミ		
七十一オ6	伝	ツタウ	ツテ		
七十三オ7	霖	ナカアメ			リン
七十四オ7	難波			ナンハ	ナニハ
七十六ウ3	駱		カハラゲ	ラク	
七十九ウ2	宇宙		ヲウソラ	ウチウ	
八十一ウ6	袍	ウスギヌ	ウヱノキヌ		
八十三オ1	驟	ウヅクマル	ウコツク		
八十四ウ4	貽	ノコル	ノフ		
八十七ウ7	滑々鳥		ツクミ	クワツクワツテウ	
下九十三オ8	病	ヤマイ	ヤム		

九十三ウ6　鏃　ヤシリ　ヤタテ
矢束　ヤツカ　ヤタハネ
7　鏑　ヤサキ　ヤタテ
九十四オ3　養育　ヤシナウヤシナウ　ヤウイク
6　舎矢　ヤヲハナツ　（ヤヲ）ハグ
7　漸々　ヤウヤク　ヤウヤウ
（「漸」字の訓）
ウ1　休　ヤム　ヤスム
九十五ウ2　胯　マタ　マタグラ
九十六オ7　不粉　マガハズ　マキレ（ズ）
ウ4　正　マサニ　マサシイ
7　貧　マクル　マツシ
九十九ウ2　飢饉　ケゴン　キキン
百一オ8　父母　ブモ　フウボ
百五オ8　蘭葱　コヒル　アラヽキ
百六オ6　腨　コブシ　コブラ
腓　コブシ　コブラ
百八オ3　厚薄　コイ　ウスイ　コウハク
ウ4　懲　コラス　コラユル

百十一ウ5	肇（歳）		ハシメ	テウ
百十四オ2	愛宕岩	アタゴ		アイタウガン
百十六オ6	裸	アサハダカ	アカハタカ	
8	距	アコヘ	アクイ	
百十七ウ2	無益	アヤナシ	アチキナシ	
百十八ウ2	遽	アハタヽシク	アワテヽ	
百十九オ1	降	アマタル	アマクタル	
百二十三オ6	去	サレハ	サル	
ウ7	號	サケブ	ナク	
百二十四ウ5	雫	キリ		モウ
	雰	キリ		フン
百二十五オ5	金銭花		カラナテシコ	キンセンクワ

枳園本節用集索引

凡例

一、本索引は天理図書館蔵枳園本節用集（上・下二巻）の伊文～寸部および表紙と本文第一丁との間に四枚の紙を綴じ付けた、一種の目録（目次）部、付録部（百六十一ォ～百六十七ォ）の京横小路京師九陌名・堅小路・十干之異名・十二支之異名・七十二候・国花合祀集抜書の、注記（和訓注・字音注）のある掲出語を五十音順に排列したものである。従って、付訓のないものは、すべて省略に従った。

一、本索引に用いた天理図書館蔵枳園本節用集の底本は、『天理図書館善本叢書和書之部第二十一巻節用集二種』（八木書店）による複製本によった。

一、見出し語は、和語は歴史的仮名遣いに、漢語は字音仮名遣いにしたがった。

一、索引における漢字の字体は、異体字も含めて新字体に従っているが、一部旧字体を残したものもある。元の漢字字体は原本を参照されたい。

一、傍訓・傍音は、右傍に付すのが普通であるけれども、左右両訓、右訓左音、右音左訓等の注記例が存するが、索引中には、右傍・左傍の別は示していない。従って、この点でも原本を参照されたい。

一、虫損のため確認できない文字は□で示した。

一、本索引の語の所在は、天理図書館善本叢書本の丁数表示に従っている。

ア

ア（鴉） 二六ウ5
ア（嗚呼） 二八オ3
アアオボツカナ（吁竄）
アアヲボツカナ 二八ウ5
アイ（鮎） 二六ウ1
（鯮） 二六ウ2
アイギャウ（愛敬）
アイキャウ 二七ウ1
アイサツ（挨拶） 二七ウ5
アイシル（澀） 二五オ7
アイゾウ（愛憎）
アイソ 二七ウ1
アイタウガン（愛宕岩） 二四オ2
アイテ（鞋底） 二七オ2
アイレン（哀憐） 二七ウ2
アウシュクバイ（鶯宿梅） 目四ウ3・二五オ4
アウム（鸚鵡） 二六オ8

アカ（垢） 二六オ6
アカガネ（銅）
アカガヒ（蚶） 二六ウ8
アカカイ 二六ウ1
アカガリ（皸） 二六オ7
アガク（跼） 二九オ1
アガケ（安懸）
アカケ 二八ウ8
アカザ（藜）
アカサ 二五オ8
アカシ（明石） 二四オ6
アカシ（赤・緋・絳） 二六ウ7
（丹） 二六ウ7・二八ウ8
アガタメシ（縣召） 二八オ3
アカチタマハル（頒賜）
アカチタマワル 二八ウ6
アカツキ（暁） 二四ウ7
アカヅク（垢） 二八ウ7
アカネ（茜） 二五オ8
アカハダカ（裸）
アカハタカ 二六オ6

アカビユ（赤莧）
アカヒユ 二五オ3
アガム（崇）
アカムル 二八オ8
アカラサマ（白地・偸閑） 二七ウ7
アカリシャウジ（明障子） 二六ウ8
アカヲケ（閼伽桶）
アカヲ□ 二七オ2
アキ（安芸） 二四オ6
アキ（秋） 二四ウ7・二四ウ8
アキシヒ（清盲）
アキシイ 二六オ7
アキダラズ（不足・不慊）
アキダラス 二八ウ4
アキヂ（空間地） 二四ウ4
アキツシマ（秋津島） 二四オ3
アギト（腮・腭）
アキト 二六オ7・二六オ6
アキナヒ（売）
アキナイ 二八オ8
アキナフ（易） 二八オ8

アキラカ（明・栓）
アキラカナリ（詮・明）　一八ウ1
アキラム（察・審）　一八オ8
アキンド（商人）
　アキント　一五ウ8
アク（飽）　一八オ5
アグ（空）　一八ウ7
アグ
　アグル（挙・揚・揄）　一八ウ1
　アクル（扛）　一八オ8
アクイ（距）　一六オ8
アクギャウ（悪行）
（アク）キャウ　一七ウ2
アクギャク（悪瘧・悪逆）　一七ウ2
アクタ（芥）　一五ウ4
アクタウ（悪党）　一五ウ8
アケクレ（朝暮）　一四ウ7
アケタテ（開閇）　一八オ3
アケビ（通草）　一五オ3
アケボノ（曙・凌晨・昧爽）
　一四ウ6

　アケホノ（黎明）　一四ウ8
アゲマキ（鬉）
　アケマキ　一七オ3
アコ（児）　一六オ1
アコ（下火）　一八ウ1
アゴイ（距）→アクイ　一六オ8
アゴエ（距）
　アコヘ　一六オ8
アコダ（阿古陀）　一五ウ3
アゴノシャウ（安居庄）　一四オ7
アゴメ（袙）　一七オ3
アサ（麻）　一五ウ1
　（苴）　一五ウ4
アザ（疵）　一六オ7
アサカノウラ（浅鹿浦）　一四ウ4
アサガホ
　アサガヲ
　（朝顔）　一五オ2
　（槿・蕣・牽牛花）　一五オ1
アサギ
　アサキ（緗）　一九オ1

　（浅黄）　一七オ3
アザケル（嘲）
　アサケル　一八オ7
アササ（秋沙）　一六ウ3
アサシ（浅）　一八オ7
アサツキ（明日去）　一四ウ8
アサヅキ
　アサツキ（胡葱）　一五ウ3
　（滜䓗・角葱）　一五ウ4
アサツテ（明日去）→アサツキ
アサナアサナ（旦々）　一四ウ6
アサハダカ（裎・裸）　一六オ6
アサヒ（旭・暾）　一四ウ7
アサヒナ（朝比奈）
　アサイナ　一六オ4
アサボラケ（朝朗）　一四ウ8
アサマ（浅間）　一四ウ2
アサマシ（浅増）　一九オ2
　アサマシク（浅間敷）　一七ウ4
アザミ
　アサミ（薊）　一五ウ4

（薢・薢菜）　二五オ8
（莇）　二五ウ5
アザムク（欺・詒）
アサムク　二八オ6
アザヤカ（鮮）
アサヤカ　二八オ7
アサユフ（朝夕）
アサユウ　二四ウ7
アザラシ（水豹）
アサラシ　二六オ8
アザル（回島）　二七ウ4
アサル（求食）　二七ウ4
アシ（阿紫）　二六ウ4
アシ（足）　二六オ6
（脚）　二六オ7
アシ（葦・蘆）　二五ウ4
（葭）　二五ウ4
アシ（亜子）　二六オ4
アシオト
アシヲト（跫）　二六オ6・二八ウ8
アシカガ（足利）　二四オ3

アシガキ（蝶）　二九オ1
アシガセ（桎）　二七オ4
アシカブチ（葦鹿駮）　二六ウ5
アシカル（干越人）　二六オ2
アシガル（足軽）　二六オ2
アシゲムマ（騘馬）　二六オ7
アシシロ（足代）　二四オ8
アシタ（朝・晨・旦・他）　二四ウ7
アシダ（屐）　二七オ2
アシダ（足駄）
アシタ　二七オ4
アシタカグモ（蛸）
アシタカクモ　二六ウ2
アシナヘ（蹇・跛・蹩・躄）　二六オ6
アシマドイ
アシマトイ（螵蛸）　二六ウ3
（蜱）　二六ウ5
アジャリ（阿闍梨）
（アジャリ）　二五ウ7
アジロ（籧篨・網代）　二六ウ8

アス（明日）　二四ウ8
アスカヰ（飛鳥井）
アスカイ　二六オ4
アスカノサト（飛鳥里）　二四ウ5
アスケ（足助）　二六オ3
アセ（汗）　二六オ6
（泚）　二六オ7
アゼ（畷・畔）　二四ウ1
アゼグラ（叉庫）　二四オ8
アセノゴヒ（汗拭）
アセノゴイ　二七オ3
アセボ（馬酔木）　二五オ6
アソフ（宴）　二八ウ1
アソブ
アソフ（遊）　二八オ8
アタ（寃）　二八オ4
アタ（讎）　二八オ4
アダ（他）　二八オ8
アタカ（宛）　二八オ8
アタキ（安宅）　二六オ4
アタゴ（愛宕岩）　目四ウ2・二四オ2

アタジニ（卒悴）　二八ウ5
アタタカ（温）　二八オ7
アタタカナリ（暖）　二四ウ7
アタタケ（温餅）　二七オ5
アタタム（温）　二八ウ7
アダチガハラ（阿達原）　二四ウ5
アタテ（足立）　二六オ3
アタノウヲ（鰍）　二六ウ3
アタバラ（疝）　二六オ7
アタバラ（中悪）　二八ウ5
アタヒ（直・価）　二八オ7
アタフ（与）
アタウ　二八ウ1
アタラ（惜）　二九オ1
アヂ（鰺）　二六ウ1
アヂ（安持）　二六ウ4
アヂキナシ（無道・無為・無端）　二七ウ3
アチキナシ（無益）　二七ウ2
（慧・味気）　二七ウ3
アチキャウ（鱁鮭）　二六ウ3

アツ（充）　二八オ7
アツカク（悪客）　二五ウ8
アツカヒ（扱）
アツカイ　二八オ4
アツガミ（厚紙）
アツカミ　二七オ1
アヅカル（預）
アツカル　二八オ5
アヅキ（小豆）　二五オ6
アツコウ（悪口）　二七ウ2
アヅサ（梓）　二五オ2
アヅサエ（葮）
アツサユ　二五ウ2
アヅサヰ
アツサイ（常山）　二五ウ6
アヅサイ（味佐井）　二五ウ5
アツシ（厚）　二八オ6
アツシ（暑）　二四ウ7
アツソン（朝臣）　二五ウ7
アヅチ（堋・垜・射堁）　二四ウ1
アツホウ（闕逢）　一六三オ2

アヅマ（東）　二四オ6
アツマ
アヅマヤ（四阿屋）　二四ウ1
アツマル（集・群）　二八ウ1
（聚）　二八ウ2
アツム（萃・鳩）　二八ウ6
アツモノ（羹）　二七オ6
アツラヒ（誂）
アツライ　二八オ5
アテガイ（擧）
ア□カイ　二八オ3
アト（跡・蹤・痕）　二八ウ8
アナ（穴）　二四オ5
アナウメ（穴倦目）　二八オ2
アナウラ（趺）　二六オ6
（跏）　二六オ7
アナカシコ（穴賢）　目四ウ4・二七ウ8
アナガチ（強）　二八オ5
アナタ（巳往）　二八ウ6
アナタコナタ（東西）　二八オ1

アナタフト（安名尊）
　アナタウト　一八オ2
アナヅル（蔑如）
　アナツル　一八ウ5
アナドリヲフセグ（禦侮）
　アナトリヲフセク　一七ウ5
アナドル（侮・慢）　一八オ5
　（軽）　一八ウ7
アナニク（生憎・可憎）　一八ウ4
アニ（兄・昆）　一六オ1
アニ（豈）　一八ウ1
アニクキヒト（厉人）　一六オ2
アニヨメ（嫂）　一六オ1
アネ（姉・姒）　一六オ1
アネガコウヂ（姉小路）
　アネガ（コウヂ）　一六一オ4
アノドノ（阿野殿）　一六オ3
アハ（安房）
　アワ　一四オ6
アハ（阿波）　一四オ6
アハ（粟）　一五オ7

アバク（掘）　一八ウ8
アハス（合・併）
　アワス　一八オ7
アハセ（袷）　一七オ2
　（袷衣）　一七オ3
アハセガウ（合香）
　アワセガウ　一七オ3
アハタグチ（粟田口）
　アハタクチ　一四ウ4
アハヂシマ（淡路島）　一四オ5
アハトリ（鴑）
　アワトリ　一六ウ2
アハビ（鮑）
　アワヒ　一六ウ1
アバラボネ（胳）
　アバラホネ　一六オ7
アバラヤ（亭）
　アハラヤ　一四ウ3
アヒオヒマツ（相生松）
　アイヲイマツ　一五オ8
アヒカカユ（相拘）

　アイカカユル　一七ウ1
アヒカナフ（相叶）
　アイカナウ　一七オ8
アヒカマヘテ（相構）
　アイカマヘテ　一七ウ1
アヒシャウ（相生）
　アイシャウ　一七オ8
アヒシラフ（会釈）
　アイシラウ　一七ウ6
アヒダ
　アイタ（間）　一四オ5・一八ウ1
　（際）　一八ウ2
アヒヅ（相図）
　アイヅ　一七オ8
アヒヅノケムリ（狼烟）
　アイヅノケムリ　一八ウ4
アヒハカラフ（相計）
　アイハカラウ　一七オ8
アヒムコ（婭）
　アイムコ　一六オ2
アブ（虻）　一六ウ2

アフギ（扇）　目四ウ3・二六ウ6
アフグ
　アヲク（仰）　二八ウ2
　（翻）　二八ウ6
アフサカノセキ（逢坂関）
　アウサカノセキ　二四ウ4
アフチ（橙）　二五オ8
（楝）　二五ウ2
（樗）　二五ウ3
アフノイテツバキハク（仰而睡）
　アヲノイテツハキハク　目四ウ4・二七ウ7
アフヒ（葵）
　アヲイ　二五ウ1
アフミ（近江）
　アウミ　二四オ6
アブミ
　アフミ（鐙）　二七オ2
　（錠）　二七オ3
アブラツギ（油盞）
　アブラツキ　二七オ1

アブラノコウヂ（油小路）
　アフラノ（コウヂ）　六一ウ3
アブラモノ（油糍）
　アフラモノ　二七オ5
フブリモノ（炙物）
　アフリモノ　二七オ5
アヘグ（喘・喀）　二八ウ8
アヘテモッテ（敢以）
　アヱテモッテ　二八オ4
アヘモノ
　アエモノ（虀）　二七オ6
　（和・醬）　二七オ5
アマ（尼）　二五ウ8
アマ（蜑）　二六オ1
アマガサキ（尼崎）
　アマカサキ　二四ウ3
アマクダル（降）
　アマクタル　二九オ1
アマグチネズミ（鼷）
　アマクチネスミ　二六ウ5
アマゴヒス（雩）

　アマゴイス　二四ウ8
アマザケ（醴）　二七オ6
アマシ（甘・甜）　二九オ1
アマタ（数多）　二八ウ2
アマタタビ（数度）　二八ウ4
アマタル（降）　二九オ1
アマダレ（霤）　二四ウ1
アマツサヘ（剰・賸）　二八オ5
アマヅラ
　アマツラ（甘蔦）　二五オ2
　（千歳）　二五オ3
アマヅラカヅラ（常春藤）　二五オ2
アマナシ（甘棠）　二五オ1
アマネシ
　アマネク（周）　二八ウ2
　アマネシ（遍・普）　二八ウ8
アマノ（天野）　二四オ7
アマノカグヤマ（天香具山）
　二四ウ5
　アマノカハ（天河）
　目四ウ2・二四オ4

アマノリ（紫菜）　一五ウ5
（海苔）　一五ウ6
アマユ（甘辛・甘苦）
アマヘテ　一八オ2
アマリ（余）　一八オ7
（奇）　一八ウ4
アミ（網・罾）　一七オ4
アミガサ（網笠）
アミカサ　一六ウ7
アメ（雨・下米）　一四オ5
アメ（飴）　一七オ5
アメ（鯇）　一六ウ1
アメ（餳）　一七オ6
アメウジ（黄牛）
アメウシ　一六ウ1
アメガシタ（天下・宇宙）　一四オ4
（御宇）　一四オ5
アメツチ（天地）　一四ウ1
アヤ（綾）　一七オ2
アヤシム（怪）　一八オ8
アヤツリ（機）　一九オ1

アヤツル（繰）　一八オ7
アヤナシ（無益）　一七ウ2
（善悪）　一七ウ3
アヤニク（天憎）　一七ウ7
アヤノコウヂ（綾小路）
アヤノコウヂ　一六一オ5
アヤフシ（危・殆）
アヤウシ　一九オ1
アヤマチ（咎・愆）　一八オ6
（非）　一九オ1
アヤマリ（誤）　一八オ6
アヤメ（菖蒲）　一五オ6
アユミ（歩）　一八オ7
アラ（鯇）　一六ウ3
アラアラ（粗）　一八オ2
アラウミ（荒海）　一四ウ3
アラカネ（新賀根）　一四オ8
アラガヒ（不良）
アラカイ　一八オ3
アラキザミ（㕮咀）
アラキサミ　一八オ1

アラクル（散）　一八ウ8
アラシ（颪）　一八オ8
アラシ（嵐）　一四ウ2
アラソフ
アラソウ（争・競）　一八オ5
（諍）　一八オ6
アラタ（新）
アラタニ　一八オ5
アラタフト（仏々々・阿羅天）
アラタウト　一八ウ5
アラタム（改）　一八オ5
アラハル（見・現）　一八ウ7
（露・彰）　一八オ6
アラフ（洗・濯）
アラウ　一八オ5
アラマキ（苞直）　一六ウ6
アラマシ（有増）　一七ウ1
アラメ（荒帯・荒布）　一五ウ5
アラモト（粔）　一七オ6
アララギ（蘭葱）
アララキ　一〇五オ8

アラレ（霰・雹・丸雪）　二四ウ2
（⿱雨鮮・霓）　二四ウ3
アリ（蟻）　二六ウ2
アリアケ（有明）　二四ウ6
アリサマ（行状）　二七オ7
（云為）　二七オ8
（消息）　二七ウ6
アリノママ（有儘）　二七ウ1
アリノミ（阿梨子）　二五ウ6
アリマノコホリ（有馬郡）
アリマノコヲリ　二四ウ3
アリヤウ（有様）　二七ウ1
アル（荒）　二八オ6
アルジ（主）　二六オ2
アレ（彼）　二八ウ7
アワ（粱）　二五ウ4
アハ（沫）　二四ウ3
（泡）　二四オ5
（漚）　二四オ6
アワタダシ（遽）
アハタヽシク　二八ウ2

アワツ（遽）
アワテテ　二八ウ2
アワテフタメク（周章翌）
アハテフタメク　二八オ2
アヰ（藍）
アイ　二五オ7
アヰシテル（澱）
アイシル　二五オ7
アヲサギ（青鵲）
アヲ（サギ）　二六ウ4
アヲ（襖）　二七オ2
アヲカヅラ（防巳）
アヲカツラ　二五ウ3
アヲガヒ
アヲガイ（鈿螺・蜜石）　二六ウ7
（蜜石）　目四ウ4
アヲクビ（青頸）
アヲクヒ　二六ウ2
アヲグロ（青黒）
アヲクロ　二六ウ1
アヲサギ（鸛）

アヲサキ　二六ウ3
アヲシ（青・蒼）　二六ウ7
（碧）　二八ウ8
（翠）　二九オ1
アヲジトト（青鵐）　二六ウ2
アヲダ（⿱竹拂）　二六ウ8
アヲノリ（青海苔）　二五オ8
（青海草）　二五ウ4
（陟釐）　二五ウ5
アヲヤギ（青柳）
アヲヤキ　二五オ3
アヲリ（泥障）　二七オ1
アンアミダブツ（安阿弥陀仏）
アン（アミダブツ）　二六オ3
アンカ（晏駕）　目四ウ4・二八ウ2
アンガウ（暗向）
アンカウ　二八ウ4
アンガウ（鮟鱇）
アンカウ　二六ウ1
アンキ（亟櫃）　二七オ4
アンギャ（行脚）　二七オ7

アンゴノシャウ（安居庄）→アゴノシャウ
アンゴヰン（安居院）
　アンゴイン　一二四オ7
アンザイショ（行在所）　一二四ウ1
アンジツ（庵室）　一二四オ8
アンジャ（行者）
　アンシャ　一二五ウ7
アンジュ（庵主）
　アンシュ　一二五ウ7
アンズ（杏子）
　アンス　一二五オ6
アンダウ（行堂）
　アンタウ　一二五ウ8
アンド（安堵）　一二八ウ6
アンドン（行燈）　一二七オ1
アンナイ（案内）　一二八オ4
アンナイシャ（案内者）　一二五ウ7
アンニン（杏仁）　一二五オ6
アンノゴトシ（如案）
　アンノ（ゴト）ク　一二八オ4
アンノホカ（案外）　一二八オ4
アンリ（行李）　一二七オ7
アンヲン（安穏）　一二七オ7

イ

イイ（怡々）　八ウ5
イイ（猗々）　八ウ5
イイ（依々）　八ウ6
イイガイ（柄）
　イイカイ　五オ3
イイカキ（禾刀）　三オ3
イイガヒ（貽具）
　イイカイ　四ウ5
イウ（優）
　ユウナル　一三〇ウ5
イウイウ（悠々）　八ウ6
　ユウユウ　一三〇オ7
イウイン（誘引）
　ユウイン　一三〇オ7
イウエン（遊宴）
　ユウエン　一三〇オ5
イウカウ（友好）　六ウ4
イウクワイ（遊会）
　ユウクワイ　一三〇オ4
イウゲン（幽言）
　ユウケン　一三〇オ6
イウコウ（宥功）
　ユウコウ　一三〇オ5
イウシ（猶子）
　ユウシ　一二九オ7
イウジャク（幼若）
　イウシャク　七ウ8
イウジョ（宥如）
　（イウ）ジョ　一三〇オ5
イウショク
　ユウショク（石族）　一二九オ7
　（有職）　一三〇オ6
イウタウ（有道）
　ユウタウ　一三〇オ6
イウテン（幽天）　六オ6
イウドウ（右動）

イウトウ　六オ6
イウネン（有年）　六ウ1
イウビ（優美）
　イウヒ　六ウ3
イウヒ（雄飛）　六ウ4
イウヒツ（右筆）
　ユフヒツ　一三〇オ8
イウメン（宥免）　•
（ユウ）メン　一三〇オ5
イウラン（遊覧）
　ユウラン　一三〇オ5
イウレイ（幽灵）　三オ7
　ユウレイ（幽霊）　一二九オ8
イエツ（怡悦）　七オ8
イオトス（射零）
　イヲトス　九オ4
イカ（烏賊・鵤）　四ウ2
　（鮹・鯿・鰩・鵤鰂・鰞）　四ウ3
イガ（刈）
　イカ　二ウ7
イガ（伊賀）　一オ4

イカ　三ウ6
イカウ（衣桁）　四ウ7
イカウ（已講）　七ウ2
イカガ（奈何）
　イカガ　九オ8
イカガセン（何為）　七オ2
イカキ（笊籬）　五オ1
イガキ（瑞籬）　二オ1
イガタ（鎔鋳・鎔）
　イカタ　五オ2
イカダ（桴・筏）　五オ2
イカダチ（伊香立）　一ウ4
イカヅチ（雷）　二オ5
　（霆）　二オ6
イカテイ（何体）　七オ2
イカデカ（争）
　イカテ（カ）　八オ1
イカニイハムヤ（況言）
　イカニイワンヤ　九ウ1
イカニヤ（那哉）　九オ5
イカホド（如何程）

イカホト　七オ2
イカホノヌマ（伊香保沼）　一オ5
イカバカリ（何許）
　イカハカリ　七オ2
イガム（嘷）　八ウ5
イカメシ（巍）　八オ5
イカリ（碇）　五オ1
　（矴）　五オ2
イカル（忿）　八オ7
　（慍）　九オ5
イカルガ（鵤）　四オ5
　（鶻・斑鳩）　四オ6
イカルガノミヤ（斑鳩宮）　一オ7
イキ（気）　四オ2
イキ（壹岐）　一オ5・三ウ6
イギ（威儀）　五オ4
イキカヘル（活）　九ウ1
イキクサ（天景草）　二ウ8
イキザシ（心端）　四オ2
　イキサシ（気調）　七オ5
イキシニ（殼死）　九オ3

イギス（髲）　二ウ8
イキツギ（吸）　四オ3
イキヅク（活）
イキツク　八オ6
イキドホリ（憤）
イキトヲリ　八オ8
イキノマツバラ（生松原）　一ウ3
イキホヒ（勢）
イキヲイ　八オ3
イキミタマ（生見玉）　二ウ3
（生御霊）　二ウ4
イキル（勢）　八オ3
（煩）　九オ6
イク（生）
イクル　八オ7
イクイ（鮏）　四ウ5
イクイク（郁々）　八ウ7
イクカ（幾日）　二ウ3
イクサ（師・軍・征軍・帥衆）
七オ8
イクサブネ（艟艨）　五オ3

イクサヲミテヤヲハグ（見軍作矢）
イクサヲミテヤヲハク
目三オ1・七ウ1
イクシホ（幾入）　九オ6
イクシヲ
イクソバクゾ（何許）
イクソハクソ　七オ2
イクダノウラ（生田浦）
イクタノウラ　一オ8
イグチ（兎缺）　四オ2
イクトセ（幾年）　二ウ3
イクヘ（幾重）
イクヱ　七オ3
イクホド（幾程）　七オ3
イクワウジ（育王寺）　一〇四ウ7
イクワン（衣冠）　五オ2
イケ（池）　一ウ7
イゲウ（意巧）　九オ2
イケツコロシツ（活殺）　九オ2
イケドリ（生捕）
イケトリ　三オ7

イケニヘ（犠牲）
イケニヱ　四ウ6
イケブクロ（生袋）
イケフクロ　五オ3
イケン（意見）　八ウ7
イゴ（囲碁）
イコ　四ウ7
イコフ（歇）
イコウ　七オ3
イコマヤマ（膽駒山）　一オ6
イコム（射込）
イコムル　九オ4
イゴメク（飆悠）　七オ5
イサ（不知）　七オ3
イサ（去来）　七オ6
イザイザ（将々）
イサイサ　八ウ7
イサウ（異相）　六オ8
イサカヒ（闘諍）
イサカイ　七オ3
イサギヨシ（潔）

　イサキヨシ　八オ6
イサゴ（沙・砂）
　イサコ　一ウ7
イササ（鯋）　四ウ4
イザサ（𥬇）　三オ1
イササカ（屑少）　七オ5
イササメ（鯋）→イササ
イザサラバ（引卒去）
　イササラハ　九オ5
イザサレバ（古来而）
　イササレハ　九オ5
イザナギ（伊弉諾）　三ウ3
イザナギイザナミノミコト（伊弉諾
伊装冉尊）　目一ウ6
イサナコ（鯀）　四ウ4
イザナフ
　イサナウ（誘）　八オ6
　（引唱）　七オ5
　イサナイテ（誘引）　九オ4
イザナミノミコト（伊装冉尊）　三ウ3

イサミススドシ（勇鋭）
　イサササストシ　九ウ1
イサム（勇）　八オ8
イサム（諫）　八オ8
イサム
　イサメリ（沛艾）　八ウ7
イサヤカワ（不知哉河）
　イサヤカハ　一オ6
イザヨヒ（十六夜）
　イザヨイ　二ウ2
イザヨヒノツキ（不知夜月）
　イサヨイノツキ　二ウ2
イザヨヒノナミ（徘徊浪）
　イサヨイノナミ　八ウ3
イサラメ（鯇・鰻）　四ウ6
イサラヲガハ（潦小川）　一ウ1
イサリ（漁）　五オ3
イサリビ（求食火）　二オ3
　（漁火・廻島）　二オ3
　（求礒火）　二オ4
イシ（石）　一ウ7

イシ（窳）　八オ3
イシ（医師）　三オ5
イシウス（碓）　五四ウ7
　（礶・碖）　五オ4
イシガメ（蠵）
　イシカメ　四ウ4
イシクナギ（鵤鴿）　四オ5
イシグラ（磊）　二オ5
イシタタキ（䳇）　四オ8
イシダタミ（甃）　二オ2
イシツキ（石突）　四ウ8
　（錁・礸・𥗐）　四ウ8
イシヅヱ（礎・碵）
　イシヅヘ　二オ4
イシノヲダマ（魎）　四ウ6
イシバシ（石橋）　一ウ6
イシハジキ（艠）
　イシハシキ　九ウ1
イシバヒ（石灰）
　イシハイ　五オ1
イシブシ（石陰）　四ウ3

（鮔・鮖）　四ウ4
イシマサキ（猪嶋崎）　一オ8
イシモチ（鱝・鰻）　四ウ4
イシャウ（衣裳）　四ウ7
イシュ（意趣）　六オ7
イショク（衣食）　四ウ7
イシラマス（射退）　九オ4
イス（椅子）　四ウ7
イスカ（鴡・鶍）　四オ6
イスズガワ（五十鈴川）
イスズカハ　一オ7
イスル（饐）　八オ6
イセ（伊勢）　一オ3
（イセ）　三ウ5
イソ（磯）
（イソ）　一ウ7
（礒）　一ウ7・三ウ6
イソガハシ（閙）　九ウ2
イソカハシク（忙敷）　八ウ7
イソク（夷則）　二オ8
イソグ（忩）

イソク　八オ3
イタ（板）　五オ2
イダ（洟唾）　四オ3
イタイケ（為長卿）　七オ6
イタガヒ（文蛤）
イタガイ　四ウ4
イタカヒト（居鷹人）　三オ7
イタカ（五十面・移他家）　九オ7
イタカモノ（人依他家者）　三オ8
イダク（懐）
イタク　八オ2
イタクナク（餘泣）　七オ7
イタケダカ（居長高）　八ウ3
イタジキ（板敷）　二オ5
イダス（失）　九オ7
イタダキ（頂）
イタタキ　四オ2
イタダキ（巓）
イタタキ　一ウ8
イタダク（戴）
イタタク　八オ4

イタチ（鼬・鼠狼）　四オ6
（鼣・鼪）　四オ7
イタヅキ（平題箭）
イタツキ　五オ1
イタヅラ（徒）
イタツラ　八オ4
イタヅラニハヒコラズ（一不一）
イタツラニハヒコラス　八ウ5
イタデ（陸手）　九オ4
イタデ（痛手）　八オ8
イタドリ（虎杖）　二ウ6
イタハシ
イタワシク（痛敷）　七オ4
イタハル（修）
イタワル　九オ1
イタビサシ（板庇）　二オ5
イタム（傷）　八ウ1
（痛）　八オ8
（瘁・盡）　八ウ8
（縮）　九オ1
イタメガハ（撓・皮）

イタメカハ　五オ3
イタヤガヒ（文貝）
イタヤガイ　四ウ4
イタル（至）　八オ2
イチ（市）　二オ1・三ウ6
イチアシ（駿足）　九オ8
イチウ（一宇）
（イチ）ウ　六オ3
イチエウ（一腰）
イチヨウ　六オ2
イチエフ（一葉）
イチヨウ　六オ4
イチガウセン（一号舩）
（イチ）ガウセン　五ウ5
イチガフ（一合）
（イチ）ガウ　五ウ7
イチグ（一具）
（イチ）グ　五ウ3
イチグラ（肆）
イチクラ　二オ1
イチクヮン（一巻）　五ウ4

イチクヮン（一管）　五ウ3
イチケイロウ（一鞋韈）
（イチ）ケイロウ　六オ5
イチゲサウ（一夏草）　三オ3
イチゲフショカン（一業所感）
イチゴウショカン　六オ5
イチゴ（覆盆）　二ウ6
イチザ（一座）
（イチ）ザ　六オ3
イチザイ（一剤）
（イチ）ザイ　五ウ3
イチジルシ（掲焉）
イチシルシ　八ウ3
イチゾク（一族）
（イチ）ソク　三オ6
イチダ（一駄）
（イチ）ダ　五ウ2
イチヂャウ（一帖）
（イチ）デウ　五ウ3
イチデウ（一条）
（イチ）デウ　一六一オ2

イチデフ（一畳）
（イチ）デウ　六オ4
イチノカミ（市正）　三ウ8
イチノヘイ（一部）
イチノヘ　一オ5
イチハ（一羽）
イチワ　六オ3
イチハツ（一八）　二ウ6
イチバン（一盤）
（イチ）バン　六ウ1
イチヒノキ（櫟）
イチイノキ　三オ2
イチビン（一緡）　五ウ6
イチマイ（一枚）
（イチ）マイ　五ウ4
イチメガサ（市女笠）　五オ5
イチメン（一面）　六オ2
イチモツ（逸物）　六ウ2
イチヤウ（一様）
（イチ）ヤウ　五ウ4
イチヤク（一役）　三オ7

イチョウ（銀杏）
イチウ 二ウ5
イチラクサク（一落索） 五ウ1
イチリ（一里）
（イチ）リ 五ウ2
イチリフ（一粒）
（イチ）リウ 五ウ3
イチリャウ（一両）
（イチ）リャウ 五ウ5
イチリャウハイ（一両輩） 三オ8
イチレツ（一烈）
（イチ）レツ 六ウ4
イチヱ（一会） 六オ3
イツ（乙） 一六三オ2
イツ（鎰） 八ウ5
イヅ（伊豆） 一オ4
イヅ（出）
イツ 七ウ8
イツカ（早晩） 七オ1
イッカ（一荷）
（イッ）カ 六オ1

イッカイノドソウ（一堦度僧）
イッカイノトソウ 三オ8
イッカウシウ（一向衆） 三ウ1
イツカド（一廉） 九オ3
イッキ（一紀） 二オ8
イッキ（一基） 五ウ8
イッキ（一揆） 三オ8
イツキ（韓・幹） 二オ2
イッキタウゼン（一騎当千）
イッキタウセン 三オ7
イツキノミヤ（斎宮） 一オ5
イッキャク（一脚） 六オ2
イッキョウ（一興）
イッケウ 六オ4
イッキョウ（逸興）
イッケウ 六ウ2
イッキン（一斤）
（イッ）キン 五ウ6
イツク（寵） 八オ7
イック（一驅） 五ウ8
イツクシ（慈） 八オ5

イツクシマ（厳島） 一オ7
（伊登岐嶋） 一オ7
イヅクニヲル（安処）
イツクニヲル 九オ3
イックヮン（一巻）→イチクヮン
イックヮン（一管）→イチクヮン
イヅクンゾ（悪）
イツクンソ 八ウ1
イッケツ（一結）
（イッ）ケツ 五ウ6
イッコ（一箇） 五ウ3
イッコク（一斛）
（イッ）コク 六オ1
イツゴロ（何此）
イツコロ 七オ1
イッコン（一喉） 五ウ8
イッサイ（逸才）
イツサイ 六ウ2
イッサウ（一匝）
（イッ）サウ 六ウ5
イッサウ（一左右） 九オ7

イッサウ（一双）　五ウ4
イッサウ（一艘）
（イッ）ソウ　五ウ5
イッサツ（一冊）　五ウ4
イッサツ（一撮）　五ウ8
イッシウキ（一周忌）　二オ8
イツシカ（何鹿）　七オ1
イッシキ（一色）
（イッ）シキ　三ウ4
イッシキシンダイ（一式進退）
イツシキシンタイ　六オ5
イッシャガイ（一生涯）
（イッ）シャウガイ　五ウ1
イッシャク（一勺）
（イッ）シャク　五ウ7
イッシュ（一首）　六オ2
イッシュ（一銖）
（イッ）シュ　五ウ6
イッシュ（一炷）　五ウ5
イッシュク（一宿）
（イッ）シュク　五オ1

イッシュク（一縮）
（イッ）シュク　五ウ1
イッショウ（一升）
（イッ）セウ　五ウ7
イツス（揖）　八オ3
イッスイノユメ（一炊夢）　五ウ1
イッセウ（一笑）
（イッ）セウ　六オ4
イッセキ（一隻）　五ウ8
イッソク（一足）
（イツ）ソク　六オ2
イッタイ（一体）
（イッ）タイ　六オ1
イッタイ（一袋）
（イツ）タイ　六オ3
イッタウ（一黨）　三ウ1
イッタン（一段）
（イッ）タン　五ウ2
イッチャウ（一町）
（イッ）チャウ　五ウ2
イッチャウ（一挺）

（イッ）チャウ　五ウ2
イッチャウ（一張）
（イッ）チャウ　五ウ2
イッチャウセン（一号船）→イチガフセン
イツツ（韓・幹）　二オ2
イッツイ（一対）　六オ4
イッテキ（一滴）
（イッ）テキ　九オ7
イット（一斗）
（イッ）ト　六オ1
イツハタヤマ（伊頭波多山）　一ウ5
イツハル（詐）　八オ7
イッヒキ（一疋）
（イッ）ヒキ　五ウ5
イッフク（一服）
（イッ）フク　六オ3
イッフク（一幅）
（イッ）フク　六オ1
イッフン（一分）
（イッ）フン　五ウ6

イッヘウ（一俵）
（イッ）ヘウ　五ウ8
イッペン（一返）
（イッ）ヘン　五ウ5
イッホン（一本）　五ウ4
イツマデ（何迄）
イツマテ　七オ2
イツマデグサ（壁生草）　三オ2
イヅミ（泉）　一ウ7
イヅミ（和泉）　一オ4
イツモ（朝暮）　二ウ2
イヅモ（出雲）　一オ4
イヅレカ（孰与）
イツレカ　七オ6
イヅレヘン（何篇）
イツレヘン　七オ2
イツルイキ（癥）　四オ1
イテ（射手）　三オ5
イデキタル（将来）
イデキタッテ　八ウ4
イデノタマガハ（井手玉川）　一ウ4

イト（糸）　五オ2
イトウシ（合身）　九オ1
イトガヤマ（糸鹿山）　一ウ2
イトケナシ（幼）　八ウ2
イトコ（従子）　三オ6
イトシ（最愛）
イトシイ　七オ4
イトジリ（居尻）　五オ1
イトダノハシ（板田橋）　一ウ3
イトド（了々）
イトト　八ウ6
イトドカシコシ（最賢）　九オ8
イトドシ
イトトシク（最敷）　九ウ2
イトナム（営）　八オ4
イトフ（厭）
イトウ　八オ2
イトマアラズ（下遑）
イトマアラス　七オ7
イトマアリ（閑）
イトマアル　九ウ1

イトマゴヒ（暇乞・暇請）
イトマコイ　七オ1
イドミタタカフ（挑戦）
イトミタタカウ　九ウ2
イドム（挑）
イトム　八ウ4
イトモノホソシ（最物細）
イトモノホソキ　九オ5
イトヤスシ（容易）　八ウ2
イトヤナギ（糸柳）
イトヤナキ　三オ3
イナ（伊奈）　三ウ7
イナオホセドリ（伊男女勢鳥・稲負鳥）
イナヲウセトリ　四オ5
イナガハ（猪名川）　一ウ4
イナゴ（蚱蜢）　四ウ4
（螽）　四ウ5
イナガラ（坐）
イナカラ　九オ1
イナヅマ（稲妻・電）

イナツマ 二オ6
イナナク（馬鳴） 八ウ8
（驫） 九ウ1
イナノ（印南野） 一ウ3
イナバ（因幡） 一オ4
イナビカリ（電） 二オ6
イナビカリス（電）
イナヒカリス 一六四オ5
イナフ（叱）
イナウ 八オ2
イナフ（辞）
イナウ 八オ2
イナブ（希惜）
イナブル 七オ4
イナヤ（否） 八オ3
イナリ（稲荷） 一ウ2
イニシヘ（古） 二ウ3
イヌ（犬・狗） 四ウ5
イヌ（去） 七ウ8
イヌル（去） 九オ1
イニケリ（行） 九ウ1

イヌ
イヌル（寝） 八ウ1
（寠・寠・寑・寖） 八ウ8
イヌイサカヒ（叱犬）
イヌイサカイ 九オ6
イヌエ（香薷）
イヌヱ 三オ2
イヌオフモノ（犬追物）
イヌヲウモノ 目三オ2・七ウ2
イヌカサカケ（犬笠懸） 九オ6
イヌカヒボシ（牽牛）
イヌカイボシ 二オ5
イヌカヒミユ（犬養御湯）
イヌカイノミユ 一ウ2
イヌタデ（葒・蓼草・荏草） 三オ1
イヌブセキ（犬防）
イヌフセキ 二オ3
イヌフセキ（檻） 二オ2
イヌヰ（乾）
イヌイ 二オ4
イネ（稲） 二ウ8

イネガタシ（難寝）
イネカタシ 八ウ4
イノチ（命） 四オ4・八ウ1
（寿） 四オ3
イノチナガラヘ（存命） 九オ6
イノル（祈） 八オ1
イハ（磐・岩）
イワ 一ウ7
イバウ（伊望）
イハウ 六ウ5
イハキヤマ（磐城山）
イワキヤマ 一ウ1
イハク（謂） 八オ2
イハクラヤマ（岩倉山）
イワクラヤマ 一ウ5
イハシミヅ（石清水）
イワシミツ 一ウ6
イハシロノヲカ（石代岡）
イワシノロヲカ 一ウ6
イハセノモリ（石瀬杜）
イワセノモリ 一ウ2

イハタケ（岩苔）
　イワタケ　三オ4
イハダオビ（纈帯）
　イハダヲビ　九オ6
イハタニ（石谷）
　（イハタニ）　三ウ5
イハダノモリ（岩田杜）
　イワタノモリ　一ウ5
イハツツジ（羊躑躅）
　イワツツジ　三オ2
イハデノヤマ（石堤山）
　イワデヤマ　一ウ1
イハトヤマ（岩戸山）
　イワト（ヤマ）　一ウ5
イハナシ（磐梨）
　イワナシ　二ウ6
イハノハザマ（岩之硲）
　イワノハサマ　九オ5
イハヒバ（磐檜）
　イワヒバ　三オ3
イハフ（祝）
　イハウ　二ウ1・八ウ1
イバフ（嘶）
　イバウ　九オ1
イハホ（巌・岩）
　イワヲ　一ウ7
イハマツ（岩松）
　イワマツ　三ウ5
イハンヤ（況）
　イワンヤ　八オ6
イハヤ（窟）
　イワヤ　一ウ7
イハヤマ（岩山）
　イワヤマ　三ウ5
イハユル（所謂）　七オ5
イバラ（棘）　二ウ7
イヒ（飯）
　イイ　五オ6
イヒカワ（飯川）
　イカハ　三ウ4
イビキ（鼾・劓）　四オ2
イヒキ（鼻息）　四オ3
イヒダ（飯田）
　イイダ　三ウ5
イヒノヲ（飯尾）
　イイノヲ　三ウ5
イブカシ（不審）　七オ6
イブカル（訝）　八オ4
イブキ（伊吹木）　二ウ5
イブキヤマ（伊吹山）　一オ8
イフク（衣服）　五オ5
イフジシャ（衣鉢侍者）　三オ5
イブセシ（霧）　九オ1
　（馬葵蜂）　九オ4
イブセク（妨嫌）　七オ7
イフナラク（言説）　八ウ2
イブリ（不忍）　九オ3
イヘ（家）
　イヱ　二オ1
イヘウ（異標）　九ウ2
イヘシマ（家島）
　イエシマ　一ウ6
イヘドモ（雖）

イヘトモ　八オ5
イヘノカミ（魅）
イエノカミ　四ウ6
イボ（虵）　四オ1
イホ（疣目・眈目）　四オ1
イボジリ（蟷蜋）
イホシリ　四ウ5
イホリ（菴）
イヲリ　二オ1
イマ（今）　二ウ3
イマイマシ
イマイマシク（忌々敷）　七オ3
イマギノミネ（新廻峰）　一ウ1
イマシ（乃）　八オ3
イマシム（戒）　八オ4
イマス（在）　八オ2
イマダ（未）
イマタ　八オ3
イマハカウ（今角）　九オ8
イマハカウトオボエソロ（今榔覚候）
イマハカウトヲホヘソロ　七オ8
イマヤウ（時勢）　九オ3
イマユミ（杜仲）　三オ3
イマヨリ（今来）　七オ6
イミジ
イミシ（㤼）　九オ1
イミシク（忌敷）　七オ7
イミシクソロ（繄敷候）　七オ7
イミシキ（固）　九ウ1
イミャウ（異名）　九オ2
イム（忌・諱）　七オ8
イムケノソデ（尨袖）　八ウ2
イモ（芋）　二ウ7
イモウト（妹・娣）　三オ6
イモシ（菣）　二ウ7
イモセ（妹背）　三オ6
イモセノチキリ（五百世契）　九オ7
イモハシカ（疱疹）　四オ1
イモノクキ（芋茎）　二ウ7
イモノジ（鋳物師）
イモノシ　三オ6
イモリ（守宮）　目三オ1・四オ7
（䶢）　四オ8
イヤ（辥）　八オ7
イヤイトコ（再従子）　三オ6
イヤイヤ（否々）　八ウ5
イヤガキ（弥書）
イヤカキ　七オ4
イヤシ（鄙）　八ウ1
イヤシクモ（苟）　八ウ4
イヤス（治）　八オ3
イヤヅケ（弥付）　七オ4
イヤメヅラシ（長命）
イヤメツラシク　九オ3
イユ（愈）
イユル　六オ8
イヨ（伊豫）　一オ5
イヨイヨ（弥）　八オ5
イヨシ（貴）
イヨシク　八オ7
イヨダツ（堅）
イヨタツ　八オ5

イヨメ（鷁）　四ウ6
イヨヤカ
イヨヤカナリ（森然）　七オ5
（森）　八オ5
イライラシ（早意）
イライラシク　九オ3
イラカ（甍）　二オ5
イラカヲナラベ（甍並）
イラカヲナラヘ　九オ6
イラグサ（⿱艹釬）　二ウ8
イラゴサキ（伊良子崎）　一ウ3
イラノハ（骨仁久花）　二ウ8
イラユ（諾）
イラユル　七オ6
イリアヒ（晩鐘）
イリアイ　二ウ2
イリコ（煎海鼠）　四ウ3
（熱糊）　五オ6
イリコブ（煎昆布）　五オ6
イリツケ（炒付）　五オ6
イリフ（炙麸）　五オ6

イリマメ（煎豆）　五オ6
イリヱ（入江）　三ウ5
イル（入）　七ウ8
イルル（容）　九オ1
（納）　九ウ1
イル（集）　八オ6
イル（煎）　八オ1
イル（鋳）　八オ1
イルイキ（痿）　四オ1
イルカ（海鹿・⿰魚孚魳・⿰魚普⿰魚孚）　四ウ1
（江豚・⿰魚普・⿰魚舌・鯆）　四ウ2
イルカセ（忽緒）　七ウ8
（怠）　九ウ1
イルカノダイジン（入鹿大臣）
イルカノタイジン　三ウ2
イルノ（入野）　一ウ6
イロ（喪衣）　五オ3
イロコ（雲胎・鱗）　四オ1
イロドル（采色）
イロトル　九オ8
イロヒヲヤム（止綺）

イロイヲ（ヤム）　九オ1
イロフ
イロウ（綵）　八オ1
イロヘテ（色交）　八ウ3
イロヲカヘサマヲカヘ（易色易様）　八ウ2
イワウ（硫黄）　四ウ8
イワウ（以往）　六オ7
イワウジ（育王寺）　一〇四ウ7
イワジ（鰯）
イハシ　四オ8
イワミ（石見）　一オ5
イワレノ（岩余野）　一オ8
イヱシシ（愈完）　九オ8
イン（印）　四ウ7
イン（院）　二オ5
イン（韻）　八オ6
インイン（陰々）
イン（イン）　八ウ6
イン（寅）　一六三オ5
インイン（殷々）

イン（イン）　八ウ6
インウ（淫雨）　二オ6
インウ（飲羽）　六ウ5
インカ（印可）　六ウ8
インギン（慇懃）　八ウ4
イングヮ（因果）
インクヮ　六オ8
イングェツカウ（印月江）
インケツノカウ　三ウ2
インコウ（音呼）　四ウ5
インシン（音信）　六ウ5
インシン（隠疹）　四オ2
インセイ（陰晴）　六オ5
インソツ（引率）
インソツ　六ウ1
インダラ（印陀羅）　三ウ2
インヂ（印地・因地）　六ウ8
インド（印度）　一オ3
イントン（隠遁）　六オ7
インブツ（引物）
インフツ　五オ4

インヨウ（允容）　八ウ2
インヨク（婬欲）　六ウ3
インロウ（印籠）　四ウ8

ウ

ウ（鶚・鴂）　八一オ6
（鵜）　目三ウ2・八一オ6
（鸕鴂）　八一オ7
ウ（得・獲）
エタリ　二一オ1
ウイキャウ（茴香）　八〇オ6
ウイレイ（回礼）　八三オ5
ウカガフ（伺・窺）
ウカガウ　八二ウ7
ウガツ（穿）　八二ウ6
ウカツ（鑿）　八三ウ3
ウガハ（鵜川）　八〇ウ7
ウカヒ（鵜飼）
ウカイ　八〇ウ四・八三ウ3
ウガヒ

ウガイ（酌）　八三ウ3
ウカイ（酭）　八三オ4
ウキウジュ（鳥臼樹）
ウキウシュ　八〇オ8
ウキキ（槎・楂）　八〇オ7
ウキクサ（萍・蘋）　八〇オ7
ウキシマガハラ（浮嶋原）　七九ウ4
ウキメ（憂喜目）　八二ウ3
ウキャウ（右京）　八一オ1
ウキヨ（浮世）　八二ウ6
（憂世）　八二ウ3
ウク（受）
ウクル　八三オ1
ウグヒ（鰄）
ウグイ　八一ウ2
ウグヒス（鶯）
ウクイス　八一オ7
ウグロモチ（土豹）→ウゴロモチ
ウクロモチ（田鼠）　八一ウ4
ウケ（筌・泛子）　八二オ2
ウケガフ（肯）

ウケカフ　八三オ3
ウケコフ（請乞）
（ウケ）コウ　八二ウ4
ウケタマハル（承・奉・豕）
ウケタマワル　八三オ1
ウケドリ（請取）
ウケトリ　八二ウ3
ウケブミ（請文）
（ウケ）フミ　八二ウ4
ウゲン（迂言）　八三オ3
ウゴキ（五如木）
ウコキ　八〇オ8
ウゴク（動・揺）　八三オ3
ウコク（蠢）　八三ウ3
ウゴツク（騡）
ウコツク　八三オ1
ウゴメク（瞤）　八三オ8
ウゴロモチ（土豹）→ウグロモチ　八一オ8
ウサ（宇佐）　八〇ウ6
ウサギ（兎）

ウサキ　八一オ8
ウサギムヤ（驢）
ウサキムマ　八一オ8
ウサン（胡盞）　八一ウ5
ウジ（蛆）　八一ウ1
ウシウ（憂愁）　八二ウ2
ウシカヒ（牛飼）
ウシカイ　八〇ウ4
ウジシュジャウ（氏種姓）　八二ウ7
ウシトラ（艮）　七九ウ2
ウシトリ（䲭）　八一ウ1
ウシナフ
ウシナウ（失）　八二ウ6
（亡）　八三ウ2
ウシノコ（犢）　八一ウ1
ウシノトキ（丑時）　七九ウ6
ウシホ（潮）
ウシヲ　七九ウ2
ウジュキツ（温州橘）　八〇オ6
ウシロダテ（後楯）
（ウシロ）タテ　八二ウ3

ウシロヅメ（後詰）
ウシロツメ　八二ウ3
ウス（臼）　八一ウ8
ウスカハ（膜）　八一オ5
ウスカミ（薄紙）　一五オ5
ウスキ（臼杵）　八〇ウ7
ウスギヌ（袍）　八一ウ6
ウスシ（薄）　八三オ5
ウスイ　一〇八オ3
ウスダミノヱ（薄濃㞒）
ウスタミノヱ　八二オ2
ウスヅク（舂）
ウスツク　八一ウ8
ウスベ（鶶）
ウスヘ　八一ウ1
ウスモノ（羅）　八一ウ8
（沙）　八二オ2
ウスヤウ（薄様）　八一ウ5
ウスヰ（臼井）
ウスイ　八〇ウ7
ウセウト（失人）　八〇ウ4

ウソ（鶯）　八二オ8
　（佳鳥）　八一ウ3
ウソブク（嘯）　八二ウ5
ウタ（雅楽）　八〇ウ6・八一オ2
ウダイジン（右大臣）
　ウタイシン　八一オ1
ウタウタフ（唱歌）
　ウタウタウ　八二ウ7
ウタガヒ（疑・疑）
　ウタカヒ　八三オ3
ウタタネ（假寝・一二三）　八三オ8
ウタテ（薄情）　八三オ6
ウダテ（宇立）　七九ウ3
ウタテシ
　ウタテシク（転手敷）　八三オ6
　ウタテカルベシ（可疎薄）
　　ウタテカルヘシ　八三オ6
ウタフ
　ウタウ（謳）　八三オ7
　　（歌）　八二ウ7
ウチ（裡）　七九ウ3・八二ウ8
　（裏）　八二ウ8
ウヂ（宇治）　七九ウ4
ウチイヅ（討出）
　ウチイツル　八三オ7
ウチイル（打入）　八二ウ1
ウチウ（宇宙）　七九ウ2
ウチカケ（裲襠）　八二オ2
ウチガタナ（打刀）
　ウチカタナ　八一ウ5
ウチカヘス（反覆）　八二ウ4
ウチカフ（幹）
　ウチカウ　八三ウ4
ウチグモリ（内曇・裏陰）
　ウチクモリ　八一ウ5
ウチコム（打込）
　（ウチ）コム　八二ウ2
ウチコユ（打越）
　（ウチ）コユル　八二ウ2
ウチシキ（打敷）　八一ウ5
ウヂスジャウ→ウジシュジャウ
ウチツヅク（打続）
　ウチツツク　八二ウ1
ウチハ（団扇）　八一ウ8
ウチハサム（挟）　八三ウ4
ウチマギレ（打紛）
　（ウチ）マギレ　八二ウ2
ウチモモ（股）　八一ウ5
ウチモラス（打漏）
　（ウチ）モラス　八二ウ1
ウチヤブル（打破）
　（ウチ）ヤフル　八二ウ1
ウチヨス（打寄）
　（ウチ）ヨスル　八二ウ1
ウチワタル（打渡）
　（ウチ）ワタル　八二ウ2
ウツ（打・撻・搗・撃・敲）　八三オ4
ウツ（戛）　八三オ8
ウツ（拂）　一〇四オ6
ウヅ（鳥頭）
　ウツ　八〇オ8
ウツギ（櫨・楊櫨木）　八〇オ6
ウヅキ（卯月）

ウツキ 七九ウ6
ウツクシ
ウツクシク（厳） 八三オ4
（仁） 八三オ5
ウヅクマル（驟） 八三オ1
ウツス（写） 八三オ5
ウツセミ（空蟬） 八一ウ1
ウツセカヒ（空世貝）
ウツセカイ 八一ウ3
ウヅタカシ（推）
ウズダカシ 八三オ3
ウッタフ（訴・訟・詔）
ウッタウ 八二ウ8
ウツツ（現） 八三オ2
ウッテ（討手） 八〇ウ4
ウッテトル（山辟） 八三ウ4
ウツノミヤ（宇都宮） 七九ウ3
（宇津宮） 八〇ウ6
ウツバリ（梁） 七九ウ3
ウツフルイ（十六嶋） 八二オ6
ウツフルウ（十六善神） 八三オ7

ウップン（鬱憤）
ウッフン 八二ウ2
ウツボ
（虚蒲） 八一ウ6
（羽壺・靫・箞・籥・靭・右局） 八一ウ7
ウツホドリ（鶻）
ウツホトリ 八一ウ1
ウヅマサ（太秦） 七九ウ4
ウヅム（埋） 八二ウ7
（⿰麦垂） 八三ウ3
ウヅラ（鶉）
ウツラ 八一オ8
ウツル（移・遷） 八二ウ8
（迁・徙） 八三オ1
ウツロ（洞） 八三オ6
（窕） 八〇ウ1
ウヅヱ（卯杖）
ウツエ 目三ウ2
ウツヱ 八二オ1
ウデ（腕） 八一オ5

ウテナ（台） 七九ウ3
ウデヌキ（腕貫） 八一ウ6
ウデオシ（相扠）
ウデヲシ 八三ウ3
ウデタユム（緩腕）
ウテタユミ 六四ウ5
ウト（鳥兎） 七九ウ6
ウド（独活）
ウト 八〇オ6
ウトウ（善知鳥） 八一ウ3
ウトウトシ
ウトウトシク（鳥兎敷） 八二ウ5
ウトク（有徳） 八三オ7
ウトシ（疎） 八二ウ4
ウトカラズ（不疎）
ウトカラス 八二ウ5
ウトマシ（形述） 八三オ6
ウドメ（鳥頭布）
ウトメ 八二オ7
ウドン（饂飩）
ウトン 八二オ5

ウドンゲ（優曇花）　目三ウ2・八〇オ1
ウナガス（促・催）　八三オ1
ウナギ（遭）　八一ウ2
　（鰻鰊魚）　八一ウ3
ウナジ（脰）
　ウナシ　八一オ5
ウナヅク（諾・頷）
　ウナツク　八二ウ8
ウナバラ（滄海）
　ウナハラ　七九ウ4
ウナメノカミ（釆女正）　八一オ2
ウニ（霊龕）　八一ウ4
ウネ（畝・畦）　七九ウ2
　（疇・塢）　七九ウ3
　（坡）　七九ウ4
ウネカウジ（蛃）　八一ウ3
ウノトキ（卯時）　七九ウ7
ウノハナ（卯花）　八〇オ8
ウバ（優婆）　八〇ウ3
　（婆）　八〇ウ4
ウバ（祖母）　八〇ウ3
ウハオビ（表帯）　八二オ3
　ウワヲビ
ウハカサネ（瓓）　八三ウ2
ウハサ（上左）　八三オ5
ウハザシ（上刺）
　ウハサジ　八一ウ8
ウバタマ（烏羽玉）
　ウハタマ　八三オ8
ウバタマノヨ（烏羽玉夜）　七九ウ7
ウハナリ（妬）　八三ウ2
ウハヒ（外障）
　ウワヒ　八一オ5
ウバフ（奪）
　ウバウ　八二ウ6
ウハブキ（上葺）
　ウワブキ　八二ウ4
ウハヤ（表矢）
　ウワヤ　八一ウ7
ウヒカフリ（始爵）
　ウイカフリ　八一オ2
ウヒダチ（始立）
　ウイタチ　八三オ7
ウヒャヱノカミ（右兵衛督）　八一オ3
ウブスナ（墟）　七九ウ4
ウブネ（鵜舟）　八〇ウ7
ウブヤ（産屋）　七九ウ3
ウブヤシナヒ（産養）
　ウブヤシナイ　八三ウ1
ウベ（宜）
　ウヘナリ　八二ウ7
ウヘハラ（上原）　八〇ウ8
ウヘムラ（上村）　八〇ウ7
ウヘノ（上野）　八〇ウ7
ウヘノキヌ
　ウヱノキヌ（袍）　八一ウ6
　（纚）　八二オ3
ウヘノハカマ（表袴）　八一ウ8
ウマノクチドリ（轆）
　ウマノクチトリ　八三ウ3
ウマノカミ（右馬頭）　八一オ1
ウママハリシュ（馬廻衆）

ウマワリシュ　八〇ウ4
ウマブネ（馬漕）　八二オ3
ウマヤ（厩）　七九ウ4
（駅・閑）　七九ウ5
ウマレツキ（生得）　八二ウ4
ウミ（海）　七九ウ2
ウミ（膿）　八一オ5
ウミガメ（鼈）
ウミカメ　八一ウ4
ウミチ（膿血）　八一オ5
ウミノコノヤワツヅキ（子々孫々）
八〇ウ5
ウム（倦・労）　八三オ2
ウム（生・誕）　八二ウ7
（産）　八三オ2
ウム（績）　八三オ3
ウム
ウムル（塡・埋・瘞）　八三オ2
（斟）　八三ウ1
ウメ（梅・枏・楳・楧・楠）　八〇ウ1
ウメヅケ（梅漬）

ウメツケ　八二オ7
ウメボシ（梅干）
ウメホシ　八二オ6
ウモレギ（埋木）　八〇ウ2
ウヤマフ
ウヤマウ（敬）　八三オ1
（恭）　八三ウ3
ウユ（飢・餓・饉・饑）
ウユル　八二ウ6
ウユ（植・栽・蒔・殖・種）
ウユル　八二ウ8
ウラ（浦）　七九ウ2
ウラカベ（浦壁）　八〇ウ8
ウラカミ（浦上）　八〇ウ8
ウラナフ（卜・占）
ウラナウ　八二ウ7
ウラノ（浦野）　八〇ウ8
ウラボン（盂蘭盆）
目三ウ1・七九ウ7
ウラム（怨）　八三ウ3
ウラメシ（恨）

ウラメシイ　八二ウ6
ウラヤマシ
ウラヤマシク（羨敷・浦山敷）
八二ウ5
ウラヤム（羨）　二ウ1
ウリ（瓜）　目三ウ2・八〇オ4
（苽）　八〇ウ2
ウリケン（沽券）　八二ウ3
（売券）　八三ウ4
ウリザネ（弁・瓠・瓤）
ウリサネ　八〇ウ2
ウリムシ（蠖）　八一ウ1
ウル（賣・沽）　八二ウ6・八二ウ7
ウルカ（鯇）　八一ウ3
ウルサシ（石流左死）　八三オ8
ウルシ（漆）　八〇オ7
ウルシネ（粳）　八〇オ8
ウルシノキ（椅）　八〇オ7
ウルハシ（麗）　八三オ3
（姸・姈・妖・妹）　八三オ5
ウルフ（閏）

ウルウ　七九ウ6
ウルホフ（沾・湿・潤・濡）
ウルヲウ　八三オ4
ウルム（痺・痹）　八三ウ3
ウレヒ（悝・忡・忉・協・怕）
ウレイ　八三オ5
ウレシ（嬉）　八三オ1
ウレシキ（懈常敷）　八三ウ1
ウレツ（優劣）　八二ウ6
ウレヒナシ（无患）
ウレイ（ナ）シ　一九ウ8
ウレフ（愁・憂・患）
ウレウ　八三オ3
ウロクヅ（鱗）
ウロクツ　八一オ5
ウロン（胡乱）　八二オ8
ウワウサワウ（右往左往）　八二ウ5
ウヰムジャウ（有為無常）
ウイ（ムジャウ）　八三ウ2
ウヱモンノカミ（右衛門督）　八一オ4
ウヲ（魚）　八一ウ2

ウンガク（雲客）
ウンカク　八〇ウ3
ウンカンベリ（雲絢縁）　八一ウ8
ウンギ（温気）
ウンキ　七九ウ4
ウンキャク（雲脚）　八二オ6
ウンケイ（運慶）　八〇ウ6
ウンザウ（温糟）
ウンサウ　八二オ5
ウンジュキツ（温州橘）　八〇オ6
ウンソウ（運送）
（ウン）ソウ　八二オ8
ウンヂン（運賃）
（ウン）チン　八二ウ1
ウンデウシク（紅調粥）
ウンテウシク　目三ウ2・八二オ4
ウンフ（運否）
（ウン）フ　八二オ8
ウンメイ（運命）
（ウン）メイ　八二オ8
ウンヲソフ（添運）

ウンヲソウ　八二ウ1

エ

エ（江）
ヱ　一〇九ウ2
エ（柄）
ヱ　一一〇ウ5
エ（荏）　一〇九ウ4
エイ（霙）　一一三オ4
エイ
ヱイ（蒹・鱏）　一一〇オ8
（鱝）　一一〇ウ1
エイ（纓）　一一〇ウ5
エイ（栄）
ヱイ　一一〇ウ8
エイサイ（栄西）→ヤウサイ
エイサイヤウサイ（栄西栄西）
ヱイサイヤウサイ　一一一オ5
エイズ（映）
ヱイス　一一一オ2

エイズ（詠）
ヱイス　一二一オ2
エイタイ（永代）
ヱイタイ　一二一オ1
エイヂ（永地）
ヱイチ　一二一オ2
エイリョ（叡慮）　一一〇ウ7
エウ（要）
ヨウ　五九ウ1
エウヨウ（要用）
ヨウヨウ　五九ウ6
エコ（依怙）
ヱコ　一二一オ1
エコク（依祴）
ヱコク　一一〇ウ4
エソ（鱛・鰣）　一一〇ウ1
エゾ（蝦夷）
エソ　一〇九ウ1
エゾガチシマ（夷千島）　一〇九ウ1
エダ（枝）　一〇九ウ4
エダ（肢）

ヱダ　一一〇オ5
エタリ（得・獲）
ヱタリ　一二一オ1
エタリカシコシ（得賢）
ヱタリカシコシ　一二一オ2
エツサイ（雀鶏）
ヱツサイ　一一〇オ6
エツリ（棼・枌）
ヱツリ　一〇九ウ2
エナ（衣那）
ヱナ　一一〇オ5
エナミ（榎並）　一〇九ウ1
エノキ（榎）
ヱノキ　一〇九ウ4
エビ（海老）
ヱビ　一一〇オ6
エビカヅラ（蒲萄）
ヱヒカツラ　一〇九ウ4
エビス
ヱヒス
（夷・狄・胡・戎・蛮）　一〇九ウ6

（莪）　一〇九ウ7
（恵美酒）　一一〇オ3
エビネ（莪）
ヱビネ　一〇九ウ5
エビラ　一一〇ウ3
ヱビラ（箙・箶）
（矢房）　一一〇ウ5
エブリ（朳）
ヱフリ　一一〇ウ4
エボシ（烏帽子）
ヱボシ　一一〇ウ3
エモギ（蓬・萊）
ヱモキ　一〇九ウ4
エモン（衣文）
ヱモン　一二一オ4
エヤミ（疫）
ヱヤミ　一一〇オ5
エヤミグサ（竜膽）
ヱヤミクサ　一〇九ウ5
エラブ（選・撰・択・掄）
ヱラブ　一二一オ2

エリ（襟）
ヱリ　二一〇ウ5
エリ（領）
ヱリ　二一〇ウ3
エン（焉）
ヱン　二一〇オ8
エン（縁）
ヱン　一〇九ウ2
エンイン（延引）
ヱンイン　二一〇ウ8
エンギ（縁起）
ヱンギ　二一一オ1
エンキャク（厭却）
ヱンキャク　二一一オ1
エンクヮン（捐館）
ヱンクヮン　二一一オ3
エンザ（縁坐）
ヱンザ　二一一オ4
エンジ（臙脂）
ヱンジ　二一〇ウ5
エンショ（艶書）
ヱンショ　二一〇ウ4
エンスビン（閻次平）
ヱンスビン　二一〇オ2
エンテイ（淵底）
ヱンテイ　二一〇ウ8
エンノギャウジャ（役行者）
ヱンノギャウジャ　一〇九ウ8
ヱンノ（ギャウジャ）　目四オ8
エンバイ（塩梅）
ヱンバイ　二一一オ3
エンビ（燕尾）
ヱンビ　二一〇ウ3
エンブダンゴン（閻浮壇金）
ヱンブダンゴン　二一〇ウ2
エンマワウ（閻魔王）
ヱンマワウ　二一〇オ3
ヱンマワウ　一四〇オ1
エンモ（閻茂）　一六三オ7
エンリフホン（閻立本）
ヱンリウホン　二一〇オ2
エンリャクジ（延暦寺）
ヱンリャクジ　一〇九ウ3
エンルイ（縁類）
ヱンルイ　一〇九ウ7

オ

オアイ（御饗）
ヲアイ　四三オ6
オイ（老）
ヲイ　四五オ4
オイカワ（鱣）
ヲイカハ　四三ウ6
オイソノモリ（老曽杜）
ヲイソノモリ　四二オ1
オイテ（於）
ヲイテ　四五オ8
オイボレ（老悖）
ヲイホレ　四二ウ5
オウカノセツ（謳歌之説）
ヲウカノセツ　四四ウ3
オウゴ（擁護）

ヲウゴ　四四オ7
オウダ（太田）
ヲウダ　四三オ3
オウヤウ（欧陽）
ヲウヤウ　四二ウ8
オウヨウ（縦容）
ヲウヨウ　四五ウ6
オガ（大鋸）
ヲカ　四四オ2
オカヒキ（大鋸引）
ヲカヒキ　四三ウ3
オキ
ヲキ（澳）　四一ウ3
オキ（隠岐）
ヲキ　四一ウ1
オキカキ（熾攪）
ヲキカキ　四四オ2
オキカヘル（復）
ヲキカヘル　四六ウ6
オキツ（奥津）
ヲキツ　四三オ6

オキテ（掟）
ヲキテ　四五オ6
オキナ（翁）
ヲキナ　四二ウ4
オキナグサ（白頭花）
ヲキナクサ　四二オ6
ヲギナフ（補）
ヲキノウ　四六オ2
オギノル
ヲキノル（貫）　四六オ1
（典）　四六ウ7
オキノヰン（隠岐院）
ヲキノイン　目二ウ3・四三オ2
オキフス（起伏）
ヲキフス　四六ウ6
オキロク（隠岐緑）
ヲギロク　四四オ2
オギロコトガラ（鰭支栖）
ヲキロコトカラ　四六ウ1
オキワカレ（起別）
ヲキワカレ　四六ウ1

オク（除・非）
ヲク　四四ウ8
オク
ヲク（置）　四五ウ7
（措）　四六ウ7
オク（億）
ヲク　四五オ8
オクヂ（憶持）
ヲクヂ　四四ウ3
オクテ
ヲクテ（晩稲・稑・橦）　四二オ7
オクビ（于区）
ヲクヒ　四三ウ3
オクビャウ（臆病）
ヲクビャウ　四四ウ2
オクリナ（謚）
ヲクリナ　四六ウ2
オクル
ヲクレタリ（後）　四五オ2
（仡）　四五オ6
ヲクル（後）　四六オ3

オクル
　ヲクル（送）　四六オ3
　　（艾）　五七ウ3
オクル（籠）
　ヲクレシ　四六オ4
オゴ（於期）
　ヲゴ　四二ウ1
オコシゴメ（興米）
　オコシコメ　四四オ6
オコス
　ヲコス（発）　四五ウ2
　　（興）　四六ウ3
　　（生）　四六オ3
オゴソカ
　ヲゴソカ（壮）　四六ウ3
　ヲコソカ（儼）　四六ウ6
オコタル
　ヲコタル（怠）　四六オ2
　ヲコタラス（不廃）　四六ウ6
オコト（御己）
　ヲコト　四二ウ6

オコナフ（行）
　ヲコナウ　四六オ2
オコリ（瘧）
　ヲコリ　四三ウ4
オコル（起）
　ヲコル　四五ウ1
オゴル
　ヲコル（奢・驕・侈）　四六ウ7
　　（慠）　四五オ1
オサフ（抑）
　ヲサウ　四六オ1
オサヘオク（措置）
　ヲサヘヲク　四六オ8
オサユ（約）
　ヲサユル　四五オ3
オサラギ（大仏）
　ヲサラキ　四三オ4
オシ
　ヲシ（啞）　四三ウ3
　　（瘖）　四二ウ7・四三ウ3
オシイタ（押板）

　ヲシイタ　四一ウ7
オシカスム（押掠）
　ヲシカスム　四六オ8
オシカヘス（綽）
　ヲシカヘス　四五オ2
オシコウヂ（押小路）
　ヲシ（コウヂ）　一六一オ4
オシコメ（押籠）
　ヲシコメ　四六オ8
オシタツ（辷）
　ヲシタツ　四六オ4
オシツク（按）
　ヲシツクル　四六ウ7
オシテ（掟）
　ヲシテ　四四オ4
オシテ（押手）
　ヲシテ　四六ウ6
オシテ（印）
　ヲシテ　四三ウ8
オシテル（押照）
　ヲシテル　四六ウ1

オシトル（押取）
ヲシトル　四六オ8
オシナベテ
ヲシナヘテ（推並）　四四ウ6
（何不別）　四六ウ5
オシナラブ（推並）
ヲシナラヘテ　四四ウ6
オシハカラフ
ヲシハカラウ（押計）　四六オ8
（挫）　四六ウ3
オシヒラク
ヲシヒラク（排）　四六オ4
（擠）　四六ウ7
オシマヨフ（辷）
ヲシマヨウ　四六オ4
オシマロバス（辷）
ヲシマロハス　四六オ4
オシヨス（押寄）
ヲシヨスル　四六オ8
オシロイ（白粉）
ヲシロイ　四三ウ7

オス（推）
ヲス　四五ウ8
オスク（約）
ヲスク　四六オ1
オスヱ（御末）
ヲスヘ　四一ウ6
オソザクラ（晩桜）
ヲソサクラ　四二ウ1
オソシ（遅）
ヲソシ　四六オ2
オソナハル（仡）
ヲソナハル　四五オ6
オソヒ（襲）
ヲソイ　四二オ3
オソヒ（押）
ヲソイ　四二オ3
オソヒ（樹）
ヲソイ　四二オ2
オソヒノキ（襲木）
ヲソイノキ　四三ウ8
オソフ（魘）

ヲソハルル　四六ウ3
オソフ（襲）
ヲソウ　四六オ3
オソル
ヲソル（怖）　四五オ4
（懼）　四五ウ6
オソロシ
ヲソロシ
（竜鐘・和蘇魯之）　四四ウ5
（醜）　四六ウ6
オソロシキトコロ（凌競）
ヲソロシキトコロ　四六ウ6
オダ（織田）
ヲタ　四三ウ6
オタギノコホリ（愛宕郡）
ヲタキノコヲリ　四一ウ1
オタチ（大館）
ヲタチ　四三オ4
オダヤカ（穏）
ヲダヤカ　四五ウ7
オチ（劣）

ヲチ　四六オ4

オチオチ（條）
ヲチヲチ　四五オ6

オチノヒト（御乳人）
ヲチノヒト　四二ウ3

オチブル
ヲチブルル
（落魄）　四四ウ6
（零落・落分・潦倒）　四四ウ7

オツ（乙）
ヲツ　一六二オ2

オツ（落）
ヲツ　四五オ8

オヅ（惶）
ヲツ　四五オ1

オッカクル（追北）
ヲッカクル　四六オ7

オッチラス（追散）
ヲッチラス　四六オ7

オットセイ（膃肭臍）
ヲットセイ　四三ウ6・一4オ8

オデヰ（御出居）
ヲデイ　四一ウ7

オトガヒ（頤・頷）
ヲトカイ　四三ウ3

オドケモノ（放広）
ヲトケモノ　四二ウ6

オトス（陥）
ヲトス　四五ウ4

オドス
ヲドス（威）　四五オ1

オトヅレ（音信）
ヲトヅレ　四四ウ8

オトヅレヤマ（乎都頭礼山）
ヲトヅレヤマ　四二オ2

オトト（弟）
ヲトト　四二ウ7

オトド（大臣）
ヲトド　四三オ7

オトナ（大人・宿老）
ヲトナ　四二ウ5

オトナシノタキ（音無滝）
ヲトナシノタキ　四二オ2

オトハノタキ（音羽滝）
ヲトハノタキ　四一ウ3

オトモ（御供）
ヲトモ　四六ウ4

オトヤ（乙矢）
ヲトヤ　四六ウ4

オトル（劣）
ヲトル　四五ウ3

オドロ（荊）
ヲドロ　四二ウ1

オドロク（驚）
ヲドロク　四五ウ5

オトロフ（衰）
ヲトロウ　四五オ4

オナマ（御魚）
ヲナマ　四四オ6

オナリ（御成）
ヲナリ　四六ウ3

オニ（鬼）
ヲニ　四三ウ6

オニノシコグサ（鬼尻籠草）
ヲニノシコクサ　四三オ8
オニヤラヒ（追儺）
ヲニアライ　四三オ4
オノオノ（各）
ヲノヲノ　四三ウ4
オノコロジマ（磤馭盧嶋）
ヲノコロシマ　目一ウ2・四一ウ4
オノヅカラ（自）
ヲノツカラ　四六オ4
オノレ（己）
ヲノレ　四三ウ5
オバシマ（檻）
ヲハシマ　四一ウ7
オハシマス（御座）
ヲワシマス　四六オ6
オハヘテ（下栄）
ヲハヘテ　四六ウ2
オハラヒ（御禊）
ヲハライ　四三オ5
オハレ（御晴）
ヲハレ　四六ウ3

オヒ
ヲイ（笛）　四四オ2
（笂）　四四オ3
オビ（帯）
ヲヒ　四三ウ8
オヒウヲ（鯤・鯾）→オホイヲ
オヒカゼ（逐風）
ヲイカゼ　四六オ6
オビク（帯）
ヲヒク　四五ウ3
オヒゼン（追膳）
ヲイゼン　四四オ1
オビタダシ
ヲヒタタシ（焱）　四六オ4
ヲビタタシク（㥄敷）　四六オ5
オヒトク（褫）
ヲビトク　四六ウ7
オビトリ（韄）
ヲヒトリ　四四オ4
オヒニガス（追捲）
ヲイニカス　四六オ8

オヒハラフ（追払）
ヲイハラウ　四六オ7
オヒマクル（追捲）
（オヒ）マクル　四六オ8
オビヤカス
ヲビヤカス（劫）　四六ウ7
ヲヒヤカス（喝）　四五オ3
オビユ（喝）
ヲヒユ　四五オ3
オビレ（膁）
オビシ　四三ウ4
オフ（追）
ヲウ　四五ウ7
オフ（負）
ヲウ　四五ウ1
オフ（生）
ヲウ　四五ウ1
ヲヲル　四五ウ1
オホアユ（鮷）
ヲヲアユ　四三ウ5

オホアラキノモリ（邑楽森）
ヲヲアラキノモリ　三二オ1
オホイドノ（大臣殿）
ヲヲイトノ　三三ウ2
オホイナリ（大）
ヲヲイナリ　四五ウ6
オホイヲ（鯤・鰻）
ヲヲイヲ　三三ウ6
オホエビ（鰝）
ヲヲエビ　三三ウ5
オホウチ（大内）→オホチ
オホガネ（洪鐘）
ヲヲカネ　四〇オ3
オホカメ（狼）
オウカメ　三三ウ6
オホギノカミ（正親正）
ヲヲキノカミ　三三ウ1
オホキマチ（正親町）
ヲヲキマチ　一六一オ2
オホクチ（大口）
ヲヲクチ　四〇オ1

オホクラ（大蔵）
ヲホクラ　三三オ7
ヲヲクラ　三三オ4
オホゲナシ（無大気）
ヲヲケナシ　四六ウ1
オホシ
ヲヲシ（多）　四五オ7
オホスミ（大隅）
ヲフスミ　四一ウ1
オホス（仰）
ヲヲス　四五ウ4
オホセ（令旨）
ヲウセ　四六ウ4
オホセカウムル（蒙仰）
ヲヲセカウムル　四六ウ4
オホゾラ（宇宙）
ヲウソラ　七九ウ2
オホチ（大内）　三三オ3
オホヂ（大路）
ヲヲチ　四一ウ7
オホヂ（祖父）

ヲホヂ　三二ウ4
オホツ（大津）
ヲヲツ　四一ウ3
オボツカナシ
ヲボッカナシ（無覚束・魁估・窘・不審）　四六オ5
オホヅナ（綱）
ヲヲツナ　三三ウ8
オホテ（大手）
ヲウテ　四一ウ7
オホドコ（椁）
ヲヲトゴ　三二ウ2
オホトネリノカミ（大舎人頭）
ヲヲトネリノカミ　三三オ8
オホトモノクロヌシ（大伴黒主）
ヲヲトモノクロヌシ　三三ウ2
オホトモビト（弁）
ヲヲトモビト　三三ウ1
オホトリ（鵬）
ヲヲトリ　三三ウ5
オホトリノコホリ（大鳥郡）

ヲヲトリノコヲリ　四一ウ8
オホトリヰ（大鳥居）
ヲヲトリイ　四三オ3
オホナツラ（蒻）
ヲウナツラ　四二ウ1
オホノ（大野）
ヲヲノ　四三オ4
オホバ（大庭）
ヲヲバ　四三オ3
オホバコ（車前草）
ヲヲバコ　四三オ6
オホハラ（大原）
ヲヲハラ　四一ウ2
オホハラノ（大原野）
ヲヲハラノ　四一ウ2
オホヒ（大炊）
ヲヲイ　四三オ7
オホヒ（蓋・巾）
ヲヲイ　四四オ4
オホヒノミカド（大炊御門）
ヲヲイノミカト　一六一オ3

オホヒラ（大平）
ヲヲヒラ　四三オ4
オホビル（大蒜）
ヲヲヒル　四二オ8
オホビルノミ（葫子）
ヲホビルノミ　四二オ8
オホフ（覆）
ヲヲフ　四五ウ2
オホミヤ（大宮）
ヲウミヤ　一六一ウ2
オホムネ
ヲヲムネ
（大概・概）　四五ウ5
（大率・極宗・率）　四五ウ6
（蓋）　四六ウ5
オホヤ（大屋）
ヲヲヤ　四三オ4
オホモリ（大森）
ヲヲモリ　四三オ3
オホヤケ
ヲホヤケ（公）　四二ウ5

ヲヲヤケ（官）　四六ウ6
オボユ（覚）
ヲホユ　四五オ5
オホユビ（拇）
ヲヲユヒ　四三ウ3
オボル（溺）
ヲホルル　四六オ3
オボロケ
ヲボロケ（晩空）　四四ウ8
ヲホロケ（小）　四六ウ1
ヲボロケ（少）　四五ウ6
オボロケナラズ（不朧気）
ヲホロケナラス　四六オ7
オボロヅキヨ（朧月夜）
ヲホロヅキヨ　四三オ4
オホワラハ（大童）
ヲヲワラハ　四三ウ3
オホヰガハ（大井河・大堰川）
ヲヲイカハ　四一ウ2
オホヰタ（大井田）
ヲヲイタ　四三オ3

オホンダカラ（百姓）
ヲヲンタカラ　四二ウ6
オミノシャウ（忍海庄）
ヲシノシャウ　四一ウ6
オメオメ（呼々）
ヲメヲメ　四五オ6
オモカゲ（面影）
ヲモカゲ　四六ウ2
オモカヂ（面楫）
ヲモカヂ　四四オ3
オモカホ（強顔）
オモガヲ　四四ウ8
オモシ
ヲモシ（重）　四六オ1
ヲモシ（秤）　四五オ7
オモシロシ（面白）
ヲモシロシ　四六オ6
オモスガタ（面姿）
ヲモスカタ　四六ウ2
オモダカ（沢瀉）
ヲモダカ　四二オ6

オモテ（面・顔）
ヲモテ　四三ウ3
オモテヲアカム（赤面）
ヲモテヲアカム　四四ウ8
オモテシフシフゲナリ（面渋々気）
ヲモテシフシフケナリ　四四ウ4
オモト（藜芦）
ヲモト　四二オ6
オモトヒト（侍者）
ヲモトヒト　四二ウ6
オモハク（臣）
ヲモハク　四五ウ5
オモハシ（可愛）
ヲモハシキ　四四ウ8
オモハユシ（面煩）
ヲモバユキ　四四ウ8
オモヒオコス（思来）
ヲモイヲコセ　四四ウ8
オモヒキル（思刎）
ヲモイキル　四六ウ5
オモヒナガラ（乍思）

ヲモイナカラ　四六ウ4
オモヒノママ（思儘）
ヲモイノママ　四六ウ4
オモヒヤル（想像）
ヲモイヤル　四四ウ6
オモフ（思）
ヲモウ　四五オ5
オモブクラ（豊下）
ヲモブクラ　四三ウ3
オモフヤウ（思様）
ヲモウヤウ　四六ウ4
オモヘリ（為）
ヲモヘリ　四五ウ5
オモムク（赴）
ヲモムク　四五ウ4
オモユ（甘水）
ヲモユ　四四オ6
オモンバカル（慮）
ヲモンハカル　四五オ6
オヤ（親）
ヲヤ　四二ウ5

オヨグ
ヲヨグ（游） 四五ウ1
（泳・泅） 四五ウ2
オヨソ（凡・諸）
ヲヨソ 四五オ7
オヨブ（及）
ヲヨフ 四五ウ8
オリエノカミ（織衣正）
ヲリヱノカミ 四三ウ1
オリベノカミ（織部正）
ヲリヘノカミ 四三ウ1
オリベノツカサ（織部司）
ヲリヘノツカサ 四三ウ2
オリモノ（織物）
ヲリモノ 四三ウ8
オル（織）
ヲル 四五ウ8
オル（下）
ヲル 四五オ8
オロオロ（下疎々）
ヲロヲロ 四六ウ1

オロカ（愚）
ヲロカ 四五オ3
オロス（下）
ヲロス 四五ウ3
オロス（卸）
ヲロス 四六ウ7
オロス（研）
ヲロス 四六ウ7
オロソカ
ヲロソカ（簡） 四六ウ6
ヲロソカナリ（疎略） 四五オ5
オンガク（音楽）
ヲンガク 四四ウ2
オンクヮウ（飲光）
ヲンクヮウ 四三ウ8
オンクヮン（温官）
ヲンクヮン 四四ウ1
オンザウシ（御曹司）
ヲンサウシ 四三ウ3
オンシヤウ（恩賞）
ヲンシャウ 四四オ8

オンゾ（御衣）
ヲンゾ 四三ウ8
オンダラシ（御弓・御多羅枝）
ヲンタラシ 四三ウ7
オンハ（恩波）
ヲンハ 四四オ8
オンハカセ（音博士）
ヲンハカセ 四三オ7
オンバク（陰魄）
ヲンハク 四四オ8
オンボウ（陰謀）
ヲンボウ 四四ウ1
オンミツ（隠密）
ヲンミツ 四四オ7
オンヤウジ（陰陽師）
ヲンヤウシ 四三ウ3
オンヤウノカミ（陰陽頭）
ヲンヤウノカミ 四三オ8
オンヤウノハカセ（陰陽博士）
ヲンヤウノハカセ 四三オ8

カ

カ（蚊）　五三ウ7
ガ（蛾）　五四オ3
カイ（械）　五四ウ7
カイ（蓋）　五四オ7
カイ（戒）　五六ウ6
ガイ（雅意）　五六ウ3
ガイ（我意）　五七ウ6
ガイ（亥）　一六三オ7
ガイ（鎧）
　カイ　五五ウ1
カイアンニショクス（属艾安）
　五七ウ3
カイカ（階下）　五〇オ4
カイカフ
　カイカウ（開闔）　五一ウ7
　　（闔閤）　五一ウ6
カイガフフネ（開合船）
　カイガウフネ　五五オ3

カイガリ（癢）　五七オ5
カイカリ（痒）　五七オ5
カイキフ（階級）
　カイキウ　五六オ6
カイクラ（螺鞍）　五五オ3
カイゲ（解夏）
　カイケ　五〇ウ2
カイゲ（搔器）　五四ウ8
カイコウ（邂逅）　五六オ7
カイジャウ（開静）
　カイシャウ　五〇ウ1
カイシャク（介錯）↓カリシャク
カイシャク（妗妁）　五六ウ2
カイセイ（皆済）　五六オ2
カイセイ（解制）　五〇ウ2
ガイソウ（薤葱）　五一オ5
カイゾク（海賊）
　カイソク　五一ウ3
カイタウ（契當）　五六オ5
カイダウ（海棠）　五一オ7
カイダテ（搔楯）

カイタテ　四九ウ7
カイツクロフ（刷・搵）
　カイツクロウ　五八オ1
カイツブリ（鵂）　五三オ4
カイデ（蛙手）　五一オ1
カイデノキ（鶏冠木）　五一オ1
ガイニマカス（任雅意）
　ガイニマカセ　五七ウ7
カイネン（改年）　五〇ウ4・五五ウ8
カイノ（海野）　五一ウ3
ガイビャウ（咳病）　五三オ2
カイヒャク（開闢）　五六オ4
カイブン（涯分）
　カイフン　五五ウ3
カイマミユ（垣間見）　五七オ8
カイミョウ（改名）　五七ウ8
カイモチ（搔餅）　五五ウ1
カイラウドウケツ（偕老同穴）
　カイラウトウケツ　五六ウ3
カイラギ
　カイラキ（海乱鬼）　五四ウ2

（鰄） 五四オ1
カイリキ（戒力） 五五ウ6
カイル（蛙・蝦蟆・蝌蚪） 五三ウ6
カイルマタ（蟇股） 五〇オ7
カウ（庚） 一六三オ3
カウ（尻） 一三九オ2
カウ（講） 五七オ6
カウ（獥） 五三オ4
カウ（韁） 五三オ5
カウ（犺） 五三オ5
ガウ（梟） 五〇オ4
ガウ（郷）
カウ 四九ウ8
カウイウ（交友）
カウユウ 五六ウ3
カウガイ（笄・梗概） 五四ウ2
カウカウ（孝行） 五六オ2
カウカウ（滜々） 五七ウ1
カウカツ（校割） 五七ウ6
カウカツタ（高勝田） 五三ウ4
カウケン（効験）
カウゲン 五六ウ2
カウザ（講座） 四九ウ6
カウサイ（香西） 五三オ8
ガウサウ
カウサウ（好相・好粧） 五六オ6
カウサウ（甘草） 五〇ウ6
カウサカ（高坂） 五三ウ4
カウサク（耕作） 五六オ4
カウサン（降参） 五八オ2
カウシ（隔子） 五〇オ3
（格子） 五〇オ7
カウシ（孝子） 五一ウ6
カウジ（麹）
カウシ 五五ウ1
カウジ
カウシ（柑子） 五〇ウ6
（乳柑子） 五一オ7
カウジクリゲ（柑子栗毛） 五三オ6
ガウショ（巷所）
カウジョ 五〇オ4
カウショク（好色） 五六オ2
カウシン（庚申） 目二ウ6・五〇ウ2
ガウセン（巷説） 五六ウ5
カウソ（嗷訴） 五六オ3
カウゾ（楮・柠） 五一オ3
カウダイ（香台）
（カウ）タイ 五四オ4
ガウダウ（強盗） 五一ウ2
ガウチャウ（剛膓）
カウチャウ 五七ウ5
カウヅケ（上野）
カウツケ 四九ウ1
カウツツミ（香畏）
（カウ）ツツミ 五四オ3
カウテン（昊天） 五〇オ3
カウデン（香奠） 五四ウ4
カウナムショム（江南所無） 五一オ3
ガウナリ（豪） 五六ウ6
カウネン（行年） 五六オ1
カウネンキ（高然暉） 五三ウ4
カウノコギリ（香鋸）
（カウ）ノコキリ 五四オ4

カウノムシャ（高武者）　五一ウ2
カウノモリ（強者）　五一ウ2
ガウハウ（豪放）　五七ウ8
　カウハウ（強放）　五七ウ8
カウバコ（香合）　五四オ4
カウバシ（香）　一九ウ7・五七オ2
カウバシ（香匙）　五五オ1
（カウ）バシ（香筋）　五四オ4
カウヒ（考妣）　五一ウ7
ガウブク（降伏）　五五ウ7
カウブシ（香附子）　五一オ5
カウベ（頭）
　カウヘ　五二ウ8
カウホツ（更発）　五六ウ5
カウムル（被）　五七オ6
カウモリ（蝙蝠）　目三オ1・五三オ7
カウモン（衡門）　四九ウ7
ガウモン（拷問）
　カウモン　五六オ3
カウヤサン（高野山）　四九ウ2
カウヤマ（香山）　五二ウ1

カウライ（高麗）　四九オ8
カウライベリ（高麗縁）　五五オ1
カウラン（高欄）　五〇オ4
ガウリキ（強力）　五六オ3
カウロ（香炉）　五四オ4
カガ（加賀）　四九ウ2
カガイモ（芄）
　カカイモ　五一オ6
カカウ（嘉幸）　五六オ1
カガク
　カカク（挑・褰）　五七オ4
　（掲）　五八オ1
カガミ（鏡・鑑）　五四ウ2
カガミグサ（蘞）
　カガミクサ　五一オ6
カガミヤマ
　カカミヤマ（賀々美山）　四九オ8
　（鏡山）　四九ウ1
カカヤク（輝）　五七オ2
カカユ（拘）
　カカユル　五七オ5

カガリ（篝）　五〇オ6
　（烽火）　五四ウ6・五五オ2
　（篝火）　五四ウ6・五五オ2
カカリケルトコロニ（係処）　五七オ8
カカル（懸）　一九オ7
ガガン（鵝眼）　五四オ5
カキ（墻）　四九ウ8
カキ（柿）　五一オ2
カキ（蛎）　五三ウ5
ガキ（餓鬼）　五三オ6
カギ（鍵）　五四ウ5
カキケス（書消）　五六オ7
カキケスヤウニウセニケリ（舁消様失）　五七ウ1
カキタユ（書絶）
　カキタヘ　五六オ7
カキツバタ（杜若）　五一オ1
カキフ（加級）
　カキウ　五五ウ8
カキヤ（垣屋）　五二ウ4
カギリ（限）

カキリ　五七オ3
カキン（瑕瑾）　五六オ5
カク（革）　一九ウ3
カク
　カクル（掛）　五七オ6
　（披）　五八オ1
カク（舁）　五七オ5
カク（騅）　五三オ5
カク（瘧）　五七オ6
カク（玃）　五三オ5
カグ（晃）　五六ウ6
ガク（額）　五五オ3
カクイ（隔衣）　五四オ8
カクグヮイ（格外）　五六ウ4
カクゴ（覚悟）　五六オ6
カクシキ（格式）　五六ウ4
ガクシャウ（学匠）
　カクシャウ　五一ウ6
カクシュツ（各出）　五五ウ6
カクス（蔵）　五七オ2
カクソウ（茖葱）

カク（ソウ）　五一オ5
ガクトウ（学頭）
　カクトウ　五一ウ6
カクベツ（各別）　五五ウ6
ガクモン（学問）
　カクモン　五六ウ2
ガクヤ（楽屋）　五〇オ6
カグラ（神楽）　五六オ4
カグラヲカ（神楽岡）
　カクラヲカ　四九ウ4
カクリキ（脚力）　五一ウ4
カクル（闕）　五七オ1
　（搭）　五七ウ6
カクレアソビ（白地蔵）　五七オ1
カクレガ（隠家）　四九ウ7
カクレナシ（無隠）　五六オ5
カクロク（格勒）　五一ウ6
カケ（碊）　五〇オ2
カゲ（影・陰）　四九ウ8
カゲ（鹿毛）　五三オ6
カケガネ（懸金）　五四オ5

カケゴ（懸子）　五四オ5
カケハシ（梯）　五〇オ2
カケバン（懸盤）　五四オ5
カケヒ（筧）　四九ウ7
カケマクモ（由所）　五七オ1
カケモノ（睹）　五七オ6
カゲヤマ（蔭山）
　カケヤマ　五三ウ2
カゲユ（勘解由）
　カケユ　五二ウ6
カゲユノコウヂ（勘解由小路）　一六一オ2
カゲロフ
　カゲロウ（蛉）　五三ウ8
　カケロウ（蜻蜓）　五三ウ8
カコ（水手）　五一ウ3
カゴ（籃）　五五オ2
カゴ（加護）
カコ　五五ウ7
カコフ（樊・楙）
　カコウ　五七ウ6

カコム（囲）　五七オ1
カサ（笠）　五四ウ1
カサ（傘）　五四ウ1
カサ（暈）　五〇オ2
カサ（瘡）　五二ウ8
カサイ（葛西）　五二ウ3
カサカケ（笠懸）　五六ウ1
カザス（挿頭）　五七ウ4
カサナル（重）　五七オ3
カサハリ（傘張）　五一ウ4
カサフタ（痂）　五三オ1
カザボロシ（風陰）
カサホロシ　五三オ1
カザメ（蝤蜞・蝐）
カサメ　五三ウ7
カザル（賁）
カサル　五七オ7
カシ（樫）　五一オ3
カシ（加子）　五二ウ2
カシ（髪白）　五三オ6
ガシ（餓死）　五六ウ2

カシク（炊）　五七オ2
カシケ（瘁）　五七ウ8
カシケタリ
カシコシ（賢）　五六ウ7
カシコキ（由所）　五七オ1
カシコマル（畏）　五七オ1
カシヅク（仰付）　五七オ7
（餧）　五六ウ7
カシドリ（鷲）　五三オ4
ガシフ（我執）
ガシウ　五六オ1
カシマシ（姦）　五六ウ6
カシマダチ（鹿島立）
カシマタチ　五六ウ3
カシラフル（頭）　五八オ1
カシラヲカク（掻首）　五七オ1
カシワ
カシハ（柏）　五一オ2
カス（糟）　五五ウ1
カス（嫁）　五七オ2
カス（借）　五七オ4

カズ（員）　五七ウ1
カス
カズ（拾・十）
カス　三三オ5
カスカ（眇）　二七ウ2
カスカナリ（幽）　五七オ5
カスガ（春日）　一六一オ3
カスガヒ
カスガイ（潮江上）　四九ウ3
（鉸）　五四ウ6
カスガヤマ（春日山）
カスカヤマ　四九ウ2
カスゲ（糟毛）
カスケ　五四オ3
カズノコ（数子）
カスノコ　五四オ1
カズヘノカミ（主計頭）
カスヱノカミ　五一ウ6
カスミ（霞）　四九ウ8
カスム（椋）　五七オ2
カスヲ（糟尾）　五三オ1

カスヲ（霞芋） 五七ウ5
カセ（可安之） 五〇オ5
カゼ（颸・颰） 五〇オ3
カセヅヱ（柞杖）
カセツヱ 五五オ4
カゼニシフク（帆風）
カセニシブク 五七ウ4
カセモノ（加世者・倅者） 五一ウ2
カセヤマヒ（痩病）
カセヤマイ 五三オ1
カゾウ（加増）
カソウ 五五ウ8
カタ（肩） 五三ウ8
カタウド（方人）
カタウト 五一ウ6
カタカタ（隻・片） 五七ウ1
（旁） 五七オ5
カタキ（敵） 五一ウ7
カタギ（槢） 五一オ7
カダキ（檀） 五一オ3
カタキ（樫） 五一オ3
カタギヌ（肩衣）
カタキヌ 五四ウ1
カタクナシ（癡） 五六ウ8
カタシ（堅） 五七オ2
（カタ）シ 一六四オ4
カタジケナシ（忝）
カタシケナシ 五七オ1
カタシホ（塩花） 五五ウ1
カタジロ
カタシロ（形代） 五八オ1
（叺・殯） 五八オ2
カタタ（堅田） 四九ウ3
カタチ（貌） 五三ウ8
（形） 五六ウ6
カタチミニクシ（悪） 五六ウ8
カタツブリ（蝸） 五三ウ3
カタヌグ（袒）
カタヌク 五六ウ7
カタネ（癤） 五三オ2
カタノゴトシ（如形）
カタノ（ゴトシ） 五七ウ6
カタノリ（堅海苔） 五一オ7
カタハ（片破） 五三オ1
カタハ（癃） 五六ウ7
（頑） 五六ウ8
カタハラ（傍） 五七オ6
カタハライタシ（片腹痛） 五六ウ5
ガタヒシ（我他彼此） 五七ウ6
カタビラ（帷） 五四オ8
カタビンギ（片便宜）
カタビンギ 五六ウ4
カタヘ（諸） 五六ウ7
カタヘスズシ（傍涼）
カタヘススシキ 五七ウ1
カタホナミ（潟保浪） 五〇オ3
カタホネヲヒシゲ（拉幹）
カタボネヲヒシグ 五七ウ4
カダマシ（姦） 五六ウ6
カタミ（信） 五四ウ5
カタミ（形見） 五六オ8
カタムク（傾） 五七オ2
カタム（封）

カタムル　五七オ7
カタラヒゼイ（語勢）
　カタライゼイ　五一ウ3
カタル（語）　五七オ3
カタヲカ（片罡）　四九ウ4・五二ウ2
カチ（歩）　五八オ1
カヂ（梶）　五一オ3
カヂ（楫）　五四ウ8
　（柁・橈）　五五オ1
カチ（陸）　五六ウ6
カヂ（蚊持）　五六ウ6
カヂ（鍛冶）　目二ウ7・五一ウ8
カチグリ（勝栗・搗栗）　五五オ8
カヂシ（加持子）　五五ウ8
カチダチ（徒立）　五六オ8
カヂハラ（梶原）　五二ウ3
カチャウ（蚊帳）　五四オ6
カツ（猾）　五三オ5
カツ（勝）　五七オ4
カッカウ（恰好）　五六オ7
カツキ（拾）　五〇ウ7

カツク（羯鼓）　五四ウ3
カヅク（加寄）
　カツク　五七オ7
カッケ（脚気）　五三オ2
カッコ（羯鼓）　目三オ1・五四ウ3
カヅサ（上総）　四九ウ1
カッシ（甲子）　目二ウ5・五〇オ5
カッシキ（喝食）　五一ウ6
カッシノアメノコト（甲子雨事）
　カッシノ（アメ）ノ（コト）　目二ウ5・五〇オ5
ガッショクキン（合食禁）
　カッショクキン　五五ウ3
カッセツ（割截）　目三オ2・五五オ4
カッセン（合戦）　五五ウ2
カッチウ（甲冑）　五四オ8
カツテ（曽）　五七オ5
カッハ（合破）　五七ウ8
カツブン（割分）
　カツフン　五六オ3
カツヘ（飢）　五七オ8

カッヘキ（合壁）　四九ウ5
カッホ（合浦）　四九ウ4
カツラ（可豆邏）　五一オ1
カツラ（鬘）　五三ウ8
カヅラ（葛）　五一オ3
カヅラカハ（葛川）
　カツラカハ　四九ウ2
カヅラキヤマ（葛城山）　四九ウ3
カツヲ（鰹）　五三ウ8
カツヲムシ（蛾）
　カツホムシ　五三ウ8
カテ（粮）　五五ウ1
カテク（搥）
　カテクル　五八オ1
カデノコウヂ（勘解由小路）　一六一オ2
カトウ（加藤）　五三ウ2
カトク（家督・家徳）　五一ウ1
カドデ（首途）
　カドテ　五七ウ3
カドノヲサ（看督長）　五一ウ7

カドマ（門真）
　カトマ　五二ウ2
カトリ（香取）　五二ウ1
カナ（仮名）　五六オ6
カナガシラ（金首）
　カナカシラ　五四オ1
カナシム（悲）　五六ウ8
カナヂ（金持）
　カナチ　五二ウ1
カナヅチ（鉄鎚）　五四オ6
カナバサミ（銚）　五四ウ5
カナフ（適）　一九ウ7
　カナウ（叶）　五七オ1
カナフグセ（鑱）
　カナフクセ　五四ウ5
カナヘ（鼑）　五四オ5
カナメ（鹿目）　五四ウ7
カナワ（鉄輪）　五四オ6
カナヲカ（金岡）　目二ウ8・五二オ3
カニ（蟹）　五三ウ4
カニ（寒耳）　五三オ1

カネコ（金子）
　（カネ）コ　五二ウ1
カネテハマタ（兼又）　五六オ8
カネノミサキ（鐘御崎）　五〇オ7
カノ（狩野）　五二ウ3
カノエサル（庚申）
　カノヘサル　目二ウ6・五〇ウ2
カハ（河）　四九ウ8
カバ（樺）　五一オ4
ガハ（岸波）　五七ウ8
カハウ（奇法）　五六ウ5
カハウソ（獺）　五三ウ7
カハガリ（河狩）
　カハカリ　五六オ7
カハキヤマヒ（痟）
　カハキヤマイ　五三オ1
カハゴ（皮籠）
　カワゴ　五五オ2
カハゴエ（河越）
カハコヘ　五三ウ4
カハゴロモ（裘）

カハコロモ　五四オ7
カハセ（替銭）　五四オ6
カハタ（河田）　五二ウ3
カハダウ（革堂）
　カハタウ　四九ウ5
カハチ（河内）　四九ウ2・五二ウ2
カバネヲサラス（暴尸）　五七ウ4
カハバカマ（革袴）　五四オ8
カハバタ（河端）　五二ウ1
カハフ（哥法）
　カハウ　五六ウ5
カハホネ（革骨）　五〇ウ8
カハホリ（⿰吾鳥）　五三オ4
　（⿰虫墨）　五三ウ8
カハムラ（河村）
　（カハ）ムラ　五二ウ2
カハヤ（厠）　目二ウ5・五〇オ1
（目二ウ5には「カハマ」と見える）
カハヤムシ（蜷）
　カワヤムシ　五三ウ8
カハヤナギ（檉）

カワヤナキ　五一オ7
カハヨケ（河除）　五六オ7
カハラ（瓦）　五四ウ7
カハラ（河原）　五二ウ1
カハラエモギ（菊）
カハラヱモギ　五一オ6
カハラケ（土器）
カワラケ　五四オ7
カハラゲ（駱）　七六ウ3
カハラケ（河原毛）　五三オ5
カハラタ（河原田）　五二ウ1
カハラヨモギ（菊）→カハラエモギ
カハル（代）　七七オ6
カヒ（貝）
カイ　五三ウ7
カヒ（匙）
カイ　五五オ3
カヒ（甲斐）
カイ　四九ウ1
カヒアハビ（貝鮑）
カイアワビ　五三ウ7
カイガヒシ
カイカイシク（甲斐敷）　五六ウ4
カヒガラ（貝柄）
カイガラ　五五オ2
カヒコ
カイコ（蠶）　目三オ1・五三ウ5
（蠕）　五三ウ8
カヒゴ（卵）
カイコ　五三オ3
カヒナ（肘）
カイナ　五二ウ8
カフ（甲）　一六二オ2
カフ（買）
カウ　七七オ1
カフ（飼）
カウ　七七オ3
カブ（株）　五〇ウ7
カブ（芦頭）　五〇ウ6
カフオツニン（甲乙人）
カウヲツニン→カフカツニン　五一ウ4
カフカツニン（甲乙人）
カウカツニン　目二ウ7
カブキモン（冠木門）　四九ウ7
ガフシ（合子）
ガウシ　五四オ7
カブタテ（株立）　五四オ7
カブチ（橙）　五一オ4
カブトヲスツ（棄甲）
カブトヲステテ　七七ウ3
カブトヲヌグ
カブトヲヌク（免冑）　五六ウ4
（放甲）　二六オ6
カフムル（蒙）　七七ウ5
ガフヤク（合茶）
カウヤク　五五ウ3
カブラ（蕪）　五一オ4
カブラヤ（鏑矢）　五四ウ4
カブロ（童）
カフロ　五一ウ7
カベヌリ（壁塗）　五一ウ4
カヘリウチ（擲倒）　五六ウ8

カヘリマウシス（賽） 五七オ6
カヘリミル
　カヘリミス（不額） 五六オ5
カヘル（帰） 五七オ4
カホ（面） 五二ウ8
カホヨシ（麗） 五六ウ7
カマ（釜） 五四ウ6
　（鍋） 五五オ1
カマ（鎌） 五四ウ6
カマ（蒹） 五一オ6
ガマ（蒲） 五一オ4
カマキリ（蟷螂） 一〇三オ1・五三ウ2
カマクラ（鎌倉） 四九ウ8・五二ウ3
カマス（魣） 五四オ1
カマタ（鎌田） 五二ウ3
カマタリノダイジン（鎌足大臣）
　カマタリノ（ダイジン） 一〇三ウ7・五二オ1
カマツカ（魭） 五四オ1
カマツル（鮇） 五四オ1
カマド（竈）

カマト 四九ウ8
カマヒ（拵）
　カマイ 四九ウ6
カマビスシ（喧） 五六ウ8
カマヘ（構） 四九ウ6
カマボコ（蒲鉾） 五五ウ1
カミ（髪） 五二ウ8
カミ（紙） 五四ウ5
カミギヌ（紙袍）
　カミキヌ 五四オ8
カミスキ（紙漉） 五一ウ8
カミソリ（剃刀） 五四オ4
カミナヅキ（神無月）
　カミナツキ 一〇二ウ6・五〇ウ1
カミナミノモリ（神並森） 五〇オ8
カミノタタリ（神心） 五七ウ4
カミヲキル（祝髪） 五七ウ8
カム（嚼） 五七オ4
カメ（瓶） 五四ウ6
カメ（鼈・亀） 五三ウ8
カモ（鴨） 五三オ3

カモ（賀茂） 四九ウ2
カモウリ（鴨瓜） 五〇ウ7
　（冬瓜） 五一オ7
カモシシ（羚羊） 五三オ7
カモス（醸） 五七オ5
カモメ（鷗・白鷗） 五三オ3
カモヰ（鷗居）
　カモイ 四九ウ7
カモン（掃部） 五三ウ6
カヤ（茅・菅） 五一オ4
カヤ（栢）
　（カヤ） 五一オ2
（榧子） 五一オ2
カヤクキ（鷒） 五三オ4
カヤクグリ（萱潜）
　カヤククリ 五三オ4
カヤシバ（茆柴） 一六オ1
カユ（粥） 五五オ8
カユ（換）
　カユル 五七オ5
カユガリヲカク（抓痒） 五七ウ5

カヨヒヂ（通路）
　カヨイヂ　五〇オ7
カラ（唐）　四九ウ5
カラアフヒノハナ（大楽花）
　カラアヲイノハナ　五一オ5
カラウス（碓）　五四ウ7
カラウリ（唐瓜）　五〇ウ7
カラエモギ（青蒿）
　カラヱモキ　五一オ6
カラグ（⿰扌秀）
　カラクル　五七オ7
カラザケ（干鮭）　五三ウ8
カラシ（辛子）　五一オ2
　（芥薛子）　五一オ6
カラシ（酷）
　カラク　五七オ8
カラス（烏）　五三オ3
カラスアフギ（射干）→カラスワウギ
カラスウリ（⿰瓜癸⿰瓜占）　五〇ウ7
カラスキ（犁）　五四ウ7

カラスゲ（烏毛）　五三オ6
カラスヘビ（蚖）　五三ウ8
カラスマル（烏丸）　一六一ウ3
カラスワフギ
　カラスワウギ（若内草）　五一オ5
　（射干）　五一オ6
カラタチ（枳）　五一オ8
カラナシ（柰）　五一オ2
　（奈）　五一オ3
カラナットウ（唐納豆）　五五オ8
カラナデシコ（金銭花）
　カラナテシコ　一二五オ5
カラハシ（唐橋）　一六一オ8
カラヒツ（唐櫃）　五四ウ7
カラム（緘）　五七オ2
　（捺）　五七ウ7
カラムシ（紙麻）　五〇ウ8
カラメテ（搦手）　四九ウ6
カラメテオホテ（寄正）
　カラメテヲウテ　五〇オ8
カラメトル（搦捕）　五六オ5

カラモモ（杏・李）　五一オ6
カラヨモギ→カラエモギ
カラヰシキ（唐居敷）
　カライシキ　四九ウ8
ガラン（伽藍）　四九ウ5
カリ（狩・猟・蒐）　五六オ8
カリ（鵝）　五三オ4
カリアツム（駈集）　五六ウ1
カリガネ（鴻）
　カリカネ　五三オ3
カリギヌ（狩衣）
　カリキヌ　五四オ6
カリシャク（介錯）　五六ウ2
カリソメ（借染）　五六ウ1
カリタ（刈田）　五六オ5
カリマタ（鋏）　五四ウ2
　（雁股）　五四オ6
　（狩俣）　五五オ2
カリムシャ（駆武者）　五一ウ3
カリモガリ（殯）　五七オ8
カリモヨホス（駆催）

カリモヨヲス　五六ウ1
カリヤ（假屋）　四九ウ5
カリャウ（家領）　五五ウ7
カリヤス（苅安）　五〇ウ6
カリョウビンガ（迦陵頻伽）
　カレウビンガ　五四オ3
カル（涸）
　カルル　五七オ3
カル（借）　五七オ4
カル（枯）
　カルル　五七オ3
カルカヤ（苅萱）　五一オ4
カルガルシ
　カルカルシク（軽々敷）　五七ウ7
カルシ（軽）　一九ウ7
カルノダイジン（軽大臣）
　カルノ（ダイジン）　目二ウ8・五三オ3
カルメル（上下）　五七ウ1
カレイ（佳例）　五五ウ4
カレコレ（彼此）　五六オ8

カレトイヒコレトイヒ（云給云恰）
　カレトイイコレトイイ　五七オ8
カレヒ（餉）
　カレイ　五五オ8
カレヒ
　カレイ
　（王余魚）　目三オ1・五四オ1
　（魮・鰈）　五四オ3
カロウ（架籠）　五四ウ8
カワク
　カハク（乾・烜）　五七オ5
カヲアカム（忸怩）　五六ウ5
カン（癇）　五三オ1
カン（間）　五七オ2
カン（蹇）　五一オ6
カン（勘）　五五ウ6
ガン（龕）　五四オ6
ガン（雁）
　カン　五三オ3
ガンイ（含飴）　目三オ二・五七ウ2
カンガフ（考）

　カンカウ　五七オ7
カンカン（韓幹）　五三ウ5
カンキ（勘気）　五五ウ5
カンキ（神吉）　四九ウ4
カンキョ（閑居）　五五ウ4
カンキョク（奸曲）　五八オ1
カンキン（看経）　五五ウ2
ガンクヮイ（顔回）
　目二ウ8・五三オ6
カンコククヮン（函谷関）　五〇オ3
カンザシ（簪）　五四ウ2
カンザンジットク（寒山拾得）
　カンサンジットク　五三オ1
　目二ウ7
カンジ（柑子）→カウシ
カンジャ（甘蔗）
　カンシャ　五〇ウ5
カンシャウ（開静）　五〇ウ1
カンジョ（寒暑）
　カンショ　五〇ウ2
カンショウ（甘松）

カンセウ 五一オ7
カンジン（肝心）
　カンシン 五五ウ8
カンズ（監寺） 五一ウ8
カンスイソン（旱水損） 五七ウ7
カンセイ（感情） 五五ウ4
ガンセイ（眼睛）
　カンセイ 五三ウ8
ガンセキ（巌石）
　ガンゼキ 五〇オ7
カンソン（旱損） 五五ウ7
カンダウ（閑道）
　カンタウ 四九ウ6
カンダウ（勘当） 五五ウ5
カンダウ（甘棠）
　カンタウ 五〇ウ5
カンダチベ（上達部）
　カンダチヘ 五三ウ6
カンタン（邯鄲） 四九オ8
カンタンノマクラ（邯鄲枕） 五四ウ4
カンチク（漢竹） 五〇ウ7

カンヂャウ（函丈） 四九ウ5
カンテン（旱天） 五〇オ4
カンドク（看読） 五五ウ2
カンドリ（揖取） 五一ウ3
カンナ（鐁） 五四ウ5
カンナギ（巫） 五一ウ2
カンナベ（間鍋） 五五オ2
カンナン（艱難） 五六オ5
カンニン（堪忍） 五六ウ5
カンヌシ（神主） 五一ウ3
カンバウ（看坊） 五一ウ7・五五ウ2
カンバセ（顔）
　カンハセ 五三ウ8
カンバツ（旱魃） 五〇ウ2・五五ウ7
カンバラ（蒲原）
　カンハラ 五三ウ3
カンバン（簡板） 五四オ7
ガンヒ（雁鼻） 五〇ウ8
ガンヒ（顔輝） 五三ウ4
カンビャウ（看病） 五五ウ2
ガンヘウ（干瓢）

　カンヘウ 五五オ6
カンベン（勘弁） 五七ウ6
カンボウ（奸謀） 五六オ2
カンボク（翰墨） 五四ウ7
カンムリ（冠） 五四ウ2
カンモン（勘文） 五五ウ5
カンヤウキュウ（咸陽宮）
　カンヤウキウ 四九ウ3
カンヨウ（簡要） 五六オ3
カンラク（勘落） 五七ウ7
カンロ（韓獹） 五三オ7
カンヱツ（看閲） 五五ウ2

キ

キ（揆） 一六三オ3
キ（貴） 一三五オ7・一三七ウ2
キ（祈） 一三七オ4
キ（畿） 一三四ウ1
キ（帰） 一三七ウ3
キ（材・樹） 一三五オ6

キ（黄）
キナリ 一二七ウ3
ギ（義・乂） 一二八ウ3
ギ（疑）
（ギ） 一二七ウ6
キイノクニ（紀伊国） 一二四オ7
キウ（旧）
キフ 一二七ウ5
キウ（窮） 一二七オ7
キウカウ（旧交）
キフカウ 一二七ウ5
キウキ（旧規）
キフキ 一二七ウ5
キウケツ（糺決） 一二七オ8
キウシ（旧梓）
キフシ 一二四オ7
ギウゼツサウ（牛舌草） 一二五オ5
キウソク（休息） 一二七ウ8
キウゾク（九族） 一二五オ8
キウヂ（灸治）
キウチ 一二八オ2

キウヂュウ（供頭）
キウヂウ 一二六オ2
キウビサイ（供備菜） 一二六ウ8
キウメイ（糺明） 一二七オ8
キウユウ（旧友）
キフユウ 一二七ウ5
キウリ（胡瓜） 一二五オ1
キエ（帰依）
キヱ 一二七ウ3
キエツ（喜悦）
キヱツ 一二八オ1
キエン（機縁）
キヱン 一二七ウ1
キガイ（気概） 一二七ウ2
キカウ（紀綱） 一二五ウ1
ギギ（擬議） 一二七ウ1
キキウノゲフ（箕裘業）
キキウノゲウ 一二八オ7
キキツクロフ（聞蕩）
キキツクロウ 一二八オ3
キキャウ（桔梗） 一二五オ1

キキャウザラ（桔梗皿）
キキャウサラ 一二六ウ6
キギョ（綺語） 一二七ウ8
キキン（飢饉） 九九ウ2・一二七ウ8
キク（菊） 一二五オ1
キク（規矩） 一二七オ5
キク（聞・聴） 一二八ウ3
（听） 一二八ウ4
キクゲツ（菊月）
キク（ゲツ） 一二四ウ7
キクヂン（麹塵）
キクチン 一二八ウ6
キクトヂ（纐纈）
キクトチ 一二六ウ7
キクヮイ（奇怪） 一二七オ5
キクヮクノショクダイ（亀鶴烛台） 一二六ウ4
キケイ（亀鏡） 一二七ウ6
キゲン（機嫌） 一二七ウ1
キゲン（奇言） 一二七ウ5
キコク（枳穀） 一二五オ3

キコクサンジャウメウジ（亀谷山浄妙寺）
キコクサンジャウメウ（ジ）　一〇四ウ3
キコシメス（聞看・聞食）　一三八ウ5
キゴメ（着籠）
キコメ　一三六ウ7
キコリ（樵）　一三五オ7
キサキ（后・姫）　一三五オ7
キザシ（兆）　一三八ウ4
キザス
キサス（芽）　一三四ウ4
（茁）　一三四ウ3
（萌）　一三四ウ3・一三八ウ3
キザム
キサム（刻）　一三七オ8
（剉）　一三八ウ3
キサラギ
キサラキ（衣更著）　一三四ウ6
（衣更著）　目四ウ8
キシ（岸・崖）　一三四ウ4

キシ（基址）　一三四オ8
キジ（雉）　一三六オ7
キジアミ（罱）　一三七オ3
キシキ（規式）　一三七オ6
ギシキ（儀式）　一三七オ7
キシメン（棊子麵）　一三八ウ7
キショ（居諸）　目四ウ8・一三四オ8
キショク（気色）　一三七ウ2
キシル（輾）　一三八ウ3
キシン（寄進）　一三七オ5
キジンダイフ（鬼神大夫）
キジンダユウ　一三五ウ7
キズ（疵・瘢）　一三六オ5
（瑕）　一三六オ5・一三八ウ4
（瑾）　一三八ウ6
キス（鱺）　一三六オ8
キズイ（奇瑞）
キスイ　一三七オ5
ギゼツ（義絶）　一三七オ7
キセナガ（着背）
キセナカ　一三六ウ6

キソ（木曽）　一三四ウ3・一三六オ1
キソウ（徽宗）　一三五ウ8
キソク（亀足）　一三六ウ3
キタ（朝・坎・朔）　一三四ウ5
キタイ（希代）　一三七ウ7
キタナキココロ（蓬心）　一三八ウ5
キタナシ（濆）　一三八ウ1
（北無）　一三八ウ3
キタナイ（厠）　一三八ウ4
キタノコウヂ（北小路）
キタノ（コウヂ）　一六一オ7
キダハシ（堦）　一三四ウ5
キタフ（鍛）
キタウ　一三八ウ1
キタマド（向）　一三四ウ5
キタミナミ（陰陽）　一三四ウ4
キダリノチヤウス（祇陀林茶臼）　一三七オ3
キタン（起単）　一三七ウ1
キチクノトシ（騎竹之年）　一三八オ8
キチャウ（几帳）　一三六ウ5

ギヂョ（妓女）　一三五オ8
キツ（吉）　一三七オ4
キックヮ（菊花）　目四ウ9・一三五オ3
キッショ（吉書）　一三七オ4
キッソク（急速）　一三七オ8
ギッチャウ（毬杖）　一三六ウ3
キッツケ（切付）　一三六ウ2
　（韈）　一三七オ2
キヅナ（絆）
　キツナ　一三八ウ1
キツネ（狐）　一三六オ7
キッフ（切符）　一三六ウ3
　（割符）　一三六ウ4
キテウ（帰朝）　一三七ウ3
キテン（機転）　一三七ウ1
キド（木戸）　一三四ウ2
ギドウサンシ（儀同三司）
　キトウ（サン）シ　一三六オ3
キドク（奇特）　一三七オ5
キドク（既得）
　キトク　一三八オ4

キドコロ（城所）
　キトコロ　一三六オ1
キドノアフギ（城殿扇）
　キトノアフキ　一三六ウ6
キナイ（畿内）　一三四オ7
ギナン（宜男）　目二オ1
キヌ（絹）　一三六ウ6
キヌタ（砧）　一三六ウ2
キヌバリ（絹張）　一三六ウ1
キネ（杵）　一三六ウ6
キノフ（昨日）
　キノウ　一三四ウ7
キノメヅケ（木芽漬）
　キノメツケ　一三八ウ7
キハ（涯）
　キワ　一三四ウ5
キハ（毀破）　一三八オ2
キバ（牙）
　キハ　一三六オ5
キバ（騎馬）　一三五オ8
ギバ（耆婆）　目四ウ九・一三五ウ4

キハダ（黄蘗）
　キワタ　一三五オ1
ギバテウ（耆婆鳥）
　ギバ（テウ）　一三六オ7
キハマル（谷）
　キワマレリ　一三八ウ4
キハム
　キワム（究・極）　一三八ウ2
　　（窮）　一三八ウ1
キハン（軌範）　一三七ウ7
キビ（秬）　目4ウ9・一三五オ1
　（黍）　一三五オ1
キビシ（稠）　一三八ウ4
　キビシク（緊）　一三八ウ2
キビス（跟・踵）
　キヒス　一三六オ5
キビダイジン（吉備大臣）　一三五ウ6
キビツミヤ（吉備津宮）　一三四ウ2
キビニツク（付驥尾）　一三八オ5
キフ（給）
　キウ　一三五オ7

キフ（寄付）　一二七オ5
キフキフニョリツリャウ（急急如律令）
　キウキウニョリツリャウ　一二八オ4
キブシ（酷）　一二八オ6
キフダイ（及第）
　キウダイ　一二八オ4
キブネ（貴布弥）　一二四ウ1
キフブン（給分）
　キウブン　一二八ウ4
キボ（規模）　一二七オ6
キホウ（木鋒）　一二六ウ2
ギボウシ（擬法師）
　ギホウシ　一二六ウ5
キホヒオクレ（競殿）
　キヲイヲクレ　一二八オ2
キミ（公・君）　一二五オ7
　（皇）　一二五ウ2
キメイ（貴命）　一二七ウ2
キモ（肝・膽）　一二六オ5
キモヲケス（消膽）　一二八ウ5

キモヲツブス（潰胆）　一二七ウ8
ギヤ（祇夜）　一二八オ2
ギャウガウ（行幸）　一二七オ7
ギャウギボサツ（行基菩薩）
　ギャウギ（ボサツ）　目四ウ9
　キャウギボサツ　一二五ウ3
キャウキョ（強圉）　一六二オ2
キャウクヮツ（羌活）　一二五オ3
キャウケツ（纐纈）　一二六ウ7
キャウゲン（狂言）　一二七ウ8
キャウゲンキギョ（狂言綺語）　一二七ウ4
キャウコウ（向後）　一二七ウ4
キャウゴク（京極）　一六一ウ4
キャウコツ（軽忽）　一二七オ7
キャウジコジ（香匙火筋）　一二六ウ1
ギャウジャウ（行状）　一二七オ7
キヤウシャク（驚尺）　一二六ウ1
ギャウズイ（行水）　一二七オ8
キャウセイ（京成）　一二八ウ5
キャウソウ（慶増）　一二六オ1

キャウダイ（鏡台）
　キャウタイ　一二六ウ2
キャウダウ（姜道）
　キャウタウ　一二五ウ8
キャウチ（境致）　一二四ウ3
ギャウテン（仰天）　一二七ウ6
キャクデン（客殿）　一二四ウ4
キャウナフ（姜納）
　キャウノウ　一二五ウ8
ギャウブ（行歩）　一二七オ8
ギャウブ（刑部）
　キャウブ　一二六オ2
キャウマン（軽慢）　一二七オ7
キャウワラハ（京童）
　キャウワラワ　一二五オ8
キャクエン（客櫚）→キャクテン
キャクシュ（客衆）　一二五ウ1
ギャクシュ（逆修）　一二九ウ6
キャクシン（隔心）　一二八オ1
キャクジン（客人）　一二五ウ1
キャクテン（客櫚）　一二四ウ4

キャクデン（客殿）　一二四ウ4
キャクロ（客櫓）　一二四ウ4
キャシャ（花奢）　一二八オ1
キャタウ（脚榻）　一二六ウ1
キャタツ（脚榻）→キャタウ
キャハン（脚半）　一二六ウ7
キャフ（脚布）　一二六ウ7
ギャヘイ（瘧病）　一二六オ5
キャラ（伽羅）　一二六ウ1
キャラミツ（伽羅蜜）　一二五ウ8
キユ
　キユル（消・熠）　一二八ウ1
　（炖）　一二八ウ4
キョ（墟）　一二四オ7
キョ（裾）　一二六ウ8
キョウイウ（興遊）
　ケウユウ　九九オ6
キョウエン（興宴）
　ケウヱン　九九オ5
キョウジン（器用仁）　一二五オ8
ギョカン（御感）
　キョカン　一二七ウ8
ギョクカン（玉碙）
　キョクカン　一二五ウ3
キョクゲツ（極月）　一二四ウ6
キョクジ（極時）　一二四ウ6
キョクセキ（跼蹐）　一二八オ3
キョクセツ（曲節）　一二八オ2
ギョクト（玉兎）　一二四オ8
キョクロク（曲彔）　一二六ウ1
キョゴン（虚言）
　キョコン　一二七ウ4
キヨシ（清）　一九ウ7・一二八ウ3
　（浄）　一二八ウ3
キョジャウ（挙状）　一二七オ4
ギョダウ（魚道）
　キョタウ　一二七オ1
キョダク（許諾）
　キョタク　一二七ウ7
キョダツ（許達）
　（キョ）タツ　一二七ウ7
キョダツ（挙達）
　キョタツ　一二七オ4
キョタン（虚誕）　一二七ウ5
ギョマウ（魚網）
　キョマウ　一二六ウ8
キヨミガセキ（清見関）　一二四ウ5
キヨミヅデラ（清水寺）
　キヨミツデラ　一二四ウ2
キヨム（雪）　一八ウ3
キョユウ（許由）　一二六オ1
キョヨウ（許容）　一二七ウ7
キョラウ（虚労）　一二六オ5
キラタム（化）　一二八ウ1
キラビヤカ（奇羅美）
　キラヒヤカナリ　一二八オ6
キラフ（嫌）
　キラウ　一二八ウ1
キララ（雲母）　一二六ウ5
キランサウ（綺欄草）　一二五オ5
キリ（錐）　一二六ウ6
キリ（霧）　一二四ウ1
　（雰・雺）　一二四ウ5

キリ（梧・桐）　一二五オ1
ギリ（義理）　一二七オ6
キリイシ（截石）　一二四ウ3
キリギリス（蟋蟀）
　キリキリス　一二六オ8
キリクヅス（剪崩）
　キリクツス　一二八オ2
キリクヒ（蘖・不）
　キリクイ　一二七オ2
キリフノヤ（截生矢）
　キリウノヤ　一二七オ2
キリャウ（器量）　一二八オ3
ギリャヤウ（技倆）　一二八オ1
キリョ（羈旅）　一二八オ3
キリョク（気力）　一二七ウ2
キリン（麒麟）　一二六オ6
キル
（切・伐・斬・截・剪）　一二八ウ2
（材・披）　一二八ウ4
（刎）　一四九ウ8
キレイ（奇麗）　一二七オ5

ギヲンショウジャ（祇園精舎）　一〇四ウ5
ギヲンヱ（祇園会）　一二四ウ8
キン（斤）　一二八ウ8
キン（禁）　一二七ウ3
キン（金）　一二六ウ4・一九ウ3
キン（琴）　五ウ2
キン（磬）　一二六ウ2
キンアフスイアフ（金鴨睡鴨）
　キンアウスイアウ　一二六ウ5
ギンアン（銀杏）　一二五オ4
キンウ（金烏）　一二四オ8
キンエキ（禁液）
　キンヱキ　一二四ウ1
ギンガ（銀河）　一二四ウ1
ギンガウ（近郷）　一二四オ7
ギンガウ（欽向）
　ギンカウ　一二八オ2
キンカン（金柑）　一二五オ1
キンキ（禁忌）　一二七ウ3
キンギウ（勤旧）

キンキウ　一二七ウ7
キンギサウ（金徽草）　一二五オ5
キンギショウグワ（琴棊書画）
　キンキショグワ　一二六ウ8
キンゴ（金吾）　一二六オ2
キンザンジ（径山寺）　一〇四ウ7
キンシ（金絲）　一二六ウ4
キンジ（勤仕）　一二七ウ7
キンシウ（錦繡）　一二六ウ7
キンセンクヮ（金銭花）　一二五オ5
キンダク（金諾）
　キンタク　一二八ウ3
キンダチ（卿等・君等）　一二五ウ1
　（王卿）　一二五オ7
キンチュウ（禁中）
　キンチウ　一二四オ7
キンフウ（金風）　一二四ウ7
キンプクリン（金輻輪）
　キンフクリン　一二六ウ2
キンホウケ（金鳳花）　一二五オ5
キンホウサンジャウチジ（金峰山浄

智寺）
キンホウサンシャウチジ　一〇四ウ3
キンモウノシシ（金毛獅子）
一三六オ6
キンラン（金欄）　一三六ウ4
キンリン（近隣）　一二七ウ4

ク

グアン（愚案）
（グ）アン　八九オ8
グアン（愚暗）
（グ）アン　八九オ7
クイカヘス（悔還）　八九ウ3
クオクノセツ（胸臆之説）
クヲクノセツ　九〇オ8
クガ（陸）　二五オ8
クガイ（公界）
クカイ　九〇オ2
クキ（茎）　八九オ1
クギ（釘）　八八オ7
クギヌキ
クキヌキ（釘抜）　八八オ3
クキヌキ（椚・釘抜）　二五ウ2
クキヌキ（釘貫）　八八オ2
クキフ（供給）
クキウ　八九ウ1
クキャウ（究竟）　八九ウ8
クギャウ（公卿）　八八ウ2
クギャウテンジャウビト（公卿殿上人）　八六ウ5
ククタチ（茎立・茰立）　八六オ4
クグ（供具）　八八ウ1
クグヒ（鵠）
ククイ　八七ウ5
ククヒノハ（鵠羽）
クグイノハ　五四ウ4
ククミ（鑣）　八八ウ6
ククム（哺）　九〇ウ8
ククメヂ（苦集滅道）　二五オ5
ククメチ　目三ウ3
ククル（括）　九〇ウ5
クグル（抖）
ククル　九〇ウ4
クグル（潜）
ククル　九〇ウ3
クゲ（公家）
クケ　八六オ8
クゲ（久下）　八六ウ6
クケヂ（匿路）　二五オ8
キゲン（苦愚）　八八ウ4
クゲン（公験）
クケン　八八ウ4
クコ（枸杞）　二五ウ7
グゴ（供御）　八九オ1
クコン（九献）　八八ウ2
クサ（草）　八六オ3
クサカ（日下）　八六ウ6
クサカリ（蘇・草芟）　八六ウ2
（蒭蕘）　八六ウ3
クサギ（蜀漆）　八六オ1
クサシ（臭）　九〇ウ2
クサカラス（不臭）　一九ウ8

クサズリ（草摺） 八八ウ2
グサツ（愚札）
（グ）サツ 八九オ8
クサナギノケン（草薙剣） 八八ウ3
クサノモチ（草餅）
目三ウ6・八八ウ7
クサビ（轄・鍺） 八八ウ2
クサビラ（菌・茸） 八六オ3
クサヒラ（茸） 六〇ウ5
クサビヲアブラサス（指轄） 八九ウ8
クサムラ（叢） 八六オ3
クサリ（鏁・鏈） 八八オ7
（鍍） 八八オ8
クサリバカマ（鏁袴） 八八ウ5
クシ（串） 八八ウ6
クシ（櫛・梳） 八八オ6
クジ（公叓）
（ク）シ 九〇オ3
クジ（鬮） 八八オ5
クジカ（鹿章） 八七ウ6
クシガキ（串柹） 八九オ1

クジク（挫） 九〇ウ6
（折） 九〇ウ5
クシゲ（櫛笥） 一六一ウ2
クシコ（串海鼠） 八七オ7
クシャウジン（倶生神） 八六ウ8
クジャク（孔雀） 目三ウ4・八七オ5
クジャクモンニイハク（孔雀文日）
クジャクモンニ（イハク） 九〇ウ6
クシュメヂ（苦集滅道）
クシュメチ 八五オ5
クジラ（鯨・鯢）
クシラ 八七ウ3
クジル（挑） 九〇ウ3
クシン（苦参） 八五ウ8
（苦辛） 八九ウ5
クス（庫司） 八五ウ1
クズ（葛）→クヅ
クスシ（医師） 八六ウ2
クスダマ（薬玉）
クスタマ 目三ウ6・八八オ6
クスネ（天鼠） 八八ウ1

クスノキ（梗楠・樟） 八五ウ7
（楠） 八六ウ7
クセ（癖） 九〇ウ3
クゼ（久世） 八六ウ7
クセゴト（曲叓） 九一オ2
グセツ（愚拙）
（グ）セツ 八九オ8
クゼツ（口舌） 九〇オ5
クセノト（九世戸） 八五オ4
クセマヒ
クセマイ
（久世舞・口宣舞） 八九ウ3
（曲舞） 八九ウ4
クセモノ（怪物） 八六オ8
（快物） 八六ウ3
クソ（屎・戻） 八七オ3
グソク（愚息） 八六ウ2
クソブクロ（胃）
クソフクロ 八七オ3
クソムシ（蛣蜣） 八七オ7
クダ（管） 八八ウ5

クダカケ（管懸）　二オ1
クダク（砕）　九〇ウ3
（摧）　九〇ウ5
クタビレ（草臥・困）　九〇ウ1
（下沈）　九〇ウ2
クダモノ（菓）
クタモノ　八五ウ8
クダリ（行）　九〇ウ6
（件）　九〇ウ8
クダル（降）
クタル　九〇ウ3
クチ（口）　八七オ3
クチ（石首魚）　八七ウ6
グチ（愚癡）
（グ）チ　八九オ7
クチキ（朽木）　八六ウ7
クチズサミ（口号）　九〇オ4
クチナシ（梔子・梔・越桃・薝蔔）
八五ウ8
クチバ（朽葉）　八八ウ3
クチバシ（嘴）　八七オ3
（觜）　一四オ1
クチバミ（蝮）　八七オ6
クチハミ（虵）　八七オ5
クチヒビ（胗）　八七オ3
クチビル（唇・脣）　八七オ3
クヂラ（鯢）
クジラ　目三ウ5
クチワキ（咡）　八七オ3
クチヲシ（口惜）　九〇オ4
クツ（舄）　八八ウ3
（履・靴・沓）　八八ウ5
クツ（朽）
クツル　九〇オ1
クヅ（葛）　八六オ1
クヅ（屑）
クツ　九〇ウ6
クッキャウノツハモノ（究竟兵）
八六ウ5
クッシャウ（屈請）　九〇オ1
クッツミ（驌）　八八オ8
クツヌギ（履脱）
クツヌキ　八五ウ2
クツネ（狐）　八七ウ6
クツバミ（鑾・靶）　八八ウ5
クツハミ（鑣）　八八ウ6
クップク（屈伏）　八九ウ7
クヅル（崩）
クツルル　九〇ウ3
クツル（羃）　九〇ウ8
クツログ
クツロク（甘・寛）　九〇ウ8
（下怫）　九〇オ8
クツワ（銜）　八八ウ5
クツハ（轡）　八八オ8
クツワムシ（轡虫）
クツハムシ　八七オ6
クヅヲル（窮崛・頽）
クヅヲルル　九〇ウ1
クデン（公田）
（ク）テン　九〇オ3
クド（堗）　八五ウ2
クドウ（工藤）　八六ウ7

クドク（功徳）　八九ウ1
クドク（詢・口説・認）　九〇オ5
クナイ（宮内）　八七オ1
クニ（国）　八五オ7
クニツカミ（地祇）　八五ウ3
クニノウチ（孿士）　八五ウ3
クニン（公人）　八六オ8
クヌギ（鉤樟）
クヌキ　八五ウ8
クネル（嗄）　九〇ウ6
クネンブ（久年父）　八六オ5
クノウ（口能）　九〇オ4
（孔能）　九一オ2
（ク）ノウ（功能）　八九ウ1
クハ（桑）
クワ　八六オ1
クハ（鍬）
クワ　八八ウ6
クバウ（公方）　八六ウ1
クハガタ（鍬形・九方形）
クワカタ　八八オ3

クハク（琥珀）　目三ウ5・八八オ3
クハシ（委・精）
クワシ　九〇ウ2
クハタツ（企）　九〇ウ3
クハフ（加）
クワウ　九〇ウ2
クハユ（咥）
クハユル　九〇ウ3
クバル（賦）　九一オ1
クヒ（杙・杭・橛）
クイ　八五ウ2
クビ（頸・領）　八八ウ3
クヒ（頸・領・項）　八七オ3
クヒシメシ（食湿）
クイシメシ　九〇オ8
クビス（踵）
クヒス　八七オ3
クヒナ（水鶏）
クイナ　八七オ6
クヒャウ（公平）　九〇オ2
クビャウ（公并）　九一オ2

クビル（縊）　九〇ウ4
クヒル（縊）　8ウ5
クニヲトル（捕頸）
クヒヲトル　九一オ2
グブ（供奉）
（グ）ブ　八九ウ1
クフウ（工夫）　九〇オ7
グブノヒト（供奉人）　八六ウ3
クボミ（窪）　九〇ウ8
クボム
クホム（窳）　九〇オ7
クボムル（洿）　九〇ウ8
クマ（熊）　八七ウ3
グマイ（愚味）
（グ）マイ　八九オ7
クマダカ（鵰）
クマタカ　八七ウ5
クマデ（熊手）
クマテ　八八オ7
クマノ（熊野）　八五オ5
クミ（組）　八八オ5

（綬） 八八ウ6
グミ（茱萸） 八六オ4
クミカミ（辯） 八七オ4
クミクサシ（杠） 九〇ウ8
クミシ（組師） 八六ウ2
クミス（与）
クミスル 九〇ウ3
グミノキ（欓）
クミノキ 八六オ4
クム（公務）
（ク）ム 九〇オ3
クム（組） 九〇ウ3
クム（汲） 九〇ウ4
（酌・酌） 九〇ウ8
（斟） 九一オ3
グメ（貢馬）
クメ 八七オ4
クモ（蜘蛛） 八七オ6
クモ（雲） 八五ウ3
グモウ（愚蒙） 八九オ7
クモツ（公物）
（ク）モツ 九〇オ3
クモリ（陰・曇） 八五ウ3
クモン（公文） 八六オ8
クヤウ（供粮） 八九ウ1
クヤク（公役）
（ク）ヤク 九〇オ3
クヨウ（公用）
（ク）ヨウ 九〇オ3
クヨク（鸜鵒） 八七オ6
クラ（倉・蔵） 八五オ7
（庫） 八五オ8
クラ（鞍） 八八オ8
クラフ（苦労）
（ク）ラウ 八九ウ6
クラオホヒ（鞍覆）
クラヲヲイ 八八ウ2
クラゲ（海月） 目三ウ5・八七ウ2
クラシ（冥） 八五ウ5
（暗） 八五ウ6
クラノカミ（内蔵頭）
クラフ 八七オ1
クラウ（食） 九〇ウ2
（餔） 九一オ2
クラヘハ（食） 二ウ1
クラブ（比・角）
クラフル 九〇ウ8
クラブ（倉部） 八六ウ7
クラボネ（鞍橋） 八八ウ4
クラマ（鞍馬） 八五オ5
クラヤミ（暗闇） 八五ウ5
クラヰ（位）
クライ 九〇ウ2
クラヲオク（被鞍・鞴）
クラヲヲク 九一オ1
クランド（蔵人）
クラント 八七オ1
クリ（栗） 八五ウ7
クリ（庫裡） 八五ウ1
クリカタ（栗形） 八八ウ2
クリガンナ（曲鉇）
クリカンナ 八八オ2
クリキ（功力）

（ク）リキ　八九ウ2
グリグリ（輪曲）　八八オ8
グリグリノダイ（屈輪台）　八八オ8
（九連糸台）　八八ウ1
クリゲ（栗毛）　八七ウ6
クリコト（繰事）　九〇オ7
クリミニス（涅）　九〇ウ8
クリモト（栗本）
（クリ）モト　八六ウ7
クリヤ（庖）　八五ウ2
クリョ（愚慮）
（グ）リョ　八九オ8
クリン（九輪）　八八オ1
クル（繰）　九〇ウ5
クルクル（来々）　八七オ8
クルシム（苦）　九〇ウ2
クルス（栗栖）　八五オ8
クルフ（狂）
クルウ　九〇ウ3
クルマガシ（車借）
クルマカシ　八六ウ2

クルマザキ
クルマサキ（轘）　九一オ1
クルマヤドリ（車宿）
クルマヤトリ　八五ウ1
クルマヲカザル（巾車）
クルマヲカサル　八九ウ8
クルミ（胡桃）　八五ウ7
クルミノキノネ（荼木根）　八六オ5
クレ（榑）　八八ウ6
クレ（暮・晩・昏）　八五ウ5
クルマノシャウ（栗真庄）　八五オ4
クレタケ（呉竹）　八六オ3
グレツ（愚劣）
（グ）レツ　八九オ8
クレナヰ（紅）
クレナイ　八六オ4・九〇ウ2
クレナヰイト（紅糸）
クレナイイト　八八ウ4
クレノヲモ（興渠）　八六オ4
クレハドリ（呉綾）
クレハトリ　目三ウ4・八六ウ3

クロ（畔）　八五オ8
クロガネ（鉄・銕・鐵）
クロカネ　八八ウ6
クロカハ（黒川）　八六ウ7
クロコマ（烏駒）
クロゴマ　目三ウ5・八七ウ7
クロサハ（黒沢）
クロサワ　八六ウ7
クロシ（黒・玄）　九〇ウ2
クロシ（緇）　九〇ウ4
クロダヒ（鯶）
クロダイ　八七ウ6
クロヅクリ（黒作）
クロツクリ　八七オ7
クロヅル（玄鶴）
クロツル　八七オ7
クロトリ（鵖）　八七ウ6
（鴟）　八七ウ7
クロヘンビャウ（黒ノ乀）
クロヘンベウ　八七オ5
クロロ（枢）　八五オ8

クワイ（烏芋）→クワキ
クヮイイ（快意）　九一オ3
グヮイケン（外見）
（グヮイ）ケン　九〇オ4
クヮイシ（会紙）　八六オ3
クヮイショ（会所）　八五ウ1
グヮイシャウ（外請）
（グヮイ）シャウ　九〇オ4
グヮイジン（外人）　八六オ8
グヮイセキ（外戚）
　クヮイセキ　八六ウ1
クヮイニン（懐妊）　八九ウ4
クヮイハウ（懐抱）
（クヮイ）ハウ　八九ウ4
クヮイヒシガタシ（難回避）
　クヮイヒシカタシ　九一オ3
グヮイブン（外聞）　九〇オ4
クヮイラウ（廻廊）　八五ウ1
クヮイリ（回鯉）　八九ウ6
クヮイリ（廻季）　八九オ8
クヮイロク（回禄）

（クヮイ）ロク　八九ウ7
クヮウイン（光陰）　八五ウ6
クヮウガウ（光降）
（クヮウ）ガウ　八九オ2
クヮウギ（光儀）
（クヮウ）ギ　八九オ2
クヮウクヮ（光花）　八九オ3
クヮウゲン（荒言）
（クヮウ）ゲン　八九オ6
クヮウコン（黄昏）　八五ウ5
クヮウサイ（宏才）　八九ウ4
クヮウチュウ（蝗虫）
　クヮウヂウ　八七オ5
クヮウニ（黄耳）　目三ウ5・八七ウ2
クヮウハイ（荒廃）
（クヮウ）ハイ　八九オ6
クヮウバク（広博）　九〇オ6
クヮウフン（光賁）
（クヮウ）フン　八九オ2
クヮウミャウ（光明）
（クヮウ）ミャウ　八九オ2

クヮウリ（荒痢）
（クヮウ）リ　八九オ7
クヮウリャウ（荒涼）　八九オ6
クヮウリン（光臨）　八九オ2
クヮカ（果下）　目三ウ4・八七ウ1
クワキ（烏芋）　八六オ1
クヮキ（和気）
（クヮ）キ　八九ウ4
クヮキフ（火急）
　クヮキウ　八九ウ8
クヮクゼン（廓然）
　クヮクセン　九〇オ5
クヮクシフ（確執）
　クヮクシウ　八九オ6
クヮクラン（霍乱）　八七オ3
クヮゲイ（花鯨）
　クヮケイ　八八オ1
クヮゴン（過言）
（クヮ）ゴン　八九オ5
クヮサウ（火葬）　九〇ウ5
クヮシ（菓子）　八八ウ7

グヮシツ（蝸室）
　クヮシツ　八五ウ1
クヮシボン（菓子盆）　八八オ5
クヮシャ（火舎）　八八オ8
クヮシャ（火車）　八八オ8
クヮシャク（掛錫）　八九ウ5
クヮショ（過書）　八八ウ2
クヮショク（花族）　八九オ2
クヮショク（貨殖）　九〇ウ4
クヮシン（掛真）　八六ウ1
クヮタ（掛塔）　八九ウ3
クヮタイ（過怠）
（クヮ）タイ　八九オ5
クヮックヮッ（活々）　九〇ウ1
クヮックヮッテウ（滑々鳥）　七〇オ3・八七ウ7
クヮッケイ（活計）　九〇オ2
グヮッシコク（月氏国）
　クヮッシコク　八五オ4
グヮッショク（月蝕）　八五ウ6
クヮッダツ（豁達）
　クヮッタツ　九〇オ7
クヮテウセツ（花朝節）　八五ウ4
クヮド（過度）
　クヮト　九〇オ8
（クヮ）ト　八九オ5
クヮド（課睹）　九一オ2
クヮトウ（裹頭）　八八ウ1
クヮドンス（花段子）　八八ウ5
クヮハウ（果報）
　クヮホウ　八九ウ2
クヮビ（花美）
（クヮ）ヒ　八九オ3
クヮビン（花瓶）
　クヮヒン　八八オ2
クヮボク（和睦）　八九ウ4
クヮムシ（蝸）　八七ウ6
クヮヤク（課役）　八九ウ2
クヮヤク（過役）　八九オ5
クヮラ（掛落）　八八オ7
クヮリウ（驊騮）　八七オ8
クヮリン（菓李）　八五ウ7
クヮレイ（花麗）　八九オ3
クヮレウ（科料）　九一オ3
クヮレウ（過料）
（クヮ）レウ　八九オ5
クヮヰ（烏芋）
　クヮイ　八六オ1
クヮン（棺）　八八オ7
クヮン（環）　八八ウ6
クヮン（管）　九一オ1
クヮンエツ（歓悦）
（クヮン）ヱツ　九〇オ4
クヮンオン（観音）
　クヮンヲン　一四〇オ2
クヮンカウ（還幸）　八九オ4
クヮンカウ（還行）
（クヮンカウ）　八九オ4
クヮンカカイ（官加階）　九〇オ7
クヮンガク（勧学）
（クヮン）ガク　九〇オ7
クヮンギ（歓喜）
（クヮン）キ　九〇オ3

クヮンギョ（還御）　八九オ4
クヮンクワコドク（鰥寡孤独）　八六ウ4
クヮンケン（管見）　八九ウ2
（官見）　八九オ3
クヮンゲン（管絃）
クヮンケン　八九ウ2
クヮンザウ（蕿草）
クヮンサウ　目三ウ4・八六オ6
クヮンザン（元三）
グヮンザン　目三ウ3・八五ウ4
グヮンザンダイシ（元三大師）
グヮンザンタイシ　八六ウ6
クヮンジャ（冠者）　八六ウ5
クヮンジャウ（勧請）　九〇オ6
クヮンジャウシ（管城子）　八八オ1
クヮンハク（官爵）
（クヮン）シャク　八九オ3
クヮンショウ（喚鐘）
クヮンセウ　八八オ2
クヮンジン（勧進）
（クヮン）ジン　九〇オ7
クヮンス（罐子）　八八オ7
グヮンソ（元祖）　九〇オ1
クヮンタイ（緩怠）　八九ウ2
グヮンダテ（願立）
（グヮン）ダテ　九〇オ1
クヮンダン（款段）
クヮンタン　八七ウ1
クヮンヂャウ（灌頂）　八九ウ5
クヮンド（官途）
（クヮン）ト　八九オ3
クヮンド（管睹）　九一オ2
クヮントウ（関東）　八五オ4
グヮントウ（丸燈）　八八ウ2
クヮンバク（関白）
クヮンハク　八六オ6
クヮンバク（歓伯）
クヮンハク　八八オ4
グヮンマウ（願望）　九〇オ1
クヮンユウ（寛宥）　八九ウ3
クヮンユノモノ（灌油物）　八八オ5
クヮンヨウ（罐䍃）　八八オ5
クヮンヨウ（官庸）　八八ウ4
グヮンライ（元来）
クヮンライ　九〇オ2
クヮンラク（歓楽）　九〇オ3
クヮンレイ（管領）　八六オ8
クヮンロク（官禄）
（クヮン）ロク　八九オ3
クヲギ（檵）
クヲキ　八五ウ7
クン（裙）　八八オ7
クンエカウ（薫衣香）
クンヱカウ　八八ウ3
クンギ（群儀）
クン（キ）　八九オ4
クンコウ（勲功）　九〇オ5
グンサン（群参）
（グン）サン　八九オ4
クンジフ（群集）
クンジウ　八九オ4
クンシン（君臣）　八六ウ1

グンゼイ（軍勢）　八六ウ1
クンタク（君沢）　八六ウ6
クンダン（涒灘）　一六三オ6
グンヂ（軍持）　八八オ1
グンチュウ（軍忠）
（グン）チウ　九〇オ6
グンヂン（軍陣）　九〇オ5
グンバイ（軍陪）　九一オ1
グンバイ（軍敗）
（グン）ハイ　九〇オ6
グンリョ（軍旅）
（グン）リョ　九〇オ6
クンロクカウ（薫陸香）　八八ウ3

ケ

ケ（毛）　九八オ4
ゲイ（霓）
ケイ　二〇オ7
ケイ（磬）　九八ウ1
ケイア（京鴉）　九七ウ5

ケイガ（荊軻）
ケイカ　九八オ1
ケイガイ（荊芥）　九七オ7
ケイキ（景気）　一〇〇オ1
ケイグワイ（計会）
ケイクワイ　九八ウ5
ケイグワイ（経廻）
ケイクワイ　九九オ1
ケイコ（稽古）　九九ウ6
ケイゴ（警固）　九九ウ5
ケイゴノヒト（警固人）　九七ウ4
ケイサツ（啓劄）
（ケイ）サツ　一〇〇オ1
ケイシャウ（圭璋）　九八ウ2
ゲイシャウウイノキョク（霓裳羽衣曲）
ケイシャウウイノキョク　一〇〇オ1
ケイシュ（稽首）　九九ウ5
ケイセイ（傾城）　九七ウ3
ケイセツ（蛍雪）　九九ウ8
ケイタン（警歎）　九九ウ5

ケイタンゴク（契丹国）
ケイタンコク　九七オ2
ケイヅ（系図）　九八オ7
ケイトウゲ（鶏頭花）　九七オ7
ゲイノウ（芸能）　九九ウ6
ケイバ（競馬）　九七オ5
ケイバウ（競望）
ケイハウ　九九ウ1
ケイバツ（刑罰）　九九ウ7
ケイビ（軽微）　九九オ8
ケイビャク（敬白）
ケイヒャク　一〇〇オ1
ケイブツ（景物）　九八ウ1
ケイボ（継母）
ケイホ　九七ウ6
ケイリク（刑戮）　九九ウ7
ケイリャク（計略）　九八ウ5
ケウ（希有）　九九オ2
ケウアク（梟悪）
（ケウ）アク　九九オ7
ケウガイ（凶害）

ケウカイ 九九オ7
ケウガフ（校合）
ケウカウ 九八ウ7
ケウガフ（協洽）
ケウカウ 一六二オ6
ケウガル（興哉） 九九オ5
ケウキ（梟気） 九九オ7
ゲウキ（澆季） 九九ウ3
ケウクヮイ（交会） 九八ウ8
ケウクン（教訓） 九八ウ7
ゲウゲウシ（凝々） 一〇〇オ1
ケウコン（恐恨） 九九オ4
ゲイシュン（堯舜） 九七ウ8
ケウショク（矯飾） 九九ウ6
ケウソク（脇息） 九八オ7
ケウト（凶徒） 九七ウ6
ケウブン（校分） 九九ウ6
ゲウホツ（澆払） 九九ウ4
ゲウメウ（巧妙）
ケウメウ 九九ウ1
ケウヤウ（孝養） 九九ウ1
ケガス（汚・穢・塵・瀆・漬）
一〇〇オ2
ケカツ（飢渇） 九九ウ2
ゲキシュ（鷁首） 目三オ5・六五ウ3
ゲキダン（劇談）
ケキタン 九ウ8
ゲキャウ（外境） 九七ウ4
ゲキリン（逆鱗） 九九ウ2
ゲクヮン（下澣）
ゲカン 一三五オ8
ゲゲン（戯言）
ケゲン 九九ウ7
ゲコ（下戸） 九七ウ3
ゲコクジャウ（下克上）
ケコクジャウ 一〇〇オ2
ケコン（飢饉）
ケゴン 九九ウ2
ケサ（袈裟） 目三オ2・九八オ7
ケサン（計算） 九八オ7
ケシ（芥子） 九七オ8
ゲシ（下司） 九七ウ2
ゲジ（夏至）
ゲシ 九七オ6
ケシキ（気色） 一〇〇オ5
ゲシニン（解死人） 九七ウ5
ケシメカス（嗾） 一〇〇オ4
ケシャウ（仮粧） 九九ウ2
ケシャウガハ（僞革） 九八ウ2
ゲシャク（外戚） 九七ウ2
ケス（消・銷） 九九オ6
（滅・鋪） 一〇〇オ3
（鑠） 一〇〇オ4
ゲスイ（滴器） 九八オ8
ケソク（花足） 九八ウ1
ケタ（桁） 九七オ2
ケダイ（懈怠） 九九ウ4
ゲダウ（外道） 九七ウ2・九九オ8
ケダシ（蓋）
ケタシ 九九オ7
ケタム（覘） 九八ウ7
ケダモノ（畜・獣）
ケタモノ 九八オ6

ケツ（橛）　九八ウ3
ケツゲ（結夏）　九七オ4
ケツゲ（結解）　一〇〇オ4
ゲッケイウンガク（月卿雲客）
　ケッケイウンカク　一〇三ウ8・九八オ2
ゲッコ（月湖）
　ケッコ　九七ウ7
ケッコウ（結構）　九八ウ8
ケッサイ（潔斎）　九九ウ4
ゲッサン（月山）
　ケッサン　九七ウ8
ケッショ（闕所）　九八ウ8
ゲッショ（檄書）　九八ウ2
ケッセイ（結制）　九七オ5
ゲッセキ（月夕）
　ケッセキ　九七オ5
ケツヂャウ（決定）　九九オ8
ケッハク（潔白）　九九ウ3
ゲッハク（月迫）
　ケッハク　九七オ5

ゲッホウ（月俸）　九八オ8
ゲッホウ（月蓬）
　ケッホウ　九七ウ8
ケヅリモノ（削物）
　ケツリモノ　九八ウ4
ケヅル
　ケツル（削・利・刪）　一〇〇オ2
　（刋・劃・劗）　一〇〇オ3
ケヅル
　ケツル（櫛）　九九ウ8
　（梳）　一〇〇オ1
ケデン（化転）　九九ウ8
ケナゲ（勇・強健）　九九ウ3
ケナヒト（佳人）　九七ウ6
ケヌキ（鑷）　九八ウ2
ケノアナ（孔）　九八オ4
ケバク（繫縛）　九九ウ8
ゲバサンライサウ（下馬三礼草）
　ケバサンライサウ　九七オ8
ケハシ（険）　一〇〇オ3
　ケハシイ（巇）　一〇〇オ3

ケハレ（褻晴）　九九ウ5
ゲフグヮ（鄴瓦）
　ゲウグヮ　九八オ8
ケフソク（脇息）
　ケウソク　九八オ7
ケブリ（烟）
　ケフリ　九七オ2
ゲボン（下品）
　ケホン　九九オ3
ケマウ（希望）　九九オ3
ケマンゲ（華鬘花）
　ケマンケ　九七オ8
ケミャウ（仮名）　九九ウ7
ケムシ（蚝・蛓）　九八オ6
ケヤケシ（尤）　九九ウ7
ゲヨウ（下用）
　ケヨウ　九九オ4
ケラ（螻）　九八オ6
　（鼯鼠）　九八オ4
ケライノヒト（家来人）　九七ウ4
ケラク（快楽）　九九ウ7

ケラバ（螻羽）　九七オ3
ゲラフ（下臈）
　ゲラウ　九七ウ4
ケリャウ（仮令）　九九ウ2
ケリャウ（家領）　九八ウ6
ケル（蹴）　一〇〇オ3
ゲレツ（下劣）　九七ウ4
ゲロン（戯論）
　ケロン　九九ウ7
ケヲイトトノフ（毛毨）　一〇〇オ4
ケン（件）　一〇〇オ3
ケン（剣）　九八オ8
ケンガク（懸隔）　九九オ3
ケンギ（嫌疑）
　ケンキ　九八ウ5
ケンクウサウ（懸空草）　九七ウ1
ゲンクヮン（玄関）　九七オ2
ゲンクヮン（現管）　一〇〇オ4
ケンケイ（建渓）　九八オ8
ケンゲウ（検校）　九七ウ2
ゲンケン（原憲）　九七ウ7

ケンゴシ（牽牛子）　九七オ7
ケンコン（乾坤）　九七オ2
ケンサツ（賢察）　九九オ6
ゲンザン（見参）　九九オ1
ケンザン（建盞）
　ケンサン　九八オ7
ケンシ（検使）　九七ウ2
ケンジツ（兼日）　九七オ5
ゲンジツ（元日）　九七オ4
ゲンジヘイケ（源氏平家）　九七ウ6
ケンシャウ（憲章）
　（ケン）シャウ　九九オ2
ケンシャウ（勧賞）　九九オ7
ゲンジャウラク（還城楽）　二〇オ2・九八ウ5
ケンジョ（見所）
　ケンショ　九九オ1
ケンジン（賢人）　九七ウ2・九八ウ4
ケンズイ（硯水）
　ケンスイ　九八ウ1
ケンセイ（研精）　九九ウ1

ゲンセウ（元宵）　九七オ4
ゲンセウ（減少）　九九オ3
ケンセキ（譴責）　九九ウ1
ケンゼン（顕然）　九九オ5
ケンソ（嶮岨）　九九オ8
ケンゾク（眷属）
　ケンソク　九七ウ5
ゲンゾク（還俗）　九九オ6
ケンタイ（兼帯）　九九ウ8
ケンダン（間断）
　ケンタン　九九ウ1
ケンダン（検断）
　ケンタン　九八オ6
ゲンヂウ（厳重）　九九オ2
ゲンヂウ（還住）
　ゲン（ヂウ）　九九オ6
ケンド（匈奴）
　ケント　九七ウ6
ケンパイ（勧盃）
　（ケン）ハイ　九九オ7
ケンバフ（憲法）

ケンハウ　九九オ2
ゲンバンノカミ（玄番頭）
　ケンバンノカミ　九八オ3
ケンビ（犬鼻）　九七オ7
ケンビャウ（硯屛）　九八ウ1
ケンビャウ（巻餅）　九八ウ4
ケンビヰシ（検非違使）
　ケンビイシ　九八オ3
ゲンブ（還補）
　ゲンフ　九九オ5
ゲンブク（元服）　九九ウ4
ケンブツ（見物）　九九オ1
ケンブツ（懸物）　九九オ3
ケンベキ（痃癖）
　ケンヘキ　九八オ4
ケンミ（検見）　九七ウ2
ケンメイ（懸命）　九九オ3
ケンモツ（監物）　九八オ2
ケンモツ（現物）
　□ンモツ　九九オ1
ケンモン（見聞）　九九オ1
ケンモン（権門）　九八ウ6
ケンヤク（倹約）　九九ウ2
　（堅約）　九九オ4
ケンヨ（権輿）　九八ウ6
ゲンヨク（玄黙）　一六二オ3
ケンリツ（⿱亼虫栗）→ケンリン
ケンリン（⿱亼虫栗）　九八オ6

コ

コ（己）　一六二オ3
コ（子）　一〇五ウ3
ゴ（午）　一六二オ6
ゴ（碁）　一〇七オ5
ゴイン（五音）　一〇八ウ8
コウ（虹）　一一〇オ7
コウ（劫）　一〇八ウ6
コウ（鴻）　一〇六ウ2
コウアン（公案）　一〇七ウ8
コウイン（勾引）　一〇八オ2
コウイン（後胤）　一〇七ウ5
ゴウイン（業因）　一〇七ウ6
　コウイン　一〇四オ3
コウカ（後架）　一〇五ウ3
コウカキ（紺掻）　一三一オ3
コウキョ（溝渠）　一〇七ウ4
コウギャウ（興行）　一〇七ウ5
コウクヮイ（後悔）　一〇四オ6
コウケイ（虹霓）　一一〇オ7・一〇四オ6
コウケンホフシ（後見法師）
　コウケン（ホフシ）　一〇五ウ1
コウサイ（宏才）　一〇七ウ6
コウシ（公私）　一〇五ウ3
コウシ（孔子）　一〇六オ1
コウジ（櫝）　一〇六ウ5
コウシツ（后室）　一〇五ウ1
コウジツ（口実）　一〇七ウ5
コウシャ（劫者）　一〇八ウ6
コウシャク（拘惜）　一〇八オ1
コウシュ（公主）　一〇五ウ5
コウズ（薨）
　コウス　一〇八ウ3

コウズイ（洪水）
コウスイ　一〇四オ2
コウタウ（勾当）　一〇五ウ4
コウダウ（公道）
コウタウ　一〇七ウ7
コウヂ（小路）　一〇四オ2
コウデフ（公帖）
コウデウ　一〇六ウ7
コウネン（恒然）　一〇六オ3
コウハウヒン（孔方兄）　一〇六ウ7
コウハク（厚薄）　一〇八オ3
コウビ（紅眉）
コウヒ　一〇六オ2
コウブクジ（興福寺）　一〇四オ6
コウブン（公文）　一〇六オ7
コウボク（厚朴）　一〇五オ4
コウミ（口味）　一〇八ウ5
コウヤシャウニン（弘也上人）
一〇六オ3
コウヤ（シャウニン）　目四オ4
コウリャウ（虹梁）　一〇四オ4

コウリュウ（興隆）
コウリウ　一〇七ウ4
ゴウレイ（恒例）
コウレイ　一〇八オ1
コウロギ（蚓）
コウロキ　一〇六ウ2
コウロン（口論）　一〇八ウ8
ゴオン（呉音）
ゴヲン　目四オ5・一〇八オ4
ゴカウ（御幸）　一〇七ウ4
ゴカク（牛角）　一〇八オ1
ゴガツノコヲオバヤシナハズ（五月
子不養）
ゴ（ガツ）ノゴヲハ（ヤシナハ）ス
一〇九オ1
コガナハテ（久我縄手）
コガナワテ　一〇四オ2
コカハデラ（粉川寺）　一〇四オ5
コガラ（鶺）　一〇六ウ4
コガラシ（木枯）　一〇五オ1
ゴキ（五器）　一〇七オ5

コギ（胡鬼）　一〇六ウ8
ゴキナイ（五畿内）　一〇四オ1
コギモドス（漕戻）　一〇八オ7
コキャウ（故郷）　一〇四オ2
コキャク（沽劫）　一〇八オ1
コク（斛）　目四オ6・一〇八オ7
コク（鵠）　一〇六ウ4
コクガ（国衙）　一〇四オ1
コクシ（国司）　一〇五ウ5
コクシ（国師）　一〇五ウ5
ゴクシン（極心）　一〇八オ6
コグチ（虎口）
コクチ　一〇四オ2
コクフ（国府）　一〇四オ1
コクボタン（黒牡丹）　一〇六ウ2
ゴクモン（獄門）　一〇四オ5
コクラウ（国老）　一〇五オ5
コクラフ　目四オ3
ゴクリャウ（御公領）　一〇四オ1
ゴクヮンワウ（五官王）
ゴクヮン（ワウ）　一三九ウ8

コケ（苔・蘚）　一〇五オ7
　（苺）　一〇五オ8
ゴケ（後家）　一〇五ウ1
コケラ（柿・籠花羅）　一〇七オ7
コケラクヅ（断）　一〇七ウ1
コケン（沽券）　一〇八オ1
ゴコ（五鈷）　一〇七オ8
ゴコク（五穀）　一〇五オ6
コゴメ（穀）
　ココメ　一〇七ウ2
ココモト（爰元）　一〇八オ6
コゴユ（寒）
　コゴユル　一〇八ウ8
コゴリ（粉凝）　一〇六ウ5
ココロ（心・情・意）　一〇六オ5
ココログルシ
　ココロクルシク（心苦敷）　一〇八ウ6
ココロザシ（志）
　ココロサシ　一〇八ウ3
ココロバヘ（心緒）　一〇八オ3
　（意見）　一〇八オ7
ココロブト（心太）　一〇五オ7
ココロム（試）　一〇八ウ3
ココロヨクタル（慊）
　ココロヨクタレタリ　一〇八ウ8
ココロヨシ（快）　一〇八ウ3
コサイ（巨細）　一〇七ウ7
ゴザウロッフ（五臓六腑）　一〇六オ7
　（ゴ）ザウ（ロッ）フ　目四オ4
コザツキ（小五月）
　コサツキ　一〇五オ1
コザハシ（木淡）
　コサワシ　一〇五オ4
コシ（腰）　一〇六オ5
コシ（輿）　一〇七オ4
コシ（濃）
　コキ　一〇八ウ2
コシ（厚）
　コイ　一〇八オ3
コジ（巾子）
　コシ　一〇七オ4
コジ（火筋）　一二六ウ1
　コシ（火箸）　一〇六ウ7
コシアテ（腰充）　一〇七オ6
コジウト（舅）
　コシウト　一〇五ウ8
コシカキ（輿舁・輿搔）　一〇五ウ3
コシキ（甑）　一〇七オ5
ゴシキ（五色）　一〇五オ6
コシヂ（越路）　一〇四オ6
コジツ（故実）
　コシツ　一〇八オ2
コシヒキ（跎・曳脚）　一〇六オ6
コシャウ（拒請）　一〇七ウ7
コシャウ（小性）　一〇五ウ4
コシラユ（誘・調・刷・拵）
　コシラユル　一〇八ウ1
コジリ（璫）　一〇七オ1
ゴシン（五辛）　一〇七ウ2
ゴスイ（五衰）
　（ゴ）スイ　目四オ7
コスキ（杴）　一〇七オ6

コスク（枕）　一〇七ウ4
（剗子）　一〇八オ5
コズヱ
　コズヘ（梢）　一〇五オ7
　（標・杪）　一〇五オ8
コセイ（姑洗）　一〇五オ2
コセウ（胡椒）　一〇五オ4
ゴゼン（御前）
　ゴセン　一〇五ウ7
コセンバウセン（故戦防戦）
　コセンハウセン　一〇八ウ7
コゾ（昔歳）
　コソ　一〇五オ3
ゴソ（五祖）　一〇五ウ7
コソク（古則）　一〇七ウ8
コソグ（刮）
　コソク　一〇八ウ8
コソグル（擽）　一〇八ウ5
コソデ（小袖）
　コソテ　一〇七オ6
コゾル（列）

コソル　一〇八ウ5
コタ（巨多）　一〇八オ2
ゴダウジ（呉道子）
　ゴタウシ　一〇六オ2
ゴダウハツメイ（悟道発明）
　一〇八オ3
コタツ（火闥）　一〇四オ4
コタフ（答・対・応）
　コタウ　一〇八ウ4
コダマ（魍）
　コタマ　一〇六ウ3
コチ（紙・魫・雛）　一〇六ウ5
コヂキフ（胡直失）　一〇六オ1
ゴヂャウ（御定）　一〇八ウ7
コツ（笏）　一〇七オ6
コツガラ（骨柄）
　コツカラ　一〇六オ5
コッケイ（滑稽）　一〇八オ2
コツジキ（乞食）
　コツシキ　一〇五ウ2
ゴッシャウ（業障）　一〇七ウ6

コツズイ（骨髄）
　コツスイ　一〇六オ5
コッチャウ（骨張）　一〇七ウ8
コットヒ（特牛）
　コットイ　一〇六ウ5
コッハフ（骨法）　一〇七ウ8
コツヒ（骨皮）　一〇七ウ8
コテ（泥鏝）　一〇七オ3
コテ（射韝）　一〇七オ3
ゴテイ（五帝）　目四オ3・一〇五ウ6
ゴテイ（御亭）　一〇五ウ1
コテイキ（胡延暉）　一〇六オ2
ゴデウノヒグチ（五条樋口）
（ゴデウノ）ヒグチ　一六一オ5
コデヌリ（小舎人）
　コテヌリ　一〇五ウ4
コテフ（胡蝶）
　コテウ　一〇六ウ3
コト（琴）
　目四オ5・五ウ2・一〇七オ1
コトウ（古銅）　一〇六ウ8

ゴトウ（梧桐）　一〇五オ4
コドク（孤独）
コトク
　目三ウ4・目四オ4・一〇五ウ5
コトゴトク
コトコトク
　（咸・尽・悉）　一〇八ウ4
　（挙）　一〇八ウ8
コトシ（茲歳）　一〇五オ2
コトシゲシ（叓繁）
コトシケシ　一〇八ウ8
コトスデニ（綷己）
コトステニ　一〇八オ3
コトヂ（徽）　一〇七オ1
　（柱）　一〇七ウ1
コトナリ（異）
コトニ　一〇八ウ8
コトニ（特）　一〇八ウ1
　（殊）　一〇八ウ2
コトバ（詞・辞）
コトハ　一〇八ウ2

コトバヲカヨハス（暢言）
コトハヲカヨハス　一〇八ウ7
コトバヲシヅカニシサダカニス（安
定辞）
コトハヲシツカニシサタカニス　一〇八ウ7
コトワザ（諺）
コトワサ　一〇八ウ2
コトワリ（理・判・処・裁・断・制）
コトハリ　一〇八ウ4
コトヲサウニヨス（寄叓於左右）
　一〇八オ4
コナカケ（糝）　一〇七ウ2
コナス（平懐）　一〇八オ6
　（⿰米憂）　一〇八ウ5
コネズミ（鼷）　一〇六ウ5
コネリ（木練）　一〇五オ4
コノカウベ（兄部）　一〇五ウ2
コノカタ（以来）　一〇五オ2
コノカミ（兄・昆）　一〇五ウ5
コノゴロ（頃来）

コノコロ　一〇五オ2
コノシロ（鯯・鮟）　一〇六ウ4
　（鮤・鰶）　一〇六ウ5
コノム（好）　一〇八ウ2
コノリ（兄雞）　一〇六ウ5
コノワタ（海鼠腸）　一〇六ウ4
コノヱ（近衛）　一〇六オ4・一六一オ2
コハイヒ（強飯・赤飯）
コハイイ　一〇七ウ2
ゴバウ（牛房）　一〇五オ7
コバカマ（小袴）
コハカマ　一〇七オ6
コハシ（強・剛）
コワシ　一〇八ウ3
コハタ（木幡）　一〇四オ4
コビン（火番）　一〇五ウ3
コヒ（恋）
コイ　一〇八ウ2
コヒ（鯉）
コイ　一〇六ウ3
コヒネガフ

コイネカウ（希）　一〇七ウ6
（冀）　一〇八オ6
（庶幾）　一〇八オ3
コビヘツラフ（媚諂）
コヒヘツラウ　一〇八ウ7
コビル（蘭葱）
コヒル　一〇五オ8
コフ（辜負）　一〇八オ2
コフ
コウ（請・乞）　一〇八ウ4
コブ（癭）　一〇六オ6
コブ（嬌）
コヒタリ　一〇八ウ8
コブシ（辛夷）
コフシ　一〇五オ4
コブシ（腨・腓）　一〇六オ6
コブシ（拳）　一〇六オ5
コブラ（腨・腓・胭）　一〇六オ6
コブラガヘリ（転筋）　一〇六オ6
ゴフン（牛粉）　一〇七オ4
ゴブン（御分）　一〇五ウ2

コボツ（壊）　一〇八ウ1
コホリ（氷）
コヲリ　一〇四オ2
コホリ（郡）
コヲリ　一〇四オ4
コホル（凍）
コヲル　一〇四オ5
コホロギ（蚓）
コウロキ　一〇六ウ2
コマ（駒）　一〇六ウ3
コマ（独楽）　一〇七オ6
ゴマ（胡麻）　一〇五オ7
ゴマ（護摩）　目四オ6・一〇八オ5
コマイヌ（虎兕）　一〇六ウ5
コマウ（虎妄）　一〇七ウ8
コマザラヒ（細攫・鑼）
コマザライ　一〇七オ5
コマツナギ（狼牙）　一〇五オ8
コマドリ（駒鳥）　一〇六ウ4
コマヒ（木舞）
コマイ　一〇四オ4

コマブエ（高麗笛）
コマフヱ　一〇六ウ8
コマヲサメ（駒蔵）　一〇七オ3
ゴミ（五味）
（ゴ）ミ　目四オ7・一〇九オ3
ゴミ（滂）　一〇四オ5
ゴミ（木蜜）
コミ　一〇四オ4
ゴミハサミ（木蜜鋏）
コミハサミ　一〇七オ8
コム（籠）
コムル　一〇八ウ3
ゴメイ（五明）　一〇七オ5
コメイ　目四ウ3
コメラウ（女孺）　一〇五ウ8
コモ（蒲・菰）　一〇五オ8
コモゾウ（薦憎）
コモソウ　一〇五ウ4
コモノ（小奴）　一〇五ウ2
コモリ（木守）　一〇五ウ2
コヤ（小屋）　一〇四オ3

コヤ（木屋）　一〇四オ3
コヤノ（昆陽野）　一〇四オ6
コユ（肥）
　コヘタリ　一〇六オ6
コユ（踰）　一〇八ウ4
　コユル（越・超）　一〇八ウ3
コユミ（暦）　一〇七オ8
コラウジン（故老人）　一〇五ウ7
コラス（懲）　一〇八ウ4
コラフ（堪）
　コラヘ　一〇八ウ4
コラユ
　コラユル（懲）　一〇八ウ4
　　（忍・詠）　一〇八ウ5
　　　（堪忍・将就）　一〇八ウ6
コリカク（水搔）　一〇八オ6
コリン（火鈴）　一〇七オ4
コル（凝・凍）　一〇八ウ2
　コルル（忞）　一〇八ウ6
ゴレウニン（御料人）　一〇五ウ4
コレニシカンヤ（如之乎）
　コレニシカン（ヤ）　一〇八オ3
コロウ（固陋）　一〇八オ5
コロス（殺・害）　一〇八ウ3
コロブ
　コロフ（僜）　一〇八ウ5
　　（衮）　一〇八ウ8
コロモ（衣）　一〇七オ6
コヰ（木居）
　コイ　一〇八ウ6
ゴヰサギ（五位鷺）
　ゴイサキ　一〇六ウ4
コヱ（音・声）
　コヘ　一〇六オ6
コヱカル（声嗄）
　コヘカル　一〇八ウ5
コンイン（婚姻）　一〇六オ6
ゴンギョウ（勤行）　一〇八オ2
コンゲンタン（昆元丹）　一〇七ウ2
コンコンヲクム（組献々）　一〇八オ6
コンザウ（混雑）
　コンサウ　一〇七ウ6
コンサク（今作）　一〇七ウ4
コンシコンデイ（紺紙金泥）
　コンシコンテイ　一〇六ウ8
コンシシ（昏鐘鳴）　一〇五オ1
コンシテウ（金翅鳥）　一〇六ウ1
　コンジ（テウ）　目四オ5
ゴンジャ（権者）　一〇五ウ1
コンジャウ（紺青）
　コンシャウ　一〇七オ4
コンセツ（懇切）　一〇七ウ4
コンヅ（漿）　一〇七ウ2
コンデイドコロ（犍児所）
　コンテイトコロ　一〇四オ3
コンドン（困敦）
　コントン　一六三オ5
コンニャク（蒟蒻）　一〇五オ6
ゴンノカミ（権守）
　コンノカミ　一〇六オ4
コンハク（魂魄）　一〇六オ5
コンブ（昆布）　一〇五オ7
コンボン（根本）　一〇七ウ5

コンラン（混乱） 一〇七ウ5
コンリフ（建立）
　コンリウ 一〇八オ2
コンロンザン（崑崙山）
　コンロンサン 一〇四オ5

サ

サイ（菜） 一二三オ8
　（采） 一二三オ1
サイ（犀） 一二一オ5
サイ（最） 一二三オ2
サイ（篦） 目四ウ7・一二三オ1
サイアイ（最愛） 一二三オ2
サイオウ（塞翁）
　サイヲウ 目四ウ7・一二〇ウ3
サイオウガムマ（塞翁馬）
　サイヲウカムマ 目二オ7
サイカイシ（西海子） 一二〇オ3
サイカク（才覚） 一二一ウ1
ザイキャウ（在京） 一二三オ3
サイキャウ（西京） 一一九オ7
サイキョ（裁許） 一二一ウ7
サイギル
　サイキッテ（遮而） 一二三オ4
サイク（細工） 一二三オ5
サイグサ（三枝） 一一九オ8
サイクワ（災禍） 一二三オ4
サイゲン（際限） 一二三オ1
サイコウ（再興） 一二一ウ2
サイサウラウ（採桑老）
　サイシャウラウ 二〇オ2
サイシ（祭祀） 一二三オ1
サイシキ（彩色） 一二三ウ7
サイシャウ（宰相） 一二〇ウ7
サイシンバチ（再進鉢） 一二一ウ3
サイゼン（斎前）
　サイセン 一二〇オ2
サイソ（再祚） 一二一ウ3
サイソク（催促） 一二三オ8
サイダウ（斎堂） 一一九ウ2
サイダン（裁断） 一二一ウ7
サイヅル（哢） 一二三ウ4
サイトウ（菜桶） 一二一ウ8
サイナン（災難） 一二三オ4
サイハヒ
　サイハイ（幸・祐） 一二三ウ2
　サイワイ（福） 一二四オ3
　（十） 二三オ5
サイバラ（催馬楽）
　サイハラ 一二一ウ8
サイバン（宰判） 一二三オ8
サイフ（割符） 一二一ウ4
サイボフシ（道祖法師）
　サイボウシ 一二〇オ8
サイマツ（歳末） 一二〇オ2
サイミ（細微） 一二一ウ6
サイメ（際目） 一一九オ7
ザイモク（材木） 一二〇オ4
サイリャウ（宰領） 一二〇オ6
サイレウ（斎了） 一二〇オ2
サイレイ（祭礼） 一二三オ1
サイヱン（菜園） 一一九オ5

サウ（左右）　一三三ウ1・一三三ウ8
サウ（卅）　一二九ウ7
ザウ（象）　一三一オ5
サウアン（草案）　一三三オ1
ザウイ（造意）
　サウイ　一三二ウ2
ザウエイ（造営）
　ザウヱイ　一三二ウ2
サウカ（早歌）　一三二ウ8
サウカイ（草鞋）　一三一ウ5
サウキ（爽気）　一三三ウ1
サウケイ（糟雞）　一三二オ6
サウケツ（蒼頡）　一三〇ウ2
　（倉頡）　目四ウ7
ザウサ（造作）　一三二ウ2
サウサウ（草創）　一三三オ1
ザウサク（造作）
　サウサク　一三二ウ2
サウザン（蔡山）
　サウサン　一三〇ウ2
サウサン（早参）　一三二ウ8

サウシ（双紙）　一三一ウ4
サウシ（早死）　一三二ウ8
サウシン（早晨）　一三二ウ8
ザウス（蔵主）　一三〇ウ1
サウセイ（早世）　一三二ウ8
サウソウ（葬送）　一三三オ8
サウゾク（相続）
　サウソク　一三二ウ3
サウタイ（霜台）　一三一オ1
サウタン（早旦）　一三三オ1
サウヂ（掃地）　一三三オ5
サウドウ（騒動）
　サウトウ　一三三オ6
サウトメ（五月男女）　一三〇オ8
サウニン（相人）　一三〇オ7
サウハン（早飯）　一三三オ7
ザウヒツ（造畢）　一三二ウ2
サウビン（蒼旻）　一二九ウ1
サウフ（巣父）　一三〇ウ2
ザウフ（臓腑）　目四ウ7・一三一オ2
サウメン（素麪）　一三二オ6

ザウモツ（臓物）　一三一ウ2
サウリ（笊籬）　一三一ウ3
ザウリ（草履・上履）　一三一ウ5
サカ（坂）　一二九オ4
サガ（嵯峨）　一二九オ5
サカキ（榊）　一三〇オ3
サガク（作噩）　一六二オ6
サガシ（岏）
　サガシイ　一三三ウ4
サカシマ（倒）　一三三ウ3
サガス
　サカス（涼）　一三三ウ3
　（揚）　一三三ウ8
サカヅキ（盃・盞・杯・觴・卮）
　一三一ウ3
サカナ（肴）　一三一オ7
サカノボル（泝）　一三四オ3
サカヒ（堺）
　サカイ　一二九オ8
サカヒメ（際目）→サイメ
サカフ（逆）

サカウ　一二三ウ6
サガミ（相模）　一一九オ4
サカムカヒ（馬向）
サカムカイ　一二三ウ2
サカモギ（逆木）
サカモキ　一一九オ6
サカモト（坂本）　一一九オ5
サカモリ（宴）　一二三ウ4
サカヤマヒ（酲）
サカヤマイ　一二四オ4
サカユ（肥）
サカユル　一二四オ4
サカリ（栄）　一二三ウ5
サガリフスベ（瘤）　一二一オ2
サカン
サカンナリ（昌）　一二三ウ3
（隆・盛）　一二三ウ4
サキ（崎）　一二三ウ3
サギ（鷺・鵞）　一二一オ8
サキガケ（魁）
サキカケ　一二三ウ2
サキダツ（先）
サキタツ　一二三ウ4
サギチャウ（左義長）　一二四オ1
（爆竹）　一二四オ2
サキチャウ（左義長）　目四ウ8
サキニカラ（自前）　一二三ウ8
サキャウ（左京）　一三〇ウ7
サキワケ（割分）　一二三オ8
サク（開・咲）　一二三ウ5
サク（裂）　一二三ウ3
サク（剖・析）　一二四オ3
サク（作）　一二一ウ6
サグ（避）
サクル　一二三ウ3
ザグ（坐具）　一二一ウ6
サクジ（作叓）　一二三ウ6
サクジツ（昨日）
サクシツ　一三〇オ1
サクジツ（朔日）　一三〇オ1
サクノキ（柵木）　一一九オ7
ザクバク（寂寞）
（ザク）ハク　一二三オ7
サクラ（桜）　一三〇オ3
サクラン（錯乱）　一二三オ8
サグリ（摸）　一二三ウ7
サクリ（模）　一二一オ1
サグリ（攴）　一二三ウ8
サグル（捫）　一二三ウ8
サクル（捜）　一二三ウ2
（探）　一二三ウ4
サクワ（索語）　一二三ウ7
サクワン（目・忠・大令史）　一二一オ1
サケ（酒）　目四ウ8・一二三オ7
サケ（鮭）　一二一オ4
サゲツ（蜡月）　一一九ウ8
サケノカミ（造酒正）　一三〇ウ6
サケブ（叫）　一二三ウ3
（喧・嘩）　一二三ウ5
（號）　一二三ウ7
サゲヲ（下緒）
サケヲ　一二一ウ6

ザコ（雑喉）　一三一オ4
サコン（左近）　一三〇ウ8
ササ（篠）　一三〇オ4
サザイ（栄螺）
　ササイ　一三一オ4
ササガニ（篠蟹・蜘蛛）　一三一ウ1
ササギ（小角豆）
　ササキ　一三〇オ4
ササグ
　ササク（棒）　一三三ウ2
　（撃）　一二四オ3
サザナミ（漪）
　ササナミ　一二九オ8
ササフ（支）
　ササウ　一三三ウ2
ササヘジャウ（支状）　一三一ウ2
サザメク（忩）　一三三ウ2
ササメゴト（私語）
　ササメコト　一三三オ6
ササヤク（耳語）　一三三オ6
ササラ（編木・簓）　一三一ウ4

サザレイシ
　ササレイシ（細石）　一二九オ8
　（磧礫）　一二九ウ1
サジ（茶匙）　一三一ウ2
サシアヒ（指合）
　サシアイ　一三三オ5
サシイル（衝）　一二四オ4
サシオク（閣）
　サシヲク　一三三ウ2
ザシキ（座敷）　一二九オ6
　（ザ）シキ　一五一オ7
サシタルコト（差支・指支）　一三三オ5
サシヅ（差図）　一三一ウ4
サシナハ（差縄）　一三一ウ7
サシバ（雀鶚）　一三一オ4
サシハサム（爽）　一二四オ3
　（挿）　一三三ウ5
サシマネク（麾）　一三三ウ4
サシモ（指）　一三一ウ7
サシャク（茶杓）　一三一ウ2

サシヨセ（差寄）　一三三オ4
サス（刺）　一二四オ4
ザス（座主）　一三〇オ6
サスガニ（雅）　一三三ウ5
サスル（揣）　一三三ウ4
サセウベン（左少弁）　一三〇ウ8
サセン（左遷）　一三一ウ1
サゼン（作善）　一三一ウ6
ザセン（座氈）　一三一ウ7
サソフ（誘引）
　サソウ　一三三オ8
サタ（沙汰）　一三三オ8
サダイジン（左大臣）　一三〇ウ7
サタウ（砂糖）　一三一オ7
サタウ（左道）　一三一ウ1
サダウ（茶堂）　一二九ウ2
サダカ（貞）
　サダカニ　一三三ウ5
サダム（決）　一二四オ2
サツキ（五月）　一三〇オ1
サヅク（授）

サック　一三三ウ3
ザッコ（雑居）　一三一ウ6
ザッシキ（雑職）　一三〇オ7
ザッシャ（雑舎）　一二九オ7
ザッシャウ（雑掌）　一三〇オ6
ザッシャウ（雑餉）　一三一オ6
サッフウケイ（殺風景）　一三三オ7
サツマ（薩摩）　一二九オ4
サテコソ（将社）　一三三オ6
サテモ（将）　一三三ウ1
（偖）　一三三ウ2
サテモサテモ（諷々）　一三三ウ7
サト（里・郷）　一二九オ8
（村・閭）　一二九ウ2
サド（佐渡）　一二九オ5
ザトウ（座頭）　一三〇オ7
サトウ（茶桶）　一三一オ8
ザトウノビャウブ（座頭屏風）　一三一ウ3
サトシ（聡）
サトイ　一三三ウ8

サトル（覚・悟）　一三三ウ3
サナヘ（早苗）　一三〇オ4
サヌキ（讃岐）　一二九オ4
サネ（核）　一三〇オ4
サネ（札）　一三一ウ8
サネカヅラ（豬）　一三〇オ4
サネカツラ（五味子）　一三〇オ4
サノノフナハシ（佐野舟橋）　一二九オ2
サハ
サワ（沢）　一二九オ6
（皐）　一二九オ7
サバ（鯖）
サハ　一三一オ5
ザハイ（座牌）　一三一ウ7
サバカリ（佐計）
サハカリ　一三三オ7
サハグ
サワグ（騒）　一三三ウ2
（譟）　一三三ウ3
サバク（釈・扮・𢾩）　一三三ウ6

サハクジ（算博士）
サハクシ　一三〇ウ5
サバトル（祭）　一三四オ3
サハヤカ（爽）
サハヤカナリ　一三三ウ4
サハラ（鰆・鱲・鰟）
サワラ　一三一オ5
サハリ（障）　一三三ウ5
サビ（渋）　一三四オ4
サビシ（閑）　一三三ウ7
サビツキゲ（宿鴾毛）　一三一オ4
サヒャウヱ（左兵衛）　一三〇ウ8
ザフシキ（雑職）
ザウシキ　一三〇オ7
ザフセツ（雑説）
ザウセツ　一三三ウ6
ザフタン（雑談）
ザウタン　一三三ウ6
ザフチ（雑地）
ザウチ　一二九オ8
ザフネツ（雑熱）

ザウネツ　一三一オ3
ザフヨウ（雑用）
サウヨウ　一三三ウ7
サブラヒ（侍士）
サフライ　一三〇オ7
サブラヒホンノモノ（侍品者）
サフライホンノモノ　一三〇ウ1
サブラヒドコロ（侍所）
サフライトコロ　一二九ウ1
サヘ（副）　一三三ウ6
サマ（左馬）　一三〇ウ6
サマ（狭間）　一二九ウ1
サマ（埤）　一二九オ8
サマザマ（様々）
サマサマ　一三三オ6
サマタゲ（妨）
サマタケ　一三三ウ2
サマヨフ（伶俜）
サマヨウ　一三三オ7
サミダレ（五月雨）
サミタレ　一三〇オ1

サム（覚）　一三三ウ6
サムル（醒）　一三三ウ5
（寤）　一三四オ4
サメ（佐目）　一三一オ4
サメ（鮫）　一三一オ7
サメザメ（潸々）
サメサメ　一三三ウ6
サモアラバアレ（遮莫・任他）
サモアラハアレ　一三三ウ1
サモシ（狭・隘）　一三四オ4
（陋）　一三四オ5
サヤ（鞘）　一三一ウ5
（鞘）　一三一ウ7
サヤマキ（鞘巻）　一三一ウ5
（虹刀）　一三一オ5
サユ
サユル（冴）　一三四オ4
サヘタリ（沍）　一三三ウ4
サユウ（左右）　一三三ウ1
サユリ（澤百合）　一三〇オ5
サヨ（小夜）　一三〇オ1

サヨノナカヤマ（佐夜中山）　一二九ウ2
サラ（皿）　一三一ウ3
サラス（曝）　一三三ウ3
（晒・曬）　一三三ウ4
サラユ（浚）
サラユル　一三四オ4
サリガタシ（難去）
サリカタキ　一三三オ7
サル（猿）　一三一オ7
サル（去）　一三三オ6
サルガク（猿楽）　一三〇オ7
サルホドニ（尓程）
サルホトニ　一三三オ5
ザレ（左礼）　一三一ウ1
サレイ（茶礼）　一三三ウ1
サレバ（去）
サレハ　一三三オ6
サレバコソ（去社）
サレハコソ　一三三オ7
サワグ（譟）

サワク　一二三ウ3
サヱモンノカミ（左衛門督）　一二〇ウ6
サヲ（竿）　一二一ウ5
（棹）　一二一ウ6
サン（衫）　一二一ウ6
サン（算）　一一九ウ7
サンイウ（三有）→サンウ
サンウ（三有）　一一九ウ4
サンエツ（参謁）
サンヱツ　一二二ウ4
サンカ（参暇）　一二二ウ4
サンガ（参賀）
サンカ　一二二ウ5
ザンカ（暫暇）　一二二ウ5
サンガイ（三界）　一一九オ4
サンカウ（三綱）　一一九ウ3
（サン）カウ　目四ウ5
サンカクイ（衫隔衣）　一二一ウ2
サンガク（参学）　一二二ウ4
サンカン（三韓）

（サン）カン　目二ウ4
サンカン（算勘）　一二三オ3
ザンカン（慚汗）　一二三ウ7
ザンガン（慚顔）　一二三オ4
ザンギ（慚愧）　一二三オ4
サンギッチャウ（三義定）　一二三ウ8
（三教定）　一二四オ1
サンキラン（仙遺糧）　一二〇オ5
サンクヮイ（参会）　一二一ウ4
サンクヮウ（三皇）　一一九ウ4
（サン）クヮウ　目四ウ5
サンゲ（懺悔）　一二三オ6
サンケウ（三教）
サンケウ　目四ウ5・一一九ウ4
サンケツ（三傑）　一二〇ウ2
（サン）ケツ　目四ウ7
サンゲン（三元）　一二〇オ1
（サン）ケン　目四ウ6
ザンゲン（讒言）　一二二ウ7
サンゴ（三鈷）
サンコ　一二一ウ8

サンゴ（珊瑚）　一二一ウ8
サンコウ（参扣）　一二二ウ5
サンザ（山茶）
サンサ　一二〇オ3
サンザウ（山荘）　一一九オ5
サンザン（散々）
サンサン　一二三ウ8
ザンジ（暫時）　一二〇オ1
サンジ（盞子）　一二一ウ6
サンジキ（桟敷）
サンシキ　一一九オ6
サンシコ（山茨菰）　一二三オ2
サンシャミ（三沙弥）　一一九ウ6
（サン）シャミ　目四ウ6
ザンス（竄）
ザンスル　一二三ウ6
サンセウ（山椒）　一二〇オ3
サンセウ（三笑）　一一九ウ5
（サン）セウ　目四ウ6
サンゼン（参禅）　一二三ウ4
ザンソ（讒訴）

（ザン）ソ　一三一ウ7
ザンソウ（讒奏）　一三一ウ7
サンダイ（参内）　一三一ウ5
サンタフ（三答）
サンタウ　一三二オ2
サンヂュウ（参頭）
サンヂウ　一二一オ1
サンデウノバウモン（三条坊門）
（サンデウ）ノバウモン　一六一オ4
サンデウロッカク（三条六角）
（サンデウロク）カク　一六一オ4
サンテンヲモム（按三天）　一三二オ2
サント（山徒）　一三〇オ6
サンバ（生飯）　一三一オ6
サンブク（三伏）
サンフク　一一九ウ8
（サン）フク　一四四ウ6
サンブツ（三仏）　一三〇ウ1
（サン）フツ　一四四ウ6
サンボウ（三宝）
サンホウ　一一九ウ3
サンボウゼン（三峰饍）
サンボウセン　一三一オ6
サンモン（三門）　一一九オ6
サンモン（三問）　一三二オ2
サンヨウ（算用）　一三二オ3
サンリャウ（山梁）　一二一オ8
サンロウ（参籠）　一三一ウ5

シ

シ（子）　一六三オ5
シ（巳）　一六三オ6
シ（殺）　一四六ウ7
シ（絲）　一九ウ3
シ（詩）　一四五ウ1
ジアイ（自愛）　一四四オ1
ジアイ（慈愛）　一四四ウ7
ジアヒ（時際）
ジアイ　一三五ウ4
シアン（思案）　一四四オ3
シイカ（詩歌）　一四六ウ8
シイシ（簇）　一四二ウ8
シイシュ（旨趣）　一四六オ3
シイス（弑）　一四六ウ7
シイラ（鰘）　一三九ウ3
シウイツ（透逸）　一四五オ5
シウキク（蹴鞠）　一四六オ3
シウキクノツボ（蹴鞠坪）
キウキクノツホ　一三四ウ1
シウシャウ（周章）　一四五ウ2
シウシャウ（愁傷）
シュウシャウ　一四五ウ2
シウソ（愁訴）　一四四ウ1
シウタンジ（周丹士）　一三八オ1
ジウテウ（柔兆）　一六三オ2
シウト（舅）　一三七オ7
シウトメ（姑）　一三七オ7
シウビ（周備）　一四五ウ5
シウメイキク（秋冥菊）　一三六ウ3
シウヲハラフハウキ（掃愁帚）
シウヲハラウハウキ　一四三ウ1
シエン（資縁）

シヱン 一四五オ7
シオン（四恩）
シヲン 一四六オ7
シカ（鹿） 一三九ウ2
シカ（知客） 一三八ウ5
ジガ（似我） 一三九オ7
シガイ（死骸） 一三九オ1
シカウ（四皓） 一三七ウ4
シガウ（謚号） 一四五ウ5
シカシナガラ（併）
シカシナカラ 一四六ウ1
シガタナシ（無為方）
シカタナシ 一四六オ4
シカノゴトシ（如然） 一四六オ4
シカノミナラズ（加之） 一四五ウ6
ジガバチ（木蜂）
シカハチ 一三九ウ5
シカフ（紫甲）
シカウ 一四三オ6
シカマコン（鹿間紺） 一四三オ2
シカモ（而） 一四六ウ3
シガラキ（信楽京） 一三四オ5
シガラミ（笧） 一三四オ8
シカン（支干） 一三五オ6
シキ（四季） 一三五オ2
シギ（田鳥） 一三九ウ1
シギ（信貴） 一三四オ5
シギガハ（敷革）
シキカハ 一四三オ1
シキシ（色紙） 一四二ウ5
シキシマ（敷島） 一三四オ6
シキダイ（色体）
シキタイ 一四六オ1
シギナイ（四至内） 一三八オ7
シキブ（式部） 一三八ウ3
シキミ（樒） 一三六ウ3・一三六オ6
シギャウ（施行）
シキャウ 一四五オ7
シキョグキ（辛茄茎） 一四三ウ2
シキリ（頻） 一四六ウ2
（一切） 一四六ウ6
シキレ（尻切） 一四三オ1
ジキロウ（食籠）
シキロウ 一四三オ2
シキヰ（敷居）
シキイ 一三四ウ5
シク（敷） 一四六ウ3
シク（祝） 一四四ウ6
シクシフ（夙習）
シクシュウ 一四四ウ8
シクマ（羆） 一三九ウ5
シグレ
シクレ（時雨） 一三四ウ6
（霎） 一三四ウ7
シケイジュ（紫荊樹） 一三六ウ5
シケウ（四教） 一四六オ6
（思教） 一三八オ2
シゲドウ（重藤） 一四二ウ6
ジゲン（示現）
シゲン 一四五ウ2
シコ（尻籠） 一四二ウ8
シコウ（伺候・祇候） 一四五ウ8
（祠候） 一四六オ1

ジゴウ（自業）　一四四オ2
ジコウ（時候）
　シコウ　一三五オ4
ジコク（時刻）　一三五オ4
シゴク（至極）　一四五オ8
シゴク（揺）　一四六ウ6
シコロ（鞆）　一四二ウ6
シゴロクバン（双六盤）　一四三オ4
ジザイ（自在）　一四四オ1
シザイザフグ（資材雑具）
　シザイザウク　一四三オ8
シサレ（子避）　一四五ウ4
ジサン（自賛）　一四三ウ8
シシ（肉）　一三九オ3
シシ（獅子）　一三九オ5
シシ（蠆）　一三九オ4
シシ（師資）　一三七ウ1
シジ（似指）　一三九オ2
シシサウジョウ（師資相承）
　シシ（サウジョウ）　一四五ウ7
シシシンチュウノムシ（獅子身中虫）　一三九ウ4
シジツ（至日）　一三五オ3
シシテ（褶）　一四三オ6
シジハウジ（四至傍尓）　一三四ウ2
シシビシホ（醢）　一四三ウ2
シジフ（丗）
　（シ）シウ　一四〇ウ7
シジフガウラ（四十雀）
　シシウガラ　一三九ウ1
シジミ（蜆）
　シシミ　一三九ウ3
シジム（縮）　一四六ウ2
シシムラ（肉・脟・臠）　一三九オ3
ジシャ（寺社）　一三四オ8
ジシャ（侍者）　一三八ウ5
シシャウ（四姓）　一三七ウ1
シシャウ（師匠）　一三七オ1
ジシャウ（自性）　一四四オ2
ジシャウ（時正）　一三五オ2
シジャウシン（至誠心）　一四五オ8
ジシャク（磁石）　一四三オ8
ジシャクサン（磁石山）　一三四オ6
ジシュウ（侍従）
　ジジウ　一三八ウ3
シショウ（支證）
　シセウ　一四四オ4
シジラ（褶）
　シシラ　一四三オ6
シシンデン（紫宸殿）
　シシンテン　一三四オ7
ジス（辞）　一四五ウ3
シスイ（四睡）　一三七ウ3
シスユ（仕居）
　シスユル　一四五オ7
ジセイ（自誓）
　シセイ　一四四オ2
シセキ（咫尺）　一三四ウ4
シセツ（四節）　一三五ウ5
シセツ（使節）　一三七オ1
ジセツ（時節）　一三五オ4
シソ（紫蘇）　一三六オ4
シソ（緇素）　一三七オ7

ジソウダウ（成宗道）　一三七ウ8
シソク（子息）　一三七オ3
シソク（紙燭）　一四二ウ5
シソレナシ　一四六ウ7
シタ（舌）　一三九オ1
シタ（蘓）　一三六オ6
シダ（歯朶）　一三六オ7
ジタ（自他）　一四四オ1
ジタイ（辞退）　一四四ウ7
シダウ（祠堂）　一三四ウ1
シタウヅ（襪子）
　シタウズ　一四三ウ5
シタガフ
　シタガウ（从）　一四六ウ8
　シタカウ（随）　一四六ウ1
シタガサネ（襯）
　シタカサネ　一四六ウ3
シタク（支度）　一四四オ4
シタグラ（韉）　一四三オ8
シタシ（悆）　一四六ウ4
シタシム（親）　一四六ウ3
シタスダレ（帷裳）
　シタスタレ　一四三オ1
シタタミ（蟶）　一三九ウ3
シタタム（認）
　シタタムル　一四五ウ7
シタフ（慕・恋）
　シタウ　一四六ウ2
シタム（釃）　一四六ウ3
シタン（紫檀）　一三六オ4
シダン（師檀）　一三七オ4
ジダン（自歎）
　シタン　一四四オ1
シヂ（榻）　一三四ウ4・一四三オ8
シチク（紫竹）　一三六ウ4
シチケン（質券）　一四六オ5
シチシノミャク（七死脈）　一四〇ウ6
シチデウノシホノコウヂ（七条塩小路）
　（シチデウノ）シヲノ（コホヂ）　一六一オ7
シチデウノバウモン（七条坊門）
　（シチデウ）ノ（ボウモン）　一六一オ6
シチモツ（質物）　一四三ウ7
ジチャウ（仕丁）　一三七オ5
シチュウジュウ（始中終）
　シチウシウ　一四四ウ6
シッカイ（悉皆）　一四四オ4
シッカウ（漆膠）　一四三ウ1
ジッカン（十干）　一三五ウ7
シッキャク（失脚）　一四四ウ1
シヅク（滴）　一四六ウ3
　（滯）　一四六ウ4
ジックヮン（日観）　一三七ウ7
シツケ（習気）　一四四ウ8
　（躾）　一四六ウ4
ジッケン（実検）
　シッケン　一四四オ8
ジッサツ（十刹）
　シッサツ　一三四ウ7
シッシャウ（七星）　一四〇ウ4
シッス（執）

シッスル　一四六ウ1
シッスイ（直歳）　一三八ウ6
シッセイ（日精）　一三六ウ3
シッセキ（七夕）　一三五ウ1
シッソツ（蟋蟀）　一三九ウ3
シッタウ（執当）　一三七オ4
シッタン（悉曇）　一四四オ4
シッツイ（失墜）　一四四ウ1
ジッテツ（十哲）　一四〇ウ2
シッテンバッタウ（七顚八倒）
　シッテンハッタウ　一四六ウ6
シット（嫉妬）　一四五ウ3
ジットウ（実頭）
　シットウ　一四四オ8
ジットク（十徳）　一四三オ6
シヅノメ（賤女）　一三七オ6
シヅノヲ（賤男）　一三七オ6
シヅノヲダマキ（賤小手巻）　一三七オ7
シツハラヒ（殿・尻払）
　シツハライ　一四六ウ4

ジッフ（実否）　一四四ウ1
シッペイ（竹篦）　一四二オ7
ジツミャウ（実名）
　シツミャウ　一四四ウ1
シヅム
　シツム（淪・没）　一四六ウ4
　シツムル（沈）　一四六ウ2
ジツユウ（日遊）　一三五ウ2
シツラヒ（補理・料理）
　シツライ　一四六オ5
シデウノバウモン（四条坊門）
（シデウ）ノ（バウモン）　一六一オ4
シデノタヲサ
　シテノタヲサ
　（四手田長）　一四六ウ1
　（四重田長）　一四六オ8
シト（尿）　一三九オ2
シトウ（紫銅）　一四二ウ4
シトギ（粢）
　シトキ　一四三ウ1
シドケナシ（無四度計）　一四六オ7

シトト（鵐）　一三九ウ2
シトトメ（窖・鵐目）　一四三オ2
シトネ（茵）　一四二ウ4
シトミ（蔀）　一三四ウ3
　（閾）　一三四ウ7
シナ（品）　一四四オ3
シナ（科）　一四六オ4
シナ（差）　一四六ウ7
シナダマ（品玉）
　シナタマ　一四二ウ7
シナノ（信濃）　一三四ウ5
シナノノコウヂ（志乃小路）
　シナノノ（コウヂ）　一六一オ8
ジナヒヅル（順弦）
　シナイツル　一四三オ7
シナフ（揉・颯纚）
　シナウ　一四六ウ5
シナン（指南）　一四五オ2
ジナン（次男）　一三七オ3
シニカバネ（屍）　一三九オ2
ジネン（自然）　一四四オ2

シノグ（凌） 一四六ウ3
シノダケ（篠） 一三六ウ1
シノノメ（篠目） 一三五オ4
シノブ（葱） 一三六ウ1
シノブ（忍） 一四六ウ1
シバ（芝） 一三六ウ2
シバ（柴） 一三六ウ1
シハイ（支配） 一四四オ4
シバシバ（屢）
　シハシハ 一四六ウ3
シハス（除） 一三五ウ1
　（師趨） 一三五オ5
シバラク（暫） 一四六ウ1・一四六ウ8
　（且） 一四六ウ1
シハラクサシ（死腹臭） 一四六ウ5
シバル（縛） 一四六ウ2
シバヰ（芝居）
　シバイ 一三四ウ3
シハン（師範） 一三六ウ7
シヒ（椎）
　シイ 一三六オ8

シビ（鮪） 一三九ウ2
ジヒ（慈悲） 一四四ウ7
シヒタケ（椎茸）
　シイタケ 一三六ウ1
シヒテ（強）
　シイテ 一四六ウ2
シヒネ（瘤・瘻）
　シイネ 一三九オ3
シヒョウセツ（賜氷節）
　シヘウセツ 一三五オ3
シビリ（痺） 一三九オ3
シフシン（執心）
　シウシン 一四三ウ8
ジフニシ（十二支）
　ジウニシ 一三五ウ5
ジフニジ（十二時）
　ジウニジ 一三五ウ5
ジフニリツ（十二律）
　ジウニリツ 一四一ウ6
シフネシ（強）
　シウネシ 一四六ウ1

ジフモツ（什物）
　シウモツ 一四二ウ1
シブル（渋） 一四六ウ3
シフン（鴟吻） 一三九オ5
ジブン（自分） 一四四オ2
ジブン（時分）
　シブン 一三五オ4
シベ（蘂） 一三六ウ3
シヘキ（四壁） 一三四ウ4
シホ（塩） 一四三ウ1
シボセン（子母銭） 一四二ウ4
シホタチ（断塩） 一三五ウ5
シホデ（鞅・鞖）
　シヲテ 一四二ウ6
シホビキ（塩引）
　シホヒキ 一三九ウ3
シホフ（嗣法）
　シホウ 一三五オ6
シボム（絞） 一四六ウ8
　シホム（萎） 一三六オ7
　（凋） 一四六ウ3

シボル（擦）
シホル　一四六ウ6
シマ（志摩）　一三四ウ5
ジマイ（自売）　一四四オ1
シミ（蠹）　一三九オ8
シミヅ（清水）
シミツ　一三四ウ4
シミン（四民）　一三七ウ1
シム（点）
シムル　一四六ウ4
シメ（註連）　一四二ウ5
シメス（示）　一四六ウ2
ジメツ（自滅）　一四四オ2
シメノカミ（駿）　一三九オ3
シモ（霜）　一三四ウ7
ジモク（除目）　一四七オ1
シモツキ（霜月）　一三五オ4
シモツケ（下野）　一三四ウ6・一三六ウ3
シモト（笂・笞）　一三六オ5
（笞）　一四三オ7
シモベ（下部）　一三七オ5

シモヲサ（下総）　一三四ウ6
シャ（紗）　一四三オ6
ジャ（蛇）　一三九ウ2
シャウ（庄）　一三四ウ5
シャウ（笙）　一四二ウ2
ジャウ（城）　一三四オ8
ジャウ（鎖子）　一四二ウ1
ジャウイ（上巳）
シャウイ　一三五オ2
シャウガ（生姜）　一三六オ4
シャウガイ（生害）　一四三ウ7
シャウガイ（生涯）　一四三ウ7
シャウカフ（青甲）
シャウカウ　一四三オ7
ジャウカフ（上甲）
シャウカウ　一三六ウ7
シャウキサン（生気散）　一四三ウ5
シャウギノバン（将棊盤）　一四三オ3
ジャウクワク（城郭）　一三四オ8
シャウクワン（賞翫）　一四四オ2
シャウグワン（庄官）

シャウクワン　一三七オ2
ジャウクワン（上澣）
ジャウカン　一三五オ7
シャウグン（将軍）　一三六ウ6
シャウゲ（障碍）　一四五オ8
シャウゲン（将監）　一三八ウ2
ジャウゲン（上元）
シャウケン　一三五オ1
シャウゴ（上戸）　一三六ウ7
ジャウゴ（征鼓）
シャウゴ　一四三オ3
シャウゴン（荘厳）　一四五オ1
ジャウザ（上座）　一三七オ8・一三八ウ7
ジャウサイ（上裁）　一四四オ7
ジャウザウキショ（浄蔵貴所）
　一三八オ7
ジャウザウキソ（浄蔵貴所）
　一三八オ7
シャウシ（正使）　一三七ウ2
ジャウジ（上巳）
シャウシ　一三五オ2

ジャウジジ（浄慈寺）　一〇四ウ8
シャウジャ（精舎）　一三四オ8
シャウジュ（庄主）
シャウシュ　一三七オ2
シャウジャウ（猩々）　一三九オ5
ジャウシャウ（上章）　一六三オ3
ジャウジュ（成就）　一四五オ6
シャウジン（精進）
シャウシン　一四五ウ6
ジャウズ（上手）　一四四オ7
シャウゾク（装束）　一四三オ5
シャウダイ（請待）
シャウタイ　一四三ウ7
シャウダウ（聖道）　一三七オ1
ジャウヂ（浄地）　一三四ウ1
シャウヂキ（正直）
シャウジキ　一四四ウ3
ジャウヂュウ（常住）
シャウチウ　一四四ウ5
ジャウトウ（浄頭）
シャウトウ　一三八ウ6
シャウトク（生得）　一四三ウ7
シャウトクタイシ（聖徳太子）　一三八オ3
シャウナウ（生脳）　一四三ウ5
シャウノフエ（笙笛）
シャウノフヱ　一四三オ1
シャウバイ（商売）　一四六オ4
ジャウハウ（上方）　一三六ウ7
シャウバツ（賞罰）　一四四オ3
シャウバン（相伴）　一四三ウ6
シャウビ（薔薇）　一三六オ4
シャウフ（漿粉）　一四二ウ7
シャウブ（菖蒲）　一三六オ3
シャウヘウ（上表）　一四四オ7
シャウベン（箄篗）　一四二ウ2
ジャウヘン（常篇）
（ジャウ）ヘン　一四四ウ6
ジャウボン（上品）　一四四オ6
シャウマイ（精米）　一四三ウ2
シャウミャウ（唱明）　一四五ウ4
シャウモンジ（唱門師）　一三七ウ1
ジャウヨ（譲与）　一四四ウ2
シャウヨウ（請用）　一四三ウ7
シャウラク（上洛）　一四四オ7
ジャウラフ（上臈）
ジャウラウ　一三六ウ8
ジャウリ（草履）
シャウリ　一四三オ1
シャウリャウ（商量）　一四五オ7
シャウリャウ（精霊）　一三七オ8
シャウリャウデン（清涼殿）　一三四ウ6
ジャウロン（諍論）　一四五ウ6
シャウヰ（正位）
シャウヰ　一三七ウ2
ジャウヰ（譲位）
ジャウヰ　一四四ウ2
シャエ（叉衣）
シャヱ　一四五オ1
シャカ（釈迦）　一三九ウ7
シャガ（者莪）　一三六ウ2
ジャカウ（麝香）　一三九オ6

シャキャウ（舎兄）　一三七オ3
シャキン（砂金）　一四二ウ4
シャク（笏）　一四三オ7
シャクジュ（積聚）
　シャクシュ　一三九オ1
シャクス（釈）
　シャクスル　一四六ウ3
シャクヂャウ（錫杖）　一四二オ7
シャクドウ（赤銅）　一四二ウ2
シャクナンゲ（石楠花）
　シャクナンケ　一三六オ4
シャクノキ（栅木）　一三四ウ2
ジャクハイ（若輩）　一三七オ5
ジャクバク（寂寞）
（ジャク）バク　一三三オ7
シャクハチ（尺八）　一四二ウ3
シャグマ（赤熊）　一四二ウ8
（狸熊・西牛毛）　一四二ウ6
シャクヤク（芍薬）　一三六オ2
シャクラン（錯乱）　一四五オ5
シャクリ（吮）　一三九オ4

シャクリ（赤痢）　一三九オ2
ジャクロ（石榴）
　シャクロ　一三六オ3
シャクロク（爵禄）　一四五ウ7
シャケ（社家）　一三七オ2
ジャケン（邪見）
　シャケン　一四六オ4
シャコ（鷓胡）　一三九オ6
シャコ（硨磲）　一四三オ3
シャコノハン（鷓鴣班）　一四三オ1
ジャコツ（蛇骨）　一四三オ7
シャサウ（酒掃）　一四五オ1
シャサン（社参）　一四五ウ5
シャジツ（社日）　一三五オ1
シャジャウエ（紗浄衣）
　シャウジャウヱ　一四三オ5
シャシン（写真）　一三九オ1
ジャシン（邪心）　一四六オ5
シャス（正使）　一三七ウ2
シャス（叉手）　一四六ウ8
シャセウ（些少）　一四五ウ1

シャソウ（社僧）　一三七オ1
シャチホコ（鯱）　一三九ウ2
シャッキャク（赤脚）　一四六オ6
シャテイ（舎弟）　一三七オ3
シャトウ（社頭）　一三四オ7
シャニン（社人）　一三七オ2
シャノコロモ（紗衣）　一四三オ5
シャバ（娑婆）
　シャハ　一三四オ7
ジャバイ（麝煤）
　シャハイ　一四三オ4
シャベツ（差別）　一四四ウ8
シャミ（沙弥）　一三八ウ6
シャム（社務）　一三七オ2
シャメン（赦免・赭免）　一四五オ6
シャモン（沙門）　一三八ウ8
シャユイ（闍維）　一四四ウ8
シャラバサウ（遮羅波草）　一三六ウ4
シャラリ（西風）　一四七オ1
ジャリ（砂礫）
　シャリ　一三四ウ6

シャリカウベ（髑髏）　一三九オ1
ジャレ（左礼）　一四五オ8
シュ（朱）　一四三ウ5
シュ（成）　一六三オ7
シュ（銖）　一四〇ウ7
ジュ（頌）　一四五オ6
シュイ（思惟）　一四四オ3
ジユウ（自由）　一四四オ1
ジュウザ（従座）
ジウザ　一三七オ4
シュウシツ（終失）
シウシツ　一四五オ4
シュウジュウ（主従）
シウジウ　一三七オ4
ジュウソウ（従僧）
ジウソウ　一三七ウ3
シュウテイワウ（宗帝王）
シウテイ（ワウ）　一三九ウ8
ジュウニン（従人）
ジウニン　一三七ウ3
シュウブン（秋分）　一三五オ6

ジュウワウ（縦横）
シュウワウ　一四五ウ2
シュウヱン（終焉）
シウヱン　一四五オ4
シュカ（朱夏）　一三五オ2
シュカイ（酒海）　一四三オ2
シュギャウ（修行）　一四四オ5
シュギャウ（執行）
シュキャウ　一三六ウ8
シュキャウ（酒狂）　一四四ウ6
シュキン（手巾）　六三ウ8
シュクイ（宿意）　一四四オ6
シュクキ（宿忌）　一四四オ6
シュクギ（祝儀）
シュクキ　一四四ウ6
シュクシ（宿紙）　一四三オ4
シュクシ（宿執）　一四四オ5
シュクシャ（縮沙）　一四三ウ3
シュクタン（食耽）　一四五ウ6
シュクネ（宿祢）　一三六ウ8
シュクハン（粥飯）　一四三ウ1

シュクラウ（宿老）　一三六ウ7
シュケウ（手教）　一四四ウ7
シュゴ（守護）　一三六ウ6
シュザウ（修造）
シュサウ　一四四オ5
シュザウス（修造司）　一三八ウ6
シュジ（主事）
シュ（ジ）　一三八ウ7
シュジ（執叓）　一三六ウ8
ジュシ（頌詩）　一四六ウ8
ジュシ（襦子）
シュシ　一四三オ5
シュジゲサ（種子袈裟）　一四三オ6
ジュシャ（儒者）　一三七オ6
シュシャウ（主上）　一三六ウ6
シュシャウ（修正）　一三四ウ8
シュシャク（朱雀）　一六一ウ2・一六一ウ4
シュショウ（殊勝）
シュセウ　一四四ウ8
シュス（襦子）　一四三オ5

ジュズ（数珠）　一四二オ7
シュゼンジ（修善寺）　一四二ウ5
シュゾ（首座）
シュソ　一三八ウ4
シュタクミン（朱澤民）　一三八オ2
シュダン（手段）
シュタン　一四四ウ7
シュヂャウ（柱杖）
シュチャウ　一四二オ7
シュヂョ（執除）
シュヂョ　一六二オ5
ジュックヮイ（述懐）
シュックヮイ　一四六オ4
ジュッケイ（術計）　一四四ウ4
シュツゲン（出現）　一四四ウ3
シュッシ（出仕）　一四四ウ3
シュッチャウ（出張）　一四四ウ4
シュツヂン（出陣）　一四四ウ3
シュットウ（出頭）　一四四ウ3
ジュツナシ（無術）
シュツナシ　一四四ウ4
シュツニフ（出入）
シュツニウ　一四四ウ3
シュツヱン（出院）　一四四ウ4
シュト（首徒）　一三八ウ7
シュナフ（収納）
シュナウ　一四五ウ1
シュハ（宗派）　一四四ウ8
シュビ（首尾）　一四五ウ6
シュヒツ（執筆）　一三六ウ8
シュホフ（修法）
シュホウ　一四四オ6
シュミセン（須弥山）　一三四オ4
シュメイ（朱明）
シュ（メイ）　七三ウ4
シュモク（鐘木）　一四二ウ7
シュモツ（腫物）　一三九オ1
ジュヨウ（受用）
シュヨウ　一四四オ7
シュラ（修羅）　一四二ウ8
シュリ（修理）　一三八ウ3・一四四オ6
シュロ（棕櫚）　一三六オ3
シュロウ（鐘楼）　一三四ウ1
シュヱ（集会）　一四五オ4
シュヱン（酒宴）　一四四ウ7
ジュヱン（入院）　一四三ウ6
シュンカン（笋干）　一四三ウ1
ジュンギャウ（遵行）　一四五オ7
シュンキョ（舜挙）　一三七ウ7
ジュンギョ（準拠）
ジュンキョ　一四五オ8
ジュンゲツ（潤月）　一三五オ6
ジュンサイ（蓴菜）　一三六オ6
ジュンサン（巡山）
シュンサン　一三七オ4
ジュンサングウ（准三宮）　一三八ウ2
ジュンシ（順次）　一四六オ6
ジュンジュク（淳熟）　一四五オ1
ジュンショク（潤色）　一四五オ2
ジュンズ
シュンスヘシ（可準）　一四五オ7
ジュンタイヱン（潤胎円）
シュンタイヱン　一四三ウ4
ジュンハク（淳朴）　一四五オ1

シュンブン（春分） 一三五オ5
ジュンヤ（巡夜） 一三七オ4
ジュンレイ（順礼） 一三七オ5
ショウ（私用） 一四六オ2
ショウ（止要） 一四六オ1
ジョウ（丞）
セウ 一五二オ2
ショウアイ（鐘愛）
セウアイ 一五七オ6
ショウイン（承引）
セウイン 一五六オ7
ショウキダイジン（鐘馗大臣）
セウキダイジン 一五四ウ6
ショウコ（証拠）
ショウゴ 一四六オ7
ジョウクン（承訓）
ゼウクン 一五四ウ4
ショウサイ（松斎）
セウサイ 一五四ウ4
ジョウジ（承仕）
セウジ 一五四オ6

ジョウダウ（昭堂）
ショウタウ 一三四オ8
ショウデン（昇殿）
セウデン 一五七オ6
ショウブ（勝負） 一四六オ3
セウブ 一五六オ4
ショウミャウ（証明）
セウミャウ 一五六オ6
ショウヨウ（逍） 一四六オ5
セウヨウ 一五七オ6
ショウラウ（松醪）
セウラウ 一五六オ1
ショウロカン（松露羹）
セウロカン 一五六オ2
ショウンセツ（書雲節） 一三五オ3
ショオウ（所翁）
ショヲウ 一三七ウ8
ショキ（書記） 一三八ウ5
ジョキ（徐淝） 一三七ウ8
ショク（蝕） 一三五ウ5
ショク（卓子） 一四二オ7

ショククヮウ（属鉱） 一五二オ3
ショクセン（燭剪） 一四二ウ2
ショクダイ（燭台） 一四二ウ1
ショクヱ（觸穢）
ジョクヱ 一五二オ8
ショコウ（諸侯） 一三六ウ6
ショコウワウ（初江王）
ショコウ（ワウ） 一三九ウ7
ショコクノカミ（諸圀守）
ショコク（ノカミ） 一三八ウ4
ジョサイ（如斎） 一三八オ2
（如在） 一五二ウ3
ショジ（諸叓） 一四四ウ5
ショシキ（所職） 一四四ウ4
ショシダイ（所司代） 一三七オ7
ジョジャウ（助成） 一五二オ4
ショジャク（書籍） 一四二オ7
ショセイ（書生） 一三七オ6
ショタイ（所帯） 一四四ウ5
ショム（所務） 一四四ウ4
ジョヨ（薯蕷）

ショヨ　一三六オ6
ジョヨウ（叙用）　一四六オ2
ショラウ（所労）　一四四ウ5
ジョラウ（助老）　一四二オ7
ショリャウ（所領）　一三四ウ4
ショヰン（書院）
　ショイン　一三四ウ2
シラゲ（毇）　一四二ウ3
シラケ（精）　一四二ウ2
シラゲヨネ（糃）
　シラケヨネ　一四二ウ5
シラコノワタ（白木綿）
　シラコノ（ワタ）　一四二オ7
シラナミ（白波）　一三七オ5
シラハリ（白張）　一四二オ5
シラビャウシ（白拍子）　一三七オ8
シラベ（調）　一四六ウ2
シラミ（虱）　一三九オ8
　（蝨）　一三九ウ1
シラユフ（白木綿）
　シラユウ　一四六オ8

シラン（芝蘭）　一三六オ7
シリ（尻・臀・髖）　一三九オ2
　（脽）　一三九オ3
シリウタゲル（踞）　一四六ウ3
シリウト（知人）　一三七オ5
シリガイ（鞦）
　シリカイ　一四二ウ6
シリャウ（私領）　一三四ウ5
シリョ（思慮）　一四四オ3
シル（汁）　一四二ウ1
　（醨）　一四二ウ5
シルシ（玺）　一四六オ6
　（印）　一四六オ7
　（験）　一四六ウ1
シルス（記・誌・昏）　一四六ウ2
　（註・注）　一四六ウ8
シレモノ（薄倖・自者）　一三七ウ6
ジレン（士廉）　一三八オ1
シロウリ（白瓜・越瓜）　一三六オ5
シロカネ（銀）　一四二ウ4
シロカネノツク（銀等）　一四二ウ7

シロシメス（知食）　一四五ウ2
　（御宇）　一四六ウ8
シロト（紫盧都）　一四六ウ6
シワ（波・皺）　一三九オ3
シワウ（雌黄）　一四二ウ4
シワザ（云為）
　シワサ　一四五オ5
シヰ（尸位）
　シイ　一三七オ6
シヲツルツリバリ（釣詩鉤）
　シヲツルツリハリ　一四二ウ1
シヲリ（塩折）　一三四ウ2・一四六オ8
　（枝折）　一四六オ8
シヲン（紫苑）　一三六ウ4
シン（申）　一六三オ6
シン（辛）　一六三オ3
シン（辰）　一六三オ5
ジン（壬）
　シン　一六三オ3
ジン（仭）
　シン　一四〇ウ7

ジン（腎） 一三九オ2
ジン（尋）
シン 一四〇ウ7
シンカ（臣下） 一三七オ8
シンカ（請暇） 一四三ウ7
シンカイ（新戒） 一三八ウ6
シンガウ（信仰）
シンカウ 一四四オ3
ジンカウミン（任康民） 一三八オ1
シンカテウ（請客頭）
シンカトウ 一三八ウ7
ジンギ（仁義） 一四五ウ7
シンキン（嚫金） 一四三オ3
シンク（辛苦） 一四四ウ2
ジンクウクヮウゴウ（神宮皇后）
ジンクウクヮウグウ 一三八オ6
ジンゴ（尽期） 一四五ウ1
シンクヮウワウ（秦広王）
シンクヮウ（ワウ） 一三九ウ7
シンサウギャウ（真草行） 一四五ウ8
シンザン（神山）
（シンザン） 一四三ウ3
シンシ（参差） 一四四オ5
シンシ（神霊） 一四二ウ2
シンジ（進士） 一三七ウ6
ジンジツ（人日）
シンジツ 一三四ウ8
シンシャ（辰砂） 一四三ウ4
シンシャウ（心性） 一四六オ2
シンシャウ（身上） 一四六オ1
ジンジャウ（尋常） 一四五オ8
シンシャク（斟酌） 一四五オ7
シンジョ（信叙） 一四六オ2
シンジン（信心） 一四四オ4
ジンジンガナカ（甚深中） 一四六オ3
ジンズジ（浄慈寺） 一〇四ウ8
ジンズイヲノム（呑神水）
シンスイヲノム 一四六ウ7
ジンスセウ（成子昭） 一三八オ3
シンセ（信施） 一四四オ3
ジンセイヲソムク（背仁政）
一四六オ3
シンセツ（深雪） 一四六ウ6
シンセツ（親切） 一四四ウ2
ジンゼン（荏苒）
ジンセン 一四五オ5
シンセンゲドクヱン（神山解毒円）
シンセンゲドクヱン 一四三ウ4
シンソ（親疎） 一四四ウ2
シンゾ（陞座） 一四五オ5
シンダン（震旦）
シンタン 一三四オ5
ジンヂャウ（人定） 一三五ウ6
ジンデウ（晨朝）
ジンテウ 一三五オ6
シンデン（寝殿） 一三四ウ3
ジンドウ（矢頭） 一四二ウ8
シンドク（真読） 一四三ウ8
シンノシチケン（晋七賢）
シンノシチゲン 一三七ウ5
ジンバサウ（神馬草） 一三六ウ2
ジンビ（尽美） 一四五ウ1
シンボツイ（新発意）

シンホツイ　一三七オ3
シンメイ（新命）　一三七ウ6
シンメイヱン（神明円）　一四三ウ4
シンヨウ（信用）　一四四オ4
シンラウ（辛労）　一四四ウ2
シンラコク（新羅国）　一三四ウ4
シンラン（進覧）　一四四オ8
シンリョ（神慮）　一四三ウ6
シンルイ（親類）　一三七オ2
シンワウ（親王）　一三六ウ6

ス

ス（巣）　一五七ウ4
ス（酢・醋・醯）　一五八ウ6
ス（簀）　一五九オ4
スアシ（跣）　一五八ウ2
スアマ（州浜）　一五七ウ6
ズイ（端）
　スイ　一五九ウ2
ズイ（髄）　一五八オ6

スイガキ（透垣）
　スイカキ　一五七ウ3
スイカン（水干）　一五九オ1
スイキョ（吹挙・吹嘘・推挙）　一五九ウ1
スイクヮメン（水花麺）　一五八ウ6
ズイサウ（瑞相）　一五九ウ7
スイサン（推参）　一五九オ8
スイシャウ（水晶・水精）　一五九オ1
スイシャウハウサウ（水晶芳草）　一五八ウ7
スイシュ（水手）　一五八オ5
スイシュ（水腫）　一五八ウ2
スイゼウ（蒭蕘）　一五八オ5
スイセン（水織・水煎）　一五八ウ6
　（水蟾）　一五八ウ8
スイセンクヮ（水仙花）　一五七ウ8
スイチュウ（睡中）
　スイチウ　一五九オ8
スイトン（水団）　一五八ウ6
スイナウ（水嚢）　一五九オ2

スイハツ（垂髪）
　スイバツ　一五八オ7
スイビ（衰微）　一五九オ6
スイビン（水瓶）
　スイヒン　一五九オ1
ズイヒン（蕤賓）
　スイヒン　一五七ウ7
ズイブン（随分）　一五九オ8
スイヘイ（衰弊）　一六〇オ2
スイメン（睡眠）　一五九オ8
スイモノグサ（酸漿草）
　スイモノクサ　一五八オ1
スイモン（水門）　一五七ウ2
スイヤウビ（酔楊妃）　一五八オ1
ズイリョウザンナンゼンジ（瑞竜山南禅寺）
　スイリョウザンナンゼン（ジ）　一〇四オ7
スイレン（水練）　一五九ウ1
ズイロクザンヱンガクジ（瑞鹿山円覚寺）

スイロク（ザン）ヱンカク（ジ）　一四〇ウ2
スカウ（速香）　一五九オ2
スガウ（子昂）　一五八オ8
スカス（洗）　一五九ウ4
スカス（賺）　一五九ウ5
スガタ（姿）
　スカタ　一五八ウ2
スガタリ（白話）　一六〇オ3
スガヒユンデ（縋弓手）
　スカイユンデ　一六〇オ4
スガメ（眇）
　スカメ　一五八ウ3
スガメミル（眛）　一六〇オ1
スガル（搥）　一六〇オ1
スキ（鋤）　一五九オ2
　（耒・鉏・耜）　一五九オ3
スキ（数奇）　一五九ウ1
スギ（[illegible]）　一五八オ3
　スキ（杉・椙）　一五八オ3
スギガチ（過勝）
　スキガチ　一六〇オ2
スギハラ（杉原）　一五九オ2
スキマ（透間）　一六〇オ1
スキトヲル（映徹）　一六〇オ4
スク（耡・耕）　一五九ウ8
スク（嗜）　一六四オ6
スク（婬）　一六〇オ4
スクフ（匕）
　スクウ　一五九ウ8
スクフ
　スクウ（救）　一五九ウ1
　（済）　一五九ウ3
　（掬）　一六〇オ3
　（菩薩）　一六〇オ2
スクム（噤・樫）
　スクムル　一五九ウ8
スクモムシ（蠐・蠹）　一五八ウ5
スクヤカ（健）　一五九ウ5
スグル（勝）　一五九ウ4
スケ（介・佐・亮・典侍・助・輔・祐）　一五八ウ1
スゲ（菅）　一五八オ2
スゲナシ
　スゲ（ナシ）（無人望）　一五九ウ7
　スゲナク（無詮方）　一五九ウ6
スゴヲロシ（巣子下）
　スゴヲロシ　一六〇オ2
スコク（数刻）　一七七ウ7
スコブル（頗）　一五九ウ4
スサイ（周匝）　一七七ウ3
スサマジ（冷・寒）
　スサマシ　一五九ウ3
スサム（荒）　一五九ウ2
スシ（鮓・鮨・鮐）　一五八ウ4
　（鯗）　一五八ウ6
　（酸）　一六〇オ4
スシウ（泗州）　一五九オ5
スジャ（素紗）
　スシャ　一五九オ6
スシュク（師叔）　一五八オ6
スス（煤）　一七七ウ4
スズ（鈴）　一五九オ4

スズ（錫）　一五九オ4
スズ（篠）　一五八オ3
スズカ（鈴鹿）
ススカ　一五七ウ2
スズカケ（篠懸）
ススカケ　一五九オ6
ススキ（薄）　一五八オ2
スズキ（鱸）　一五八ウ4
（魲）　一五八ウ5
ススク（蒼）
ススケタリ　一六〇オ3
スズク
ススク（雪・泚）　一六〇オ3
（滌・盪）　一六〇オ5
ススシ（綀）　一五九オ4
スズシ（涼）
ススシ　一五七ウ7・一五九ウ2
ススタケ（篠竹）
ススダケ　一五八オ2
ズズダマ（董苡）
ススタマ　一五八オ2

ススハキ（煤掃）　一五七ウ7・一五九ウ4
（焙掃）　一五九ウ5
ススハナ（洟）　四オ3
ススバナ（涕）　一五八ウ2
ススム（前）　一五九ウ3
（進・勧・薦）　一五九ウ4
ススム（献）　一五九ウ5
スズムシ（鈴虫）
ススムシ　一五八ウ4
スズメ（雀）　一五八ウ4
スズメムギ（蘥）
スズメムキ　一五八オ3
スズリ（松蘇利）　一五九オ1
ススリ（硯）　一五九オ3
ススル（啜）　一五九ウ3
（歠）　一五九ウ8
（呷）　一六〇オ4
スセウ（子昭）　一五八オ8
スソゴ（下濃）　一五九オ6
スダク（呻）　一六〇オ4
スタタカヒ（白戦）

スタタカイ　一六〇オ3
スタル（廃）　一五九ウ8
スダレ（簾・箔）
スタレ　一五九オ4
スヂ（筋）　一五八ウ2
スヂカヒミチ（捷径）
スチカイミチ　一五七ウ4
スツ（棄・損・弃・捨）　一五九ウ3
スツハ（水破）　一五八オ5
ステイ（師弟）　一五八オ6
ステイ（子庭）　一三八オ2
ステオク（棄置）
ステヲク　一五九ウ6
ステツ（師姪）　一五八オ6
ステニ（已・既）　一五九ウ2
スナ（砂）　一五七ウ4
スナドリ（漁人）
スナトリ　一五八オ5
スナハチ（即・則・乃・迺）
スナホ　一六〇オ1

スナヲナリ（廉）　一五九ウ5
（淳）　一五九ウ7
スネ（腨）　一五八ウ3
スネアテ（腨当）　一五九オ6
スネモノ（強者）　一五八オ6
スノコ（簀）　一五七ウ3
スハ（諏方）　一五七ウ2
スハイ（標・気条・楚）
スワイ　一五八オ3
スハウ（周防）
スワウ　一五七ウ5
スハウ（素袍）
スワウ　一五九オ5
スハウ
スワウ（蘇枋）　一五八オ2
（橅）　一五八オ4
スバシリ（鱁）　一五八ウ4
スハダ（徒膚）　一五八ウ2
（生子）　一五八ウ3
スハブキ（咳嗽）　一五八ウ2
スハヤ（驚破）

スワヤ　一六〇オ4
スバリカワキ（窄乾）　一五八オ7
スヒカヅラ（葱苳）
スイカヅラ　一五八オ1
スビキ（索鸞）
スヒキ　一五九ウ7
スビク（桃）　一六〇オ3
スビツ（爐）　一五七ウ4
スヒモノ（吸物）
スイモノ　一五八ウ7
スヒン（師兄）　一五八オ6
スフ（吸）
スウ　一五九ウ5
スブ（捴・総・都）　一五九ウ2
スベ（芼）　一五八オ2
スベカラク（須）
スヘカラク　一五九ウ5
スベラギ（皇）　一五八オ6
スベラク（皇）　一五八オ6
スマ（須磨）　一五七ウ2
スマウ（相撲）　一五八オ7

スマウグサ
スマウクサ（天門冬）　一五八オ1
（虋）　一五八オ4
スマヒ（栖居）
スマイ　一五九ウ2
スミ（角・隅・維）　一五七ウ4
スミ（炭）　一五九オ3
スミ（墨）　一五九オ3
スミ（蘊味）　一五九オ7
スミカ（栖）　一五七ウ4
（棲）　一五七ウ5
スミガマ（炭竈・堗）　一五七ウ5
スミギ（桷）
スミキ　一五七ウ5
スミダガハ（隅田河）
スミダカハ　一五七ウ5
スミトリ（炭斗）　一五九オ2
スミナレ（居訓）　一六〇オ2
スミボウシ（角帽子）　一五九オ4
スミヤカ（速）　一五九ウ5
スミヨシ（住吉）　一五七ウ2

スミレ（菫菜）　一五八オ2
スミンシャウライ（蘇民将来）　一五九オ5
スム（栖）　一五九ウ7
（住）　一五九ウ3
（棲）　一五九ウ8
スム（清）
スミ　一五九ウ2
スモモ（李）　一五八オ2
スモリ（淬）　一五九ウ5
スユ
スユル（居）　一五九ウ8・一六〇オ3
（陶）　一六〇オ1
スリクヅ（屑）　一六〇オ4
スリコ（摺糊）　一五八オ7
スリコバチ（雷盆・檑・摺糊盆）　一五九オ3
スリャウ（死了）　一五九ウ7
スル（摺・揩）　一五九ウ6
（研）　一五九ウ6・一六〇オ1
（戛）　一六〇オ4

スルウス（摺臼・突臼）　一五九オ7
スルガ（駿河）　一五七ウ5
スルド（尖）　一五九ウ5
スルメ（鯣）　一五八オ4
スヱ（末・季）
スヱ　一五九ウ4
スヱノマツヤマ（末松山）
スヘノマツヤマ　一五七ウ6
スヲリ（魴）　一五八ウ5
スンキン（寸金）　一五八ウ7
スンゲキ（寸隙）　一五九ウ6
スンバク（寸白）
スンハク　一五八ウ2

セ

セ（瀬・灘）　一五三ウ5
セイ（性）　一五五オ5
セイ（聖）　一五六ウ8
セイエ（洗衣）
セイヱ　一五四ウ1

セイガウ（精好）
セイカウ　一五五ウ5
セイカク（清客）　一五四オ3
セイギ（精義）　一五七オ4
セイキョ（逝去）　一五六ウ4
セイキンコジ（西金居士）　一五四ウ4
セイクバリ（勢賦）
セイクハリ　一五六ウ3
セイケツ（清潔）　一五六オ4
セイコ（青顧）　一五七オ4
セイゴ（⿰虫夸）
セイコ　一五五ウ1
セイサイ（精細）　一五六オ8
セイシ（西施）　一五四ウ5
セイシ（制止）　一五七オ5
セイジ（青磁）　一五五ウ2
セイジウノジュウジ（青州従事）
セイシウジウシ　一五六オ1
セイジャウ（西浄）　一五三ウ5
セイジョ（清書）
セイショ　一五七オ7

セイジン（成人）　一五四オ6
セイジン（聖人）　一五四オ6・一五六オ1
セイゼイ（済済）
　セイセイ　一五六ウ4
セイゼイ（精誠）
　セイセイ　一五六オ8
セイセン（精選）　一五七オ4
セイゾロヘ（勢揃）
　セイソロヘ　一五七オ7
セイソロヘ（勢調）　一五七オ5
セイタウ（西堂）　一五五オ2
セイタウ（政道）　一五六オ7
セイタリンジ（誓多林寺）
　セイタリン（ジ）　一四〇ウ6
セイダン（誓断）　一五七オ7
セイヂャウ（成長）
　セイチャウ　一五六ウ1
セイヅカヒ（勢遣）
　セイツカイ　一五六ウ3
セイテウ（青鳥）　一五五オ8
セイドウ（成童）

セイトウ　一五四オ8
セイドウ（青銅）
　セイトウ　一五五ウ2
セイシトシワウ（勢至都市王）
　セイシトシ（ワウ）　一四〇オ3
セイバイ（成敗）　一五六ウ1
セイヒツ（静謐）　一五六ウ2
セイビャウ（精兵）　一五四オ8
セイフ（青蚊）　一五五ウ2
セイボ（歳暮）　一五四オ1
セイメイ（清明）　一五四オ1
セイメイ（蟭螟）　一五五オ7
セイモン（青門）　一五四オ4
セイモン（誓文）　一五六オ5
セイヤウ（青陽）　一五四オ1
セイリャク（省略）　一五六ウ2
セイワウギウ（政黄牛）
　セイワウキウ　一五四ウ5
セイワウボ（西王母）　一五四ウ5
セイヰ（青囲）
　セイイ　一五五オ3

セウ（霄）　六六オ7・一五八ウ8
セウ（鷯）　一四オ3
セウ（兄鷹）　一五五オ8
セウイン（招引）　一五七オ2
セウカツ（消渇）　一五五オ6
セウザウ（肖像）
　セウサウ　一五五オ5
セウシ（焦思）　一五七オ8
セウシャ（小車）　一五五ウ6
セウシャウ（少将）　一五五オ2
セウシャウノハッケイ（瀟湘八景）　一五三ウ7
セウシュン（小春）　一五四オ2
セウス（小師）　一五四ウ1
セウソク（消息）　一五七オ2
セウダウ（昭堂）
　セウタウ　一五三ウ6
セウナゴン（少納言）
　セウナコン　一五五オ2
セウニ（少弐）　一五五オ2
セウビ（焦尾）　一五五ウ5

セウベンジョ（小便所）　一五三ウ6
セウメイ（蟭螟）→セイメイ
セウヤウ（昭陽）　一六二オ3
セウラン（昭覧）　一五六ウ2
セカイ（世界）　一五三ウ4
セガイノカウロ（背械香炉）
　一五五ウ8
セガキ（施餓鬼）　一五七オ3
セキ（隻）　一五七オ7
セキ（関）　一五三ウ4
セキ（石）　一九ウ3
セキ（寂）　一五六オ7
セキイタ（関板）　一五三ウ6
セキガク（碩学）　一五六オ7
セキクヮ（石花）　一五五オ8
セキコク（石斛）　一五四オ3
セキシャウ（石菖）　一五四オ3
セキチク（石竹）　一五四オ3
セキトク（碩徳）　一五六オ7
セキハン（赤飯）　一五六オ2
セキフンジャク（赤奮若）　一六二オ5

セキメン（赤面）　一五六ウ2
セキメン（赭面）　一四五オ6
セギャウ（施行）　一五六ウ5
セキレイ（鶺鴒）　一五五オ7
セク（塞）　一五七オ6
セコ（列率・山連）　一五四ウ2
セジャウ（世上）　一五六オ4
セチベン（世智弁）　一五六オ4
セツ（刷）　一五五ウ8
セツイン（雪隠）　一五三ウ5
ゼッカウ（絶交）　一五六ウ5
セッカク（折角）　一五六ウ6
セッカン（折檻）　一五六ウ8
セッカン（雪磵）　一五四ウ5
セッキ（節季）　一五四オ1
セック（節供）　一五四オ1
セッサウ（説草）　一五七オ2
セッサタクマ（切磋琢磨）　一五六ウ6
セッシヤ（拙者）　一五四オ8
セッシャウ（殺生）　一五六オ6
セッシャウ（摂政）　一五五オ3

セッシュ（節酒）　一五六オ3
セッシュク（拙宿）　一五三ウ6
セッショ（節所）　一五三ウ4
セッス（接）　一五七オ6
セツセツ（切々）　一五六ウ4
セッソウクヮシャウ（雪窓和尚）
　セッソウ（クヮシャウ）　一五四ウ3
セッタイ（接待）　一五六ウ6
セツダン（截断）　一五六ウ6
セッチウ（折籌）　一五六ウ2
セッチュウ（折中）
　セッチウ　一五六ウ3
セッテイカク（摂堤格）　一六二オ5
セツナ（刹那）　一五四オ2
セツハ（切羽）　一五五ウ4
セツブン（節分）　一五四オ2
セツリウ（雪柳）一五四オ5・一五五ウ8
セド（背戸）　一五三ウ5
セドヒ（世渡卑）
　セトビ　一五四オ7
セナカ（背・脊）　一五五オ5

ゼニ（銭）
セニ　一五五ウ2
ゼニガサ（癬）　一五五オ6
ゼニヅラ（鏃）　一五五ウ5
セバシ（狭）　一五六オ6
セバセバシ（約）
セハセハシ　一五七オ3
セボネ（呂・膂）
セホネ　一五五オ6
セマル（迫・逼）　一五七オ6
セミ（蟬・蜩）　一五五オ8
セム（責）　一五六オ7
（攻）　一五七オ5
セムル（摎）　一五七オ8
セメオトス（攻落）
セメヲトス　一五六ウ3
セメグ（鬩）
セメク　一五七オ7
セメクヅス（攻崩）
セメクツス　一五七オ7
セメタタカフ（責戦）
セメタタカウ　一五六ウ2
セメテノコト（責叓）　一五六ウ6
セリ（芹）　一五四オ3
セワタ（背腸）　一五五オ8
セン（氈）　一五五ウ4
セン（鏇）　一五五ウ4
セン（銑）　一五五ウ4
セン（遷）　一五七オ3
ゼン（饍）
セン　一五五ウ4
ゼンアク（善悪）
センアク　一五六ウ8
センオウケ（仙翁花）
センヲウケ　一五四オ4
センカウ（先考）　一五四オ8
センカウ（織香）　一五五ウ8
ゼンガク（禅客）
ゼンカク　一五四ウ2
センカタ（為方）　一五七オ8
センキ（先規）　一五六オ5
センキ（疝気）　一五五オ5
センギ（僉議）
センキ　一五六ウ4
センキョ（潜拠）　一五七オ5
ゼングヮツダイシ（禅月大師）
ゼングワツ（ダイシ）　一五四ウ3
センゲ（宣下）　一五六ウ1
センゲ（遷化）　一五六ウ5
センザイ（前栽）　一五三ウ6
センザク（穿鑿）　一五六ウ5
センジ（先師）
センシ　一五四オ6
センジ（宣旨）
センシ　一五六ウ1
ゼンジ（前資）
ゼンシ　一五五オ3
センジンゼウ（浅深焼）　一五七オ2
センジンドウ（仙身銅）
センシントウ　一五五ウ7
センスイ（泉水）　一五三ウ4
ゼンゼ（前世）　一五六オ8
ゼンセイ（全盛）　一五六オ6

ゼンゼン（漸漸）
　センセン　一五六ウ4
ゼンソク（喘息）　一五五オ5
ゼンダイミモン（前代未聞）
　センダイミモン　一五六オ8
ゼンダウ（前堂）
　センタウ　一五五オ2
センダク（洗濯）
　センタク　一五六ウ3
センダツ（先達）　一五四オ6
ゼンダナ（膳棚）
　センダナ　一五五ウ7
センダビツ（千駄櫃）　一五四ウ1
センダン（栴檀）　一五四オ3
センヂャウ（戦場）
　センチャヤウ　一五三ウ4
センテウ（専輙）　一五七オ5
センテン（煎点）　一五六オ2
センド（先途）　一五六オ5
センドウ（船頭）
　セントウ　一五四オ7

ゼンハイ（前輩）
　センハイ　一五四ウ1
ゼンハン（禅板）
　センハン　一五五ウ5
ゼンバン（煎盤）
　センバン　一五五ウ4
センヒ（先妣）　一五四オ8
ゼンビ（全備）
　センビ　一五六オ6
センヒヲクユ（悔先非）　一五六ウ8
センベイ（銭米）　一五六オ3
センボフ（懺法）
　センホウ　一五七オ2
センマイ（銭米）　一五六オ3
センモウ（栴蒙）　一六三オ2
センリウゲ（仙蓼花）
　センリウケ　一五四オ4
センロフ（繊蘿蔔）　一五六オ2
ゼンヲス（禅和子）
　センヲス　一五四オ6

ソ

ソ（疽）　六七ウ1
ソイ（疎意）
　（ソ）イ　六七ウ5
ソイ（素意）　六八オ6
ソウ（贈）　六七オ4
ソウアン（送行）　六八オ3
ソウガウ（僧綱）　六八オ8
ゾウガウ（贈号）
　（ゾウ）ガウ　六七ウ5
ゾウカン（増寒）　六八ウ2
ソウキャウ（宗仰・崇仰）　六八ウ2
ゾウクヮン（贈官）
　ソウクヮン　六七ウ5
ソウゲキ（忩劇）　六八オ1
ゾウゲン（増減）
　（ゾウ）ゲン　六八オ4
ソウサン（僧讃）　六八オ8
ソウシ（僧厠）　六六オ8

ソウジテ（揔而）
　ソウシテ　六八オ2
ソウシャ（奏者）　六六ウ6
ソウシャウ（宗匠）　六六ウ5
ソウジャウ（僧正）　六六ウ5
ゾウスイ（増水）
　ソウスイ　六七ウ2
ソウセキ（僧籍）　六七オ5
ソウダウ（僧堂）　六六オ8
ソウダツ（奏達）
　ソウタツ　六七ウ4
ソウヂャウ（増長）
　ソウチャウ　六八オ3
ソウヅ（僧都）　目三オ6・六七オ5
ソウバウ（忩忙）　六八オ1
ソウハン（揔煩）　六八ウ1
ソウビン（聡敏）　六八オ7
ソウベツ（総別）
　ソウヘツ　六八オ2
ソウメイ（聡明）　六八オ7
ソウモン（揔門）　六六オ8

ソウモン（奏聞）　六七ウ4
ソウリャウ（揔領）　六六ウ5
ソウリン（業林）　目三オ6・六六オ6
ゾウヰ（贈位）
　ソウイ　六七ウ5
ソガ（曽我）　六七オ2
ソガハ（十川）　六七オ2
ソキ（庶幾）　六八オ2
ソク（仄）　六八オ7
ソクイヒ（続飯）
　ソクイイ　六七オ8
ソクカ（足下）　六八ウ3
ソクケツクヮン（即闕官）　六七オ3
ソクコク（即刻）　六六ウ2
ソクコン（即今）　六七ウ4
ソクサイ（息災）　六八オ3
ソクシ（即之）　六六ウ8
ソクジ（即時）　六六ウ2
ソクシャウ（属星）　六八ウ1
ゾクシャウ（族姓）　六八オ6
ゾクズイシ（属随子）

　ソクズイシ　六六ウ3
ソクセキ（即席）
　（ソク）セキ　六七ウ4
ソクタイ（束帯）　六八ウ1
ゾクダイ（続台）
　ゾクタイ　六七オ6
ゾクタク（嘱託）
　ソクタク　六八オ2
ソクヂャウ（触杖）　六七オ7
ソクヂョ（息女）　六六ウ6
ソクヅ（蒴藋）
　ソクツ　六六ウ3
ソクツウ（触桶）　六七オ7
ソクビ（即鼻）　六七オ8
ソクレイ（触礼）　六七ウ6
ソクヮイ（素懐）　六八オ6
ソクヰ（即位）
　ソクイ　六七ウ3
ソケン（素絹）　六七オ6
ソコ（底）　六八オ5
ソコ（某）　六八ウ3

ソゴ（齟齬）　六八オ8
ソコツ（粗忽）
（ソ）コツ　六七ウ5
ソコナフ
ソコナウ（残）　六八ウ3
（許多）　六八オ3
（毀）　六八オ5
ソコバク
ソコハク（若干）　六八オ2
（許多）　六八オ3
ソコヒ（内障）　六七ウ1
ソコモト（某元）　六八ウ2
ソサイ（鹿細）　六七ウ7
ソサイ（鹿菜）　六七ウ7
ソサウ（鹿相）　六七ウ7
ソシ（庶子）　六六ウ5
ソジキ（鹿食）　六七ウ7
ソジャクラン（蘇若蘭）
ソシャクラン　六七オ1
ソシュ（鼠髭）　六七オ6
ソシル（誹）　六八オ4

ソス（塑）
ソスル　六八オ4
ソセイ（所生）　六六オ7
ソセウ（訴詔）　六七ウ4
ソソク（蘇息）　六八オ7
ソソク（汏・酒・灑・濺）　六八オ5
ソソナハス（唆）
ソソナワス　六八ウ3
ソソナハカス（唆）
ソソナワカス　六八オ5
ソソヤカス（攛）　六八ウ3
ソソヤク（囁）　六八オ5
ソソリゴ（昇子）
ソソリコ　六六ウ6
ソゾロ（坐）　六八オ5
ソゾロゴト（譫語）
ソソロコト　六八ウ2
ソゾロサムシ（悪寒）
ソソロサムシ　六八ウ2
ソダツ
ソダツル（長）　六八オ6

（生子）　六八ウ3
ソヂ（十）
ソツケツクヮン（即闕官）　六七オ3
ソツジ（率爾）　六八オ1
ソツヲウ（卒翁）　六七オ1
ソデ（袂）　六七オ7
ソテ（袖）　六七オ6
ソデウチシボル（袖打濡）
ソテウチシホル　六八オ3
ソテツ（蘇鉄）　六六ウ3
ソデフルヤマ（袖振山）
ソテフルヤマ　六六ウ1
ソト（外）　六六オ8
ソトウバ（蘇東坡）　六六ウ8
ソナフ（備・饍・進）
ソナユル　六八オ7
ソニン（訴人）　六六ウ5
ソネム（猜）　六八オ4
ソノ（圃・園・苑）　六六オ8
ソノカミ（昔年・当初・当時）　六六ウ2

ソノダ（園田）　六七オ2
ソハ（戻）　六六オ7
　ソワ（岨・砠）　六六オ7
ソバ（蕎麦）
　ソハ　六六ウ4
ソバ（傍）　六六オ7
ソバジラキ（側素材）
　ソバシラキ　六七オ7
ソハジロ（傍日）
　ソハシロ　六七オ4
ソバダツ（欹・側・崎・峙）　六八オ7
ソビ（鼠尾）　六七オ7
ソビユ（聳）　六八オ4
ソフ（添）
　ソウ　六八オ6
ソブ（蘇武）　六六ウ8
ソマウド（杣人）　六六ウ6
ソマツ（鹿抹）　六七ウ7
ソマビト（杣人）
　ソマヒト　六六ウ6
ソミカクタ（世捨人）　六六ウ6

ソム（染）
　ソムル　六八オ5
ソムク（負・背）　六八オ1
　（乖）　六八オ1・六八オ5
ソモソモ（抑）　六八オ3
ソヤ（征矢）　六七オ7
ソユ
　ソユル（副）　六八オ6
　（貳）　六八ウ2
ソヨグ
　ソヨク（戦）　六八オ6
　（顫）　六八ウ2
ゾヨメキキタル（扇来）　六八ウ3
ソヨヤ（驚破）　六八オ2
ソラ（空・乾・天漢）　六六オ7
　（天）　六六オ8
　（霄）　六六オ7・一三ウ8
ソラゴト
　ソラコト（虚言・訛言）　六七ウ6
ソランズ（諳）
　ソランス　六八ウ3

ソリハシ（輪橋）　六六ウ1
ソリャク（粗略）　六七ウ5
ソル（剃）　六八オ2
ソル（俏）
　ソルル　六八ウ1
ソレ（夫）　六八ウ3
　（某）　六六ウ6・六八ウ4
ソレガシ（某・槑）
　ソレカシ　六六ウ6
ソロ（候）　七オ7
ソロフ（汰）
　ソロウ　六八オ4
ソロヘ（沌）　六八ウ1
ソロユ（洮・揄・雙）
　ソロユル　六八ウ1
ソヱン（疎遠）
　（ソ）ヱン　六七ウ6
ソンカン（尊翰）　六七ウ3
ゾングヮイ（存外）
　（ゾン）クヮイ　六七ウ8
ソンシ（蹲鴟）　六六ウ3

ソンシツ（損失）　六七ウ8
ゾンジツ（存日）
（ゾン）シツ　六七ウ8
ゾンジャウ（存生）
（ゾン）シャウ　六七ウ8
ソンショク（遜職）　六八オ8
ゾンチ（存知）
（ゾン）ヂ　六七ウ8
ソンドク（尊独）　六七ウ3
ゾンブン（存分）
ソンブン　六七ウ7
ソンマウ（損亡）
（ソン）マウ　六七ウ8
ゾンマウ（存亡）
（ゾン）マウ　六七ウ8
ゾンメイ（存命）
ソンメイ　六七ウ7
ソンメン（損免）
（ソン）メン　六七ウ8
ソンヨウ（尊容）　六七ウ3
ソンレウ（損料）
（ソン）レウ　六八オ1

タ

ダ（駝）　六三オ4
タイ（体）　六三オ1
タイ（鯛）　六三オ5
タイイッセイ（太一星）
タイイッ（セイ）　六〇オ6
タイガイ（大概）
（タイ）ガイ　六三オ8
ダイカイ（大海）　六三オ7
タイカウ（大綱）
（タイ）カウ　六三オ7
タイカウ（大幸）
（タイ）カウ　六三オ7
ダイガクノカミ（大学頭）
タイガクノカミ　六一ウ3
タイカン（対捍）
（タイ）カン　六三ウ2
タイギ（大儀）
（タイ）ギ　六三オ7
ダイキャウ（大饗）
（ダイ）キャウ　六三オ8
ダイキョ（大車）
タイキョ　六三ウ7
ダイク（大工）
タイク　六一オ1
タイクツ（退屈）
（タイ）クツ　六三ウ3
タイクヮイ（大魁）
（タイ）クヮイ　六三ウ1
タイグヮイキ（大外記）
タイクヮイキ　六一ウ3
ダイクヮウラク（大荒落）　一六二オ6
タイケイ（大慶）
（タイ）ケイ　六三オ8
タイケツ（対決）　六三ウ1
タイコ（大鼓）　六二オ7
ダイゴ（醍醐）　五九ウ8
タイコウ（大功）　六三オ8
ダイゴミ（醍醐味）

ダイコン（大根）　目三オ5・六三オ3
タイサン（退散）　六〇ウ5
（タイ）サン　六三ウ4
タイサンブクン（太山府君）
タイサンフクン　六〇オ7
タイサンワウ（泰間王）
タイサン（ワウ）　一四〇オ2
タイシ（太子）　六一ウ4
タイシ（大旨）
（タイ）シ　六三オ8
タイジ（対治）　六三ウ1
タイジ（退治）　六三ウ1
ダイジ（大事）
（タイ）シ　六三オ7
タイジャウ（怠状）
（タイ）シャウ　六三ウ7
ダイジャウ（大将）
ダイシャウ　六一ウ6
タイシャウ　六一オ2
ダイジャウグン（大将軍）
ダイジャウダイジン（太政大臣）　目三オ3・六〇オ4
タイジャウダイジン　六一ウ3
ダイジャヤウヱ（大嘗会）
タイシャウヱ　目三オ3・六〇ウ1
タイシュ（太守）　六一ウ5
タイシュツ（退出）　六三ウ3
ダイスウ（戴崇）
タイスウ　六一ウ1
タイセツ（大切）　六三オ7
ダイゼンノダイブ（大膳大夫）
タイゾク（大簇）　六一ウ4
タイソク　六〇ウ3
ダイダイ（橙）　六〇ウ8・一二九オ5
タイタウコク（太唐国）　六〇オ3
ダイタン（大瞻）
（ダイ）タン　六三ウ1
タイヂ（対治）→タイジ
タイヂ（退治）→タイジ
タイテイ（大底）
（タイ）テイ　六三オ8
タイト（大都）　六三ウ1
ダイドコロ（台所）
ダイトコロ　六〇オ4
タイナイ（胎内）　六二オ1
ダイナゴン（大納言）
タイナコン　六一ウ5
ダイニ（大弐）　六一ウ4
タイニチ（大日）　一四〇オ4
タイノヤ（対屋）　六〇オ1
タイバウ（怠忙）
（タイ）ハウ　六三ウ7
タイバウ（大望）
（タイ）ハウ　六三オ8
タイハクセイ（太白星）　六〇オ6
タイハンジ（大判事）
タイハンシ　六一ウ3
ダイハン（台飯）　六三オ4
ダイバンドコロ（台盤所）
ダイハントコロ　六〇オ3
ダイフ（内府）　六一ウ3

タイヘイ（太平）
（タイ）ヘイ　六三ウ1
ダイボン（大犯）
タイボン　六三オ7
タイマイ（玳瑁）　六二オ8
タイマツ（続松）　六二ウ1
タイマン（怠慢）　六三ウ6
ダイミャウ（大名）　六一オ1
ダイメイ（大名）　六一オ1
ダイモク（題目）　六五オ2
タイヤ（逮夜）　六〇ウ4
タイヤウ（対揚）
（タイ）ヤウ　六三オ1
タイラグ（夷）　六四ウ4
ダイリ（内裡）
タイリ　六〇オ3
タイリウ（滞留）　六三ウ6
タイリャク（大略）　六三オ6
ダイリンシャウジャ（大林精舎）
ダイリン（シャウジャ）　一〇四ウ5
タイロン（対論）

（タイ）ロン　六三ウ2
ダイヱンケン（大淵献）
タイエンケン　一六二オ7
タウ（鴾）　六二オ3・七〇オ2
タウ（鵥・鴙）　六二オ6
タウ（鐺）　六二オ4
ダウ（堂）　五九ウ8・六一ウ8
タウアウ（陶泓）
タウアフ　六二ウ7
タウカ（道歌）　六三ウ3
ダウガウ（道号）
（ダウ）カウ　六三ウ2
タウカサンジフクジ（稲荷山寿福寺）
タウカ（サン）ジュフクジ　一〇四ウ4
タウカノセツヱ（踏歌節会）　六〇ウ2
タウカノセツ（ヱ）　目三オ3
タウキ（当皈）　六〇ウ7
ダウキャウ（道鏡）
ダウギャウ　目三オ4・六一オ5

タウゲ（到下）　六〇オ4
タウゴマ（萞麻子）　六〇ウ8
タウザ（当座）
（タウ）サ　六三ウ5
タウサン（湯盞）　六二オ7
タウシ（唐紙）　六二ウ3
タウジ（湯治）　六三ウ3
タウショク（当職）
タウ（ショク）　六三ウ4
タウゾク（盗賊）　六一オ2
タウタウ（蕩々）　六四オ4
タウヂ（湯治）→タウジ
ダウヂャウ（道場）　六〇オ4
タウハイ（答拝）　六三ウ5
ダウバト（堂鴿）　六二オ3
タウビン（湯瓶）　六二オ7
タウフ（豆腐）　六三オ4
タウブク（当腹）
（タウ）フク　六一オ2
タウボ（湯婆）　六三オ2
タウボク（当腹）　六一オ2

ダウホヱ（㡧補絵） 六二ウ5
タウマジ（当麻寺） 六〇オ3
タウヤジシャ（湯薬侍者） 六一ウ7
ダウリ（道理）
　タウリ 六三ウ2
ダウリャウ（納涼） 六三ウ8
タウリン（桃林） 六二オ4
タカ（鷹） 六二オ3
タガ（多賀） 六一ウ1
タカイ（他界） 六三ウ8
タカイチ（高市） 六一ウ1
タカイヌ（獫） 六二オ4
ダカウ（駄向）
　タカウ 六三ウ7
タカクラ（高倉） 六一ウ1・一六一ウ3
タカジャウ（鷹将） 六一オ3
タカデウ（鷹師） 六一オ3
タカセブネ（舼）
　タカセフネ 六二ウ7
タカダヌキ（韝） 六二ウ3
タカダンジ（高壇紙）
　タカタンジ 六二ウ4
タカヅカサ（鷹司）
　タカツカサ 一六一オ2
タカツジ（高辻）
　タカツヂ 一六一オ5
タガネ（鑽） 六二ウ7
タカノヤマ（高野山） 四九ウ2
タカバカリ（鷹秤）
　目三オ4・六二ウ1
タカハカリムシ（蠖） 六二オ5
タガヒ（互・㸦）
　タカイ 六四ウ1
タガフ（違）
　タカウ 六四オ7
タカベ（鸍）
　タカヘ 六二オ3
タガヘス（耕）
　タカヘス 六四オ6
タカムシロ（簟） 六二ウ4
タカヤマ（高山） 六一オ7
タカラ（宝） 六二ウ6
タカラシ（田辛） 六〇ウ6
タカヲカ（高岡） 六一ウ1
タカヲ（高雄） 五九ウ8
タカンナ（笋） 六〇ウ7
タキ（瀑布） 六〇オ2
　（滝・瀑） 六〇オ7
タキギ（薪） 六〇ウ5
タキサシ（燼） 六五オ1
タキモノ（薫物） 六二ウ3
タキル（止湲） 六四ウ8
タク（焼・炷） 六四ウ1
タクサイ（侘際） 六四オ3
タクサン（沢山） 六四オ1
タクサン（卓散） 六四ウ4
タクス（托子） 六二オ8
タクセン（詫宣） 六三ウ5
タクハフ（貯・蓄）
　タクワウ 六四オ6
タグヒナシ（無比）
　タクイ（ナシ） 六四ウ7
タクボク（啄木） 六二ウ4

タクマ（琢磨） 六三ウ6
タクマシ（逞）
　タクマシウ 六四ウ4
タクミ（工・匠） 六四オ7
　（百） 六五オ2
タクミノカミ（内匠頭） 六一ウ6
タクヤク（卓礫） 六四オ4
ダクラウ（濁醪） 六三オ4
タクラブ（比）
　タクラフル 六四オ8
タグル（搓）
　タクル 六四ウ6
タケ（茸） 六〇ウ5
タケ（竹・⺮） 六〇ウ6
タケ（長） 六三オ1
ダケ（岳） 六〇オ6
　（嵩） 六〇オ7
タケシ（武・猛） 六四ウ1
タケタ（武田） 六二オ7
タケナハ（闌）
タケナハナリ 六四ウ1

タケノシタ（竹下） 六二オ7
タケフヂ（竹藤） 六二オ8
タコ（蛸） 六三オ6
タゴシ（手輿） 六三ウ6
タコヂ（太挙持） 六三オ7
タゴミネ（多子峰）
　タコミネ 六〇オ3
タゴヲケ（擔桶） 六三ウ5
ダサイフ（太宰府） 五九ウ8
ダザイノソツ（太宰師）
　タサイノソツ 六二ウ4
タシカニ（慥・挩） 六四オ5
タシナム（窘） 六四ウ7
タシナム（困） 六四ウ2
タシナム（嗜） 六四オ6
タジマ（但馬）
　タシマ 六〇オ1
タジャウイッヘン（打成一片） 六四オ1
タスキ（襷・手繦） 六三ウ8
タスク（扶・助・資） 六四オ7

　（薩） 六四オ8
タスク（十） 三三オ5
タダ（只・唯・惟・祇・啻・但）
　タタ 六四オ8
タダ（多田） 六一ウ8
タタウガミ（畳紙）
　タタウカミ 六三ウ3
タタカフ（戦）
　タタカウ 六四オ6
タタク（敲・扣） 六四オ6
タダス
　タタス（糺） 六四オ6
　（正・忠） 六四オ7
タタズム（立居・躇・躊・彳・亍）
　タタスム 六四ウ2
タダチ（倐） 六四ウ4
タダニ（徒） 六四オ7
タダビト（凡夫）→タビビト
タタフ（湛）
　タタヘテ 六四ウ5
タタミ（畳） 六三ウ6

タタミサシ（畳刺）　六一オ1
タダミジル（蓼水汁）
タタミジル　六三オ5
タタム（摺）　六四ウ1
（紀）　六五オ1
タダモノニアラズ（非啻者）
タダモノニ（アラズ）　六四オ4
タダヨフ
タダヨウ（漂・澹）　六四ウ3
タタヨウ（泳）　六五オ1
タダヨル（把）　六五オ1
タタラ（鑪・韛）　六〇オ6
タタル（祟）　六四ウ1
タダル（爛）
タタル　六四ウ4
タダレメ（矆）　六二オ1
タチ（舘）　六〇オ8
タチ（太刀）　六二オ7
タチイヲ（魛・鮤魚）　六二オ6
タチガレ（榴）　六〇ウ8
タチキル（断）　六四ウ7

タチハキ（帯刀）
タチワキ　六一オ4
タチバナ（橘）　六〇ウ7
タチマチ（乍・忽）　六四オ8
タチマチグサ（当時草）
タチマチクサ　六〇ウ6
タチモドル（槃桓）　六四ウ6
タチヤスラフ
タチヤスラウ（踟蹰）　五八ウ7
（踟）　六四ウ2
タヂログ（琲）
タチロク　六五オ1
タチヰフルマヒ（起居動）
タチイフルマイ　六四ウ8
タチン（駄賃）　六三ウ5
タツ（竜）　六二オ4
タツ（起）　六四ウ2
タツル（建・立）　六四オ7
（基）　六四ウ7
タヅ（田鶴）　六二オ3
タツギ（鐇）

タツキ　六二ウ7
タヅサフ（携）
タツサウ　六四オ5
タッス（塔主）　六一オ3
タツタヤマ（竜田山）　六〇オ2
タッチュウ（塔頭）
タッチウ　五九ウ8
タットム（祟）　六四ウ4
タヅナ（手縄・手綱・鞚）　六二ウ8
タヅヌ（尋）
タツヌ　六四オ6
タツボ（田坪）
タツホ　六〇オ6
タツミ（巽）　五九ウ8
タテ（楯）　六二オ8
タデ（蓼）　六〇ウ5
タテエボシ（立烏帽子）
タテヱボシ　六三オ1
タテガミ（鬛・鬣・鬐）　六二オ1
（騣）　六二オ2
タテグ（立具）　六二ウ5

タテヅク（楯衝）
　タテツク　六三ウ7
タテヌキ（経緯）　六三ウ7
タテバナ（華）
　タテハナ　六〇ウ7
タテマツル（奉・進）　六四オ7
タトヒ（縦然・仮使）
　タトイ　六三ウ8
タトヘ（喩・譬）　六四オ6
タドリ（澪）
　タトリ　六四ウ3
タドリ（鶏）
　タトリ　六二オ3
タナ（棚）　六二ウ6
タナカ（田中）　六一オ8
タナゴヒ（手巾）
　タナコイ　六二ウ8
タナゴコロ（掌）
　タナココロ　六二オ1
タナバタ（織女）　六〇オ4
タナビク（靉靆）　六五オ1

タナベ（武部）
　タナヘ　六一オ8
タニ（谷・渓・澗）　六〇オ7
タニ（螄）　六二オ6
タナムラ（種村）　六一オ8
タニコエオク（糞田）
　タニコヘヲク　六四ウ8
タニシ（田中螺）　六二オ5
タヌキ（狸・狢）　六二オ3
タネ（種）　六〇ウ5
タノシミアソブ（盤遊）
　タノシミアソフ　一六オ8
タノシム（楽・娯・僖）　六四ウ3
タノム（憑）　六〇ウ3・六四オ7
　　（頼）　六四オ7
　　（恃）　六五オ1
タノモシ（憑子）　六四オ1
タノモシゲナシ（無頼）
　タノモシケ（ナシ）　六四ウ8
タバカル（謀）　六四オ4
　　（方便・猷）　六四オ5

　　（議）　六四ウ7
ダバゲタ（堕馬髻）　六四ウ6
タハコト（譫言・妖言）　六四ウ5
タハブル（狂・戯）
　タハフル　六四オ5
タハム（搦）
　タワム　六五オ1
タハムル（嬉）　六四ウ2
タハラ（俵）
　タワラ　六三オ2
タビ（旅）　六四オ5
タビ（蹈皮）　六三オ1
ダビ（荼毘）　六三ウ8
タビビト（凡人）　六一オ4
タビヨソホヒ（装）
　タヒヨソヲイ　六四ウ6
タフ（塔）
　タウ　五九ウ8
タフ（太布）　六三オ1
タブサ（髪）　六二オ2
タフノミネ（多武峯）　六〇オ2

タフバ（塔婆）
タウバ 六〇オ1
タフハイ（答拝）
タウハイ 六三ウ5
タブラカス（誑）
タフラカス 六四ウ3
ダフリャウ（納涼）
ダウリャウ 六三ウ8
タフル
タヲル（倒） 六四ウ2
タヲルル（斃） 六五オ1
タブン（多分） 六四オ3
タヘ（妙）
タヘナリ 六四ウ2
タヘガタシ（難堪）
タヘ（ガタシ） 六四オ3
タマ（玉・珠・璧） 六二ウ6
（蜹） 六二オ6
（珪） 六二ウ8
（圭） 六三オ1
タマキ（玉置） 六一オ7

タマサカ（邂逅） 五六オ7・六三ウ8
タマシヒ（魂・魄）
タマシイ 六三オ1
タマスリ（玉人） 六一オ3
タマタマ（偶・適・稀） 六四オ5
（儻） 六四ウ7
タマヅサ（玉章・玉札） 六二ウ2
タマノキズ（瑕）
タマノキス 六二ウ6
タマハル（給・賜）
タマワル 六四オ8
タマムシ（蝮） 六二オ5
タマリミヅ（瀦）
タマリミツ 六〇オ8
タマル（涓） 六四ウ5
タミ（民・黎） 六一オ2
ダミヱ（丹青絵） 六二ウ5
タム
タムル（矯） 六四ウ1
（倦） 六四ウ3
ダム（濃） 六四ウ2

タムク（睨）
タムクル 六四ウ7
タムケ（手向） 六三ウ5
タムラ（田村） 六一オ8
タメ（様）
タメニ 六五オ2
タメコシラヘ（撓拵） 六四ウ5
タメシ（例・本） 六五オ1
タメニ（様） 六五オ2
タメラフ
タメラウ（躊躇・猶預） 六四ウ5
（蕩・逗） 六四ウ6
タメンコロモ（他免衣・打眼衣） 六三オ1
タモツ（持・保） 六四オ6
タモト（袂・袖） 六二ウ8
タヤ（田屋） 六一オ7
タヤスシ（容易） 六四オ4
タヤスク（輙） 六四オ4
タユ（絶）
タユル 六四ウ3

タユム（憢）　六四ウ2
タユミ（緩）　六四ウ5
タヨリ（便）　六四ウ4
タラ（鱈）　六二オ5
（鯙・鯗）　六二オ6
タラ（桱）　六〇ウ6
タラジュ（多羅樹）
タラ（ジュ）　六〇ウ7
タラチネ（垂乳根）　六一オ2
タラヒ（盥）
タライ　六二ウ3
タル（樽・榼）　六三オ2
タル（足）　六四ウ1
タル（垂）　六四ウ3
タレテ（低）　六四ウ3
ダル（倦）　六四ウ3
タルキ（椽）　六〇オ8
（垂木）　六一オ8
タレカ（誰・孰）　六四オ8
タレヌノ（幃）　六二ウ7
タレミソ（醬）　六三オ5

タヰ（田井）
タイ　六一ウ1
タヲサ（田鳥）　二四オ1
タヲヤカ（嬋・娟・娥）　六四ウ3
（窈・窕・躘・踵）　六四ウ4
タン（痰）　六二オ2
タン（丹）　六二ウ7
タンアツ（単閼）　一六二オ5
タンカ（短歌）
（タン）カ　六三オ6
タンカイコウ（淡海公）
目三オ4・六一オ5
ダンガフ（談合）
ダンカウ　六三ウ3
タンキ（膽気）　六四オ2
タンキ（短気）　六三オ6
ダンキ（暖気）　六〇ウ3
ダンギ（談義）　六三ウ3
ダンキンノチギリ（断金之契）
タンキンノチキリ　六四オ2
タングヮ（旦過）　六〇オ1

タンゲ（丹下）　六一オ8
タンケイ（湛慶）　六一オ7
タンケイ（短檠）　六二オ8
タンケイ（端渓）　六〇オ6
タンゴ（丹後）　六〇オ2
タンゴ（端午）　六〇ウ3
ダンゴ（団子）　六三オ4
タンコブライ（単己無頼）
タンコフライ　六四オ4
ダンサイ（断罪）
タンサイ　六四オ3
ダンジ（弾指）
タンシ　六三ウ2
タンジツ（短日）
（タン）ジツ　六三オ6
タンジャウ（誕生）　六三ウ2
ダンジャウ（弾正）　六一ウ7
タンジャク（短尺）　六二オ8
タンシン（丹心）　六三ウ4
ダンス（団子）
（ダン）ス　六三オ4

タンス（十）　三三オ5
タンゼイ（丹誠）
　タンセイ　六三ウ4
タンソク（短息）
（タン）ソク　六三オ6
タンダイ（探題）　六三ウ7
タンダク（拱）
　タンタク　六四ウ1
タンチャウ（短長）　六三オ6
タンテキ（端的）　六三ウ8
ダンナ（壇那）　六一オ1
タンバ（丹波）　六〇オ2
タンハク（憺怕）　六四オ3
タンボ（旦暮）　六〇ウ3
タンメイ（短命）
（タン）メイ　六三オ6
タンリョ（短慮）　六三オ6
タンレン（鍛練）　六三ウ6

チ

チ（智）　三七オ6
チ（〓）　三五オ7
チ（血）　三五オ6
チ（乳）　三五オ6
ヂ（持）　三七ウ3
ヂ（痔）　三五オ6
チウ（丑）　一六二オ5
チウサク（籌策）　三六ウ8
チウシャウ（抽賞）　三六ウ2
チウジャク（疇昔）
　チウシャク　三四オ3
チウニン（稠人）　三六ウ8
チウヤ（昼夜）　三六オ1
チガクシ（乳隠）
　チカクシ　三五ウ4
チカゴロ
　チカコロ（近来）　三四オ4
（近比）　三四オ4・三七オ3
チカシ（近）　三七オ5
チカヅキ（近付・挪）
　チカツキ　三七ウ3
チカヒ（誓）
　チカイ　三七オ7
チカフ（諰）
　チカウ　三七オ7
チガフ（違）
　チカウ　三七オ7
チカミチ（捷径）　三七オ4
チガヤ（茅）
　チカヤ　三四ウ2
チカラ（力）　三七オ7
チカラガハ（靳・力革）　三六ウ5
チカラノカミ（主税頭）　三五オ3
ヂキシン（直進）
　チキシン　三六ウ6
ヂキテイ（直呈）　三七ウ3
ヂキトツ（直綴）　三五ウ4
ヂキフ（直夫）
　チキフ　三五オ2

チヂリキ（千木力）　三七ウ3
チギル
　チキル（契）　三七オ7
　（盟）　三七ウ7
チギレチギレ（段々）　三七ウ2
チク（竹）　一九ウ3
ヂク（軸）　三五ウ4
チクイ（竹椅）　三五ウ6
タククワイ（蓄懐）　三七オ2
チグサ（千種・茅草）
　チクサ　三四ウ1
チクシャウ（畜生）　三五オ7
チクヂ（忸怩）　三六ウ5
チクデン（逐電）
　チクテン　三七オ8
チクデンカウ（竺伝膏）
　チクテンカウ　三五ウ6
チクバ（竹馬）
　チクハ　三六ウ2
チクブシマ（竹生島）　三三ウ7
チクマノミヅウミ（筑摩湖）
　チクマノミツウミ　三四オ2
チクリンシャウジャ（竹林精舎）　一〇四ウ5
チケコト（諧謔）　三七オ3
チケイ（致景）　三四オ2
チゴ（児）　三四ウ4
ヂサイ（持斎）　三六オ7
ヂザウ（地蔵）　一四〇オ1
チシゴ（知死期）　三四オ5
チシツ（置質）　三七オ1
ヂシツ（遅日）　三六オ1
チシホ（千入）　三七ウ3
チシャ（苣）　三四ウ2
ヂシュ（地主）　三三ウ8
チショク（耻辱）　三六ウ6
チシン（知新）　三六オ6
ヂシン（地震）　三三ウ8
チジン（千尋）
　チシン　三七オ2
チセイ（致斉）　三六オ3
チソウ（馳走）　三六ウ6
チチ（父）　三四ウ5
チチ（遅々）　三六オ1
チチカフリ（䲓）　三五オ8
チチハ（長千々石）　三五オ2
チチブ（秩父）
　チチフ　三五オ1
チヂム
　チチム（縮）　三五ウ6
　（挙）　三七オ4
チヂャウ（筥杖）
　チチャウ　三六ウ8
チチュウ（踟蹰）
　チチウ　三六ウ7
チチュウ（蜘蛛）
　チチウ　三五オ7
チツ（株）　三七オ6
チッキョ（蟄居）　三七オ1
チッキン（剔金）　三五ウ5
ヂッキン（昵近）
　チッキン　三七オ2
チッコウ（剔紅）　三五ウ5

チツコトシタルワランベ（蟄居仮）
チツコトシタルワランヘ　二四ウ6
チツロウ（袺漏）　二六ウ8
ヂトウ（地頭）　二四ウ4
チトセ（千世）　二四オ3
（千年）　二四オ4
チトセヤマ（千年山）　二四オ1
チドバカリ（屑計）
チトハカリ　二七オ3
チドリ
チトリ（千鳥・鴴）　二五オ7
（乳鳥・知鳥）　二五オ8
チナム（因）
チナンデ　二七オ5
チヌ（鱄・鯉）　二五オ7
チヌル（疊）　二七オ5
チノネグサ（急茉草）
チノネ（グサ）　二四ウ2
チノミチ（血道）　二五オ6
チバ（千葉）
チハ　二五オ1

ヂハウ（治方）　二六オ3
チバツ（治伐）　二七ウ1
チハヤフル（千磐破）　二七オ3
チビ（雉尾）
チヒ　二六ウ5
チヒサシ（小）
チイサシ　二七オ5
チビャウ（持病）　二七ウ2
チヒロ（千尋）
チイロ　二七オ2
ヂブ（治部）　二五オ4
チブサ（乳房）
チフサ　二五オ6
チマキ（粽）　二五ウ8
チマタ（街）　二四オ1
ヂムシ（地虫）　二五オ7
チメイ（遅明）　二四オ5
チメウ（智妙）　二四ウ3
ヂモク（除目）
ジモク　一四七オ1
チモト（蒜）　二四ウ3

チャ（茶）　二四ウ2
チャウ（庁）　二四ウ5
チャウ（腸）　一三ウ6
ヂャウ（丁）　一六二オ2
チャウアン（長案）
（チャウ）アン　二六オ5
ヂャウギ（定器）
（ヂャウ）ギ　二五ウ7
ヂャウギ（定計）
チャウギ　二五ウ7
チャウギャウ（張行）
（チャウ）キャウ　二六オ5・二六ウ2
チャウゲツ（長月）　二四オ4
チャウケン（長絹）　二五ウ4
チャウシ（張芝）　二六ウ1
チャウジ（停止）　二六ウ6
チャウジ（丁子）　二四ウ1
ヂャウシウ（定州）　二五ウ7
ヂャウシツ（丈室）　二三ウ8
チャウシウキウ（長秋宮）
（チャウ）シウキウ　二六ウ4

チャウシュン（長春）三四ウ1
チャウス（茶磨）三五ウ1
ヂャウス（杖）
　ヂャウセラル（被杖）三七ウ1
チャウソクシ（張即之）三五オ2
チャウダイ（頂戴）三六ウ1
チャウダイ（帳台）
　チャウタイ　三三ウ8
チャウチャウ（惆調）
　チウチャウ　三七オ1
チャウチン（挑燈）三五ウ2
ヂャウヅカヒ（定使）
　チャウツカイ　三四ウ5
ヂャウテウ（定朝）
　チャウテウ　三五オ1
ヂャウニチ（定日）
　チャウニチ　三六オ3
チャウニン（町人）三四ウ5
ヂャウノウ（貞能）三五ウ3
　（鯇尾）三五ウ4
チャウバウ（悵望）三七オ1
チャウハツ（長髪）三六オ5
　（チャウ）ハツ
チャウハン（長板）三五ウ2
チャウボン（張本）
　（チャウ）ホン　三六ウ1
チャウマン（脹満）三五オ6
チャウモン（聴聞）三六オ7
チャウラウ（長老）三四ウ4
チャウラク（長楽）三六オ4
チャウリ（長吏）三四ウ6
チャウリャウ（張良）三四ウ8
チャウレイ（庁例）三六ウ1
チャウレンジャウ（長連床）
　チャウレンシャウ　三五ウ7
チャウヲン（長遠）
　（チャウ）ヲン　三六オ5
チャキン（茶巾）三五ウ1
チャクガン（着岸）
　チャクカン　三六ウ4
チャクケ（嫡家）三四ウ5
チャクタウ（着到）
　（チャク）タウ　三六ウ4
チャクチャク（嫡々）三七オ8
チャクヂン（着陣）
　（チャク）チン　三六ウ4
チュアクリウ（嫡流）三七オ3
チャセン（茶箋・茶筅）
　（チャ）セン　三五ウ1
チャツ（楪子）三五ウ2
チャツボ（茶壺）
　（チャ）ツボ　三五ウ1
チャブルヒ（茶篩）
　（チャ）フルイ　三五ウ1
チャワン
　（チャ）ワン（茶磁）三五ウ1
　（茶椀）三五ウ2
チャヱン（茶園）三四オ1
チャヲケ（茶桶）
　（チャ）ヲケ　三五ウ2
チュウ（忠）
　チウ　三七オ6
チュウイン（中陰）

チウイン　三四オ4
チュウグウダイフ（中宮太夫）
チウクウ（タイフ）　三五オ3
ヂュウクヮ（重科）
チウクヮ　三六オ8
チュウクヮン（中瀚）
チウカン　一三五オ7
ヂュウケ（住家）
チウケ　三六オ6
チュウゲン（中間）
チウゲン　三六オ1
チウケン　三四ウ5
チュウゲン（忠言）
チウゲン　三七オ4
チュウサク（中作）
チウサク　三六ウ8
チュウシャウ（忠賞）
チウシャウ　三七ウ1
チュウジャウ（中将）
チウジャウ　三五オ3
チュウジャク（鍮鉐）

チウシャク　三五ウ4
チュウショ（中書）
チウショ　三五オ3
ヂュウショ（重書）
チウショ　三五ウ5
ヂュウショ（住処）
ヂウショ　三四オ1
チュウショクン（中書君）
チウショクン　三五ウ3
チュウシン（注進）
チウシン　三六ウ7
チュウシン（忠臣）→チンシン
ヂュウダイ（重代）
ヂウダイ　三五ウ5
ヂュウタク（住宅）
チウタク　三四オ2
ヂュウヂ（住持）
ヂウジ　三四ウ4
ヂュウヂュウ（重々）
チウチウ　三七オ8
チュウデウ（中条）

チウデウ　三五オ2
チュウテン（仲天）
チウテン　三四オ2
チュウニン（株人）
チウニン　三六ウ8
チュウバイ（籌媒）
チウバイ　三七オ3
ヂュウバコ（重箱）
チウバコ　三五ウ5
チュウブウ（中風）
チウブウ　三五オ6
ヂュウヤク（重役）
チウヤク　三七ウ1
チュウヨウ（中夭）
チウヨウ　三七ウ2
チュウリク（誅戮）
チウリク　三七オ1
チュウワウショク（中央卓）
チウワウショク　三五ウ3
チヨ（千代・千世）　三四オ3
チョウアイ（寵愛）

テウアイ　一一三オ8
ヂョウカウ（濃厚）
デウカウ　一一三オ6
ヂョウコウ（濃厚）→ヂョウカウ
ヂョウコウ（重光）
テウクワウ　一六二オ3
チョウジョク（寵辱）
テウショク　一一三ウ4
チョウソ（重祚）
テウソ　一一三オ4
チョウデフ（重畳）
テウテウ　一一三ウ3
チョウハウ（重宝）
テウホウ　一一三オ3
チョウヤウ（重陽）
テウヤウ　三四ウ1・一一三ウ3
チョカ（直下）　三七オ4
チョカン（猪羹）　三五ウ8
チョキ（女几）　三六ウ5
チョクシ（勅使）　三四ウ4
ヂョクシュ（濁酒）

チョクシュ　三五ウ8
ヂョクセ（濁世）
チョクセ　三七オ2
チョクセン（勅宣）　三六オ8
チョクン（儲君）　三四ウ4
ヂョチャウ（除帳）
チョチャウ　三六オ7
チョジュツ（著述）
チョシュツ　三六ウ4
チョトウケンス（猪頭蜆子）　三四ウ8
ヂョヤ（除夜）
チョヤ　三四オ3
チョヨウ（著雍）　一六二オ2
チョリウ（佇留）　三六ウ7
ヂョラウクワ（女郎花）
チョラウ（クワ）　三四ウ2
ヂライ（地畾）
チライ　三三ウ7
チリ（塵・埃）　三四オ1
チリ（地理）
ヂリ　三六オ2

ヂリ（地利）　三七ウ2
チリバム（鏤）
チリハム　三七オ6
チル（散）　三七オ5
ヂワウ（地黄）　三四ウ1
チヱ（智慧）　三六ウ5
チヲアヤス（出血）　三六ウ5
チン（賃）　三六ウ4
チン（鴆）　三五オ7
チン（亭）　三四オ1
ヂン（沈）　三五ウ2
ヂン（陣）　三四オ1
ヂンカイ（塵垓）　三六オ1
ヂンガヘ（陣替）
チンカヘ　三七ウ2
チンキョウ（聴叫）　三四ウ4
チンゲン（陣玄）　三五ウ3
チンコン（鎮魂）　三六オ3
チンコン（沈困）　三六ウ2
チンサウ（頂相）　三四ウ6
チンシマウス（陳申）　三七ウ2

チンジャウ（陳状）
　チンシャウ　三七ウ2
チンジュ（鎮守）
　チンシュ　三三ウ8
チンジュハク（鎮守伯）
（チンジュ）ハク　三五オ5
チンジュフノシャウグン（鎮守府将軍）
　チンシュフノ（シャウグン）　三五オ5
チンシン（忠臣）　三六ウ3
チンゼイ（鎮西）
　チンセイ　三三ウ7
ヂンチャウゲ（沈丁花）
　ヂンチャウケ　三四ウ1
ヂンチュウ（陣中）
　チンチウ　三六オ8
チンチョウ（珍重）
　チンテウ　三六ウ3
チンチン（沈々）　三七オ8
チンハウ（陳防）　三七ウ2

ツ

ツ（津）　六九ウ7
ヅ（図）　七〇ウ2
ヅイ（椎）　六九ウ6
ツイウ（堆烏）　七〇オ6
ツイカ（追加）
（ツイ）カ　七〇ウ6
ツイカサネ（衝重）　七〇ウ2
ツイコウ（堆紅）
（ツイ）コウ　七〇オ6
ツイシュ（堆朱）　七〇オ6
ツイシュ（追修）　七〇ウ5
スイショウ（追従）
　ツイセウ　七〇ウ5
ツイゼン（追薦）
　ツイセン　七〇ウ5
ツイタウ（追討）
（ツイ）タウ　七〇ウ6
ツイタチ（朔日）　六九オ2
ツイタチシャウジ
（衝立障子）　七〇オ4
（歩障・少障）　七〇オ5
ツイヂ（築地）　六八ウ7
ツイテ（就）　七一オ6
ツイハウ（追放）
（ツイ）ハウ　七〇オ6
ツイバツ（追伐）
（ツイ）バツ　七〇ウ5
ツイフク（追福）
（ツイ）フク　七〇ウ5
ツイヱン（退院）　七一う2
ツウト（通斗）
（ツウ）ト　七一ウ3
ツウハフ（通法）
（ツウ）ハウ　七一ウ3
ツウブン（都文）　六九ウ5
ツウヤ（通夜）　七一ウ2
ツウレイ（通例）　七一ウ2
ツカ（柄）　七〇オ7
ツカ（墓）　六八ウ8

ツカ（塚・墳）　六九オ1
ツカ（勢）　七〇ウ3
ツカサドル（典・司）
　ツカサトル　七一オ5
ツカノマ（時間）　六九オ2
ツカバシラ（束柱）　六八ウ7
ツカハス（遣）　七一オ6
ツカヒ（使）
　ツカイ　六九ウ3
ツガヒ（番・双）
　ツガイ　七一オ5
ツガヒツメ（節爪）
　ツガイツメ　六九ウ8
ツカフ（仕・事）
　ツカウ　七一オ4
ツカヘタテマツル（供奉）　七一ウ5
ツカム（摯・攫・劚・掐）　七一オ3
　（搏）　七一オ4
ツカム（撮）　七一オ3
ツカモト（塚本）　六九ウ4
ツカル（麤）
　ツカルル　七一オ4
ツキ（槻）　六九ウ1
ツキガネ（鐘）
　ツキカネ　七〇ウ1
ツキゲ（鴾毛）　七〇オ2
ツキツキノトモガラ（次々輩）　六九ウ3
ツキナミ（月次）　七一オ1
ツキビタヒ（月額）
　ツキヒタイ　七〇オ3
ツギメ（節）
　ツキメ　六九ウ7
ヅギリ（頭切）　七〇オ6
ヅキン（頭布）　七〇ウ1
ツク（築）　七一オ7
ツク（撞）　七一オ5
　（突）　七一オ7
ツク（著・襲）　七一ウ8
ツク（擣）　七一ウ7
ツク（弭）　七〇ウ3
ツク（涸）　一六四ウ5
ツグ（亜）　七一ウ6
ツク（続）　七一オ2
　（継・嗣・次）　七一オ3
ツグ（告）
　ツクル　七一オ2
ツクイキヒクイキ（呼吸）　七一ウ5
ツクシ（築紫）　六八ウ6
ツクダ（佃）　六九オ1
ツクス（尽・謁・竭）　七一オ8
ツクヅクシ（土筆・天花菜）
　ツクツクシ　六九オ6
ツクツクトミル（就見）　七一ウ5
ツクツクボウシ（蛁蟧）　七〇オ2
ツクバウ（突棒）　七〇ウ4
ツグミ
　ツクミ（鶇・鶫）　七〇オ1
　（滑々鳥）　七〇オ3・八七ウ7
ツクモクサ（長根草）　六九オ6
ツクラ（鵃）　七〇オ2
ツクリ（傍）　二七ウ4
ツクリカハ（革）　七〇ウ4

ツクリバナ（造花）
　ツクリハナ　七〇オ8
ツクル（造・作）　七一オ6
ツクロフ
　ツクロウ（刷）　七一オ6
　　（療・繕）　七一オ7
ツクヱ（机・卓子・案）　七〇オ5
ツクヮン（都官）
（ツ）クヮン　六九ウ5
ツゲ（黄楊）　六九オ3
　（槻）　六九ウ1
ツケズマヒ（属験）
　ツケズマイ　七一ウ2
ツケモノ（葅）　七一ウ8
ツゴモリ（晦日）→ツモゴリ
　六九オ2
ヅシ（厨子）
　ツシ　七〇オ4
ヅシ（図子・通次）
　ツシ　六八ウ7
ツジ（辻）　六八ウ7

ツジカゼ（猋・飈・颸・飆）　六九オ1
ツジガタメ（辻固）
　ツシカタメ　六九ウ2
ヅシダマ（薏苡）
　ツシタマ　六九オ3
ツシマ（対馬）　六八ウ6
ツシン（豆疹）　六九ウ6
ツショノカミ（図書頭）　六九ウ5
ヅス（豆子）　七〇ウ3
ツス（都寺）
（ツ）ス　六九ウ5
ツタ（蘿）　六九オ6
　（蔦）　六九オ7
ツダ（朶）
ツタ　六九ウ1
ツタクサ（牛食草）
　ツタ（クサ）　六九オ8
ヅダツ（肚脱）　七〇ウ2
ツタナイ（孱）　七一オ7
ツタナシ（拙）　七一オ2
ツタハル（流）

ツタワル　七一ウ6
ツタフ（伝）
　ツタウ　七一オ6
ツチ（土・地）　六九オ1
ツチ（槌・鎚）　七〇オ8
ツチカフ（培）
　ツチカウ　七一ウ7
ツチクレ（塊）　六九オ1
ツチクレバト（[illegible]）　七〇オ2
ツチハシ（圯）
　ツチバシ　六九オ1
ツチミカド（土御門）
　ツチミカト　一六一オ2
ツチヤ（土屋）　六九ウ4
ツツ（筒）　七〇オ7
ツツ（鴾）　七〇オ2
ツツガナシ（無恙）
　ツツカナシ　七〇ウ7
ツツガナフ（十）　三三オ5
ツヅクセイ（続勢）　六九ウ3
ツヅクツハモノ（連兵）　六九ウ2

ツツジ（躑躅）　四三オ6・六九オ3
　（槐）　六九オ6
ツツジノハナ（杜鵑花）　六九オ4
　ツツシノハナ（口舌花）　六九オ5
ツツシム（謹・祇・欽・慎・龔）
　七一オ2
ツツチ（津土）　六八ウ8
ツツドリ（⿰心鳥・⿰止鳥）
　ツツトリ　七〇オ2
ツヅノラウ（十十郎）
　ツヅノ（ラウ）　六九ウ4
ツヅマヤカニス（約）　七一ウ4
ツヅマル（倹）　七一オ8
ツツミ（堤・坡・塘）　六八ウ8
ツツミ（裹）　七〇オ8
ツヅミ（鼓）
　ツツミ　七〇オ5
ツツム（韜・襲）
　ツツマレテ　七一ウ1
ツツム（包・裹）　七〇オ8
ツツマレテ（韜）　七一ウ1

ツヅム（縮・約）　七一オ6
ツヅラ（葛籠）
　ツツラ　七〇オ7
ツヅラクサ（鞭草）　六九オ8
ツヅラヲリ（九折）
　ツツラヲリ　七一オ8
ツヅル（綴）　七一オ6
ツヅレ（褐）
　ツツレ　七〇ウ1
ツテ（伝）　七一オ6
ツテ（便）　七一ウ1
ツト（裹）　七〇ウ3
ツト（夙・晨）　六九オ2
ツトイル（跱入）　七一オ1
ツドヒアツマル（会集）
　ツ□イアツマル　七一オ1
ツドフ（会）
　ツドウ　七一ウ8
ツトモ（勤）　七一ウ6
ツナカヌヒカズ（維日数）　六九オ2
ツナグ（維・繋・絆）

ツナク　七一オ5
ツナツル（綱弦）　七〇オ7
ツネノナラヒ（常習）
　ツネノナライ　七〇ウ8
ツノ（角）　六九ウ7
ツノクニ（摂津）　六八ウ6
ツノタ（角田）　六九ウ4
ツノリトフ（購問）
　ツノリトウ　七一ウ5
ツノル（募）　七一オ4
ツハ（玉露）　六九ウ7
ツバ（鍔）　七〇オ7
ヅバイモモ（李桃）　六九オ6
ツバキ（唾）
　ツハキ　四オ3・六九ウ7
　ツワキ　一七ウ7
ツバキ（椿）
　ツハキ　六九オ8
ツバクラ（鷰）
　ツハクラ　七〇オ2
ツバクラメ

ツハクラメ（玄鳥）　一六四ウ4
（鳹）　七〇オ2
ツバサ（翼）　六九ウ7
ヅハト（津波）　七一オ7
ツバナ（萋）　六九オ8
ツバメ（燕）　七〇オ1
ツハモノ（兵）　六九ウ2
ツハリ（悪阻）
ツワリ　七一ウ4
ツイエ（費）
ツイヱ　一七〇ウ6
ツヒニ
ツイニ（終）　七一オ4
（遂・竟）　七一ウ6
ツヒヤス（費）
ツイヤス　七一オ2
ツブ（粒）　六九オ6
ツブサ（具）　七一オ6
ツブス（破）　六九ウ7
ツフス（潰）　七一ウ7
ツブテ（飛礫）　七〇ウ3
（礫）　六九オ1
ツブブシ（跟・踝）　六九ウ6
ツブル（禿・刓・生）　七一ウ7
ツボ（坪）
ツホ　六八ウ8
ツボ（壺）　七〇オ7
ツボクサ（積雪草）　六九オ8
ツボネ（局）
ツホネ　六八ウ7
ツボム（莟）　六九オ7・七一オ8
（蕾）　六九オ7
（噤）　七一オ8
ツマクリ（爪轉）　七一ウ4
ツマダク（蹎・跆）　七一ウ1
ツマヅク（蹎）→ツマダク
ツマド（妻戸）　六八ウ7
ツマビラカ（詳・審・一二）
ツマヒラカ　七〇ウ7
ツマヨル（番）　七一ウ4
ツマル（塞）　七一ウ1
ツミ（罪・辜・坐）　七一オ3
ツミ（鷆）　七〇オ1
ツミ（鶑）　七〇オ3
ツム（鉰）　七〇ウ3
ツム（摘）　七一オ6
ツムギ（紬）　七〇ウ1
ツムグ（紡）　七〇ウ1
ツムク（績）　七一ウ7
ツメ（爪）　六九ウ6
ツメバン（詰番）
ツメハン　七〇ウ7
ツメヒシグ（詰拉）
（ツメ）ヒシク　七〇ウ7
ツモゴリ（晦日）→ツゴモリ
六九オ2
ツモル（積・秏）　七一ウ6
ツユ（露）　六九オ1
ツユ（墜栗）　六九オ2
ツユオモシ（露重）
ツユヲモシ　七一オ8
ツユクサ（鴨頭草）　六九オ7
ツヨシ（強・勁）　七一ウ7

ツラ（行）　七一オ4
ツラ（面）　六九ウ6
　（頰）　一三ウ4・六九ウ6
　（辺）　七一オ4
ツラガマチ（輔車）
　ツラカマチ　六九ウ6
ツラツラ（熟）　七一オ7
ツラナル（連）　七一オ3
ツラヌキ（擐）　七一オ8
　（串）　七一ウ1
ツラヌク（貫）　七〇ウ2・七一オ7
ツリノイト（綸）　七〇ウ2
ツリバリ（鈎）
　ツリハリ　七〇オ8
ツル（鶴）　七〇オ1
ツル（釣）　七一オ5
ツルオト（抨）
　ツルヲト　七一ウ4
ツルガノコホリ（敦賀郡）
　ツルガノコヲリ　六八ウ6
ツルクビ（鶴頸）　七〇ウ2
ツルナベ（弦鍋）　七〇ウ2
ツルノコ（雲孫）　六九ウ2
ツルノハシ（鶴觜）　七〇オ5
ツルベ（釣瓶・桔槹）　七〇オ4
ツルベナハ（綆）
　ツルベナワ　七〇オ4
ツルマキ（藤）　七〇オ7
ツルミス（交）　一六五オ1
　（乳）　一六五オ3
ツルム（交・尾）　七一ウ7
ツレヅレ（徒然）
　ツレツレ　七一オ1
ツレナシ（強顔・強面）　七一オ1
　（難面・面長）　七一オ2
ツレベイケ（行平家）　七一ウ2
ツレユキ（我行）　七一ウ4
ツヱ（杖・笻）　七〇オ8
ツンガヘリ（百帰）　七一ウ4
ツンザク（擘）　七一ウ7

テ

テ（手）　一一二オ7
テアヒアチ（手夭）
　テアイマチ　一一三ウ3
テアラフ（盥）
　テアラウ　一一三ウ6
デイ（泥）
　テイ　一一一オ8
デイ（亭）
　テイ　一一一オ8
テイカウ（堤鋼）　一一三オ1
テイカカリュウ（定家家隆）
　テイカカリウ　一一三オ4
テイゲツ（堤月）
　テイケツ　一一一ウ4
テイゲフ（帝業）
　テイゲウ　一一一ウ7
テイシュ（亭主）　一一一ウ8
テイタイカッセン（手痛合戦）

一三ウ1
テイタラク（為体） 一三ウ3
テイチュウ（庭中）
　テイチウ 一三オ5
テイチュウ（鄭重）
　テイテウ 一三オ6
テイネイ（丁寧） 一三オ5
テイレバ（者）
　テイレハ 一三ウ3
テイワウ（帝王） 一二ウ7
テウ（兆） 一三ウ8
デウ（挑）
　テウ 三〇ウ4
テウオン（朝恩）
　テウヲン 一三ウ3
テウカ（癥瘕） 一三オ7
デウキ（逃毀）
　テウキ 一三ウ5
テウクヮ（超過） 一三オ6
テウゴ（釣語）
　テウコ 一三オ1

テウコク（彫刻） 一三オ4
テウサイ（調菜） 一三オ1
デウサイ（肇歳）
　（テウ）サイ 一二ウ5
テウザン（朝爨）
　テウサン 一三ウ8
デウサン（逃散） 一三オ7
テウシ（銚子） 一三ウ4
テウシ（調子） 一三オ1
テウシャウ（招請）
　デウシャウ 一三オ5
テウシャウ（趙昌） 一三オ3
デウジャク（朝夕） 一三オ2
テウタイネン（趙太年） 一三オ4
テウチュウボク（趙仲穆）
　テウチウボク 一三オ3
テウテイ（朝廷） 一二ウ1
デウデウ（条々）
　テウテウ 一三ウ6
デウドガケ（調渡懸）
　デウドカケ 一三ウ3

テウノ（釿） 一三ウ3
テウバウ（眺望） 一三オ8
テウバフ（調法）
　テウハウ 一三オ1
テウハン（添飯） 一三ウ7
テウモク（鳥目） 一三ウ2
テウヤウタイゲツノヱ（朝陽対月絵）
一三ウ5
　テウヤウダイゲツノエ 目四ウ2
テウレン（調練） 一三オ2
テウロウ（嘲哢） 一三ウ5
テオヒ（手負）
　テヲイ 一三ウ2
テオホヒ（手覆）
　テヲヲイ 一三ウ2
テガセ（械）
　テカセ 一三ウ5
テガラノモノ（三合力）
　テカラノモノ 一二ウ7
テキキ（手聞） 一三ウ1
テキタイ（敵対） 一三オ7

テキチョククヮ（躑躅花）　一一一ウ6
テキデン（的伝）　一一三オ5
テキハウ（敵方）　一一三オ8
テキビン（的便）　一一三ウ5
テキミカタ（敵闘）　一一三ウ7
テキメン（覿面）　一一三オ7
テキヤク（敵薬）　一一三ウ7
テクグツ（傀儡）　一一三オ2
テグルマ（輦）
　テクルマ　一一三ウ5
テゴハシ（手強）
　テゴワシ　一一三オ1
テコフ（手請）
　テコウ　一一三ウ2
デシ（弟子）
　テシ　一一三オ1
テズサミ（手談）　一一三オ4
　（挵）　一一三オ8
テダテ（手段）　一一三オ4
　（行）　一一三ウ4
テタテ（質）　一一三ウ6

テダテヲアラソフ（争道）
　テダテヲアラソウ　一一三ウ5
テチャク（手着）　一一三オ3
テッカイセンニン（銕枴仙人）
　目四ウ1・一一三オ3
テヅカミ（手捉）　一一三ウ2
テツギフンミャウ（手続分明）
　テツキフンミャウ　一一三ウ1
テッシュ（徹衆）　一一一ウ8
テッシホ（徹所）　一一三オ7
テッセンクヮ（銕線花）　一一一ウ6
テツダイ（手代）　一一三オ4
テヅツ（徹）　一一三ウ6
テッハウ（鉄炮）　一一三ウ4
テドリ（手取）　一一三ウ2
テナヘ（攣）　一一三オ7
テナミ（手並）　一一三オ6
テナラヒ（手習）
　テナライ　一一三オ7
テナル（手馴）
　テナルル　一一三ウ2

テニアセヲニギル（手握汗）
　テニアセヲニキル　一一三ウ2
テノウラヲカヘス（翻手裏）　一一三ウ4
デハ（出羽）　一一一ウ1
テビャウシ（手拍子）　一一三ウ2
テフ（蝶）
　テウ　一一三ウ8
テフジ（輒時）
　テウジ　一一一ウ4
テフツガヒ（蝶番）
　テウツカイ　一一三ウ5
テフビ（蝶尾）
　テウビ　一一三ウ5
テボウ（手棒）
　テハウ　一一三ウ2
テボコ（手鉾）　一一三ウ2
テマチン（手間賃）　一一三ウ1
テマリ（毬）　一一三ウ3
テラス（光・昭）　一一三オ7
テラツツキ（鴷）　一一三オ8

テラハヤシ（伽監道場） 一一一ウ1
テラフ（衒）
テラウ 一一三オ5
デヰ（出居）
デイ 一一一オ8
テン（貂・鼦） 一一二オ8
テンカイジ（天海寺） 一〇四ウ7
デンガク（田楽） 一一二オ1・一一二ウ7
テンキ（天気）
（テン）キ 一一三オ3
テンキウ（貼供） 一一一ウ7
テンキウ（典厩）
テンキウ 一一二オ6
テンキャウ（転経） 一一三ウ6
デンキン（典琴）
テンキン 一一二オ2
テング（天狗） 一一二オ8
テング（伝供） 一一三ウ6
テングヮン（天冠） 一一二ウ2
デンゲウダイシ（伝経大師）
一一二オ4

テンケン（点検）
テンケン 一一三ウ4
テンコツ（天骨） 一一三オ3
テンサイ（添斎） 一一二ウ7
テンサツ（田札） 一一二ウ4
テンシ（天子） 一一一ウ7
（天枝） 一一二オ2
テンジャウ（天井）
テンシャウ 一一一オ8
テンジャビト（殿上人） 一一二オ1
テンジン（点心） 一一二ウ7
デンス（殿主）
テンス 一一一ウ8
テンズ（点）
テンス 一一三オ6
テンセイ（天性） 一一三オ2
テンソ（天祚） 一一三ウ6
テンゾ（典座）
テンソ 一一一ウ8
デンソウ（伝奏）
テンソウ 一一一ウ8

テンタウ（奠湯） 一一二ウ8
テンヂク（天竺）
テンチク 一一一オ8
テンチャ（奠茶） 一一二ウ7
テンヂャウ（点定） 一一三オ8
テンデン（展転）
テンテン 一一三オ8
テンドウ（纏頭）
テントウ 一一二ウ3
テンドウジ（天童寺）
テントウシ 一〇四ウ8
テンドク（転読）
テントク 一一三ウ5
テンネン（天然） 一一三オ2
テンバツ（天罰）
（テン）バツ 一一三オ2
テンハン（添飯）→テウハン
テンメイ（天命） 一一三オ2
テンモンドウ（天門冬） 一一一ウ6
テンモンハカセ（天文博士）
一一二オ6

テンヤ（店屋）　一二オ8
テンヤク（点役）　一三オ8
　テンヤク　一三オ2
テンヤク（典薬）　一三オ1
テンヤクノカミ（典薬頭）　一三オ6
テンリンワウ（転輪王）
　テンリン（ワウ）　一四オ3
テンワウジ（天王寺）　一二ウ2
テンヰ（転位）
　テンイ　一三オ5

ト

ト（斗）　二一オ1
ト（与）　二二ウ6
ト（砥・礪）　二一オ1
ト（戸）　三〇ウ8
ト（与）　二二ウ6
ド（土）　一九ウ3
ド（度）　二一ウ3
トイシ（砥）　二一オ1

トゥ（藤）　二九ウ3
トウ（鼟）　三〇ウ3
トウイ（東夷）　三〇オ2
トウイ（痛悠）　二二オ7
ドウエウ（動揺）
　トウヨウ　二二オ3
トウカ（通家）　二二オ3
トウガイ（燈械）　三〇ウ8
トウカン（等閑）　二二オ2
ドウギ（筒木）　二一オ6
ドウキ（同気）
　トウキ　二一ウ8
トウグウノガクジ（東宮学士）
　トウクウノ（ガクジ）　三〇オ8
トウグウノタイフ（春宮大夫）
　トウクウノ（タイフ）　三〇オ8
トウクヮ（藤花）
　トウ（クヮ）　二二オ7
トウグヮ（冬瓜）　二九ウ6
ドウコク（慟哭）
　トウコク　二二オ7

ドウザ（動座）　二二オ3
トウサク（東作）　二一ウ4
トウザンケンニンジ（東山建仁寺）
　トウサンケンニンジ　一四オ8
トウジ（冬至）　二九オ7
トウジャウ（闘諍）
　トウシャウ　二二オ5
ドウジャクダイ（銅雀台）
　トウシャクタイ　二八ウ6
トウス（東司）　二九オ3
トウズミ（丼）
　トウスミ　二九ウ5
トウセキ（投跡）　二二ウ5
トウゼン（東漸）　二二ウ5
トウソン（桐孫）
　トウ（ソン）　二二オ7
トウダイ（燈台）　三〇ウ8
トウダウ（東堂）
　トウ（ダウ）　二九ウ8
ドウダン（童断）
　トウタン　二一ウ8

トウチンカウ（透頂香）　三一ウ2
ドウテウ（銅鳥）　三一ウ3
トウトウ（鼕々）　三三オ8
ドウドウ（百々）　三三ウ1
ドウドヲル（等折）　三三ウ2
ドウドヲルル　三三ウ5
トウニン（頭人）　三〇オ2
トウバ（東坡）　三〇オ4
トウハン（東班）　三〇オ3
ドウホウ（同朋）
ドウボウ　二九ウ8
トウボク（登睦）　三一ウ3
ドウボク（僮僕）　三〇オ1
ドウマル（筒丸）　三一オ4
トウモン（東門）　二九ウ5
トウヤク（騰躍）　三二オ7
トウヤク（頭役）　三二オ5
トウラフ（蟷螂）　目三オ1・五二ウ2
トウリウ（逗留）　三二オ6
トウリャウ（棟梁）　三〇オ1

トウロ（燈籠・登炉）　三〇ウ8
トガ（咎）
トカ　三三オ6
トガ（栂）
トカ　二九ウ2
トカイ（渡海）　三一ウ6
トガウ（兎毫）
トカウ　三一オ8
トカキ（斗概）　三一オ1
トカク（兎角）　三三ウ1
トカゲ（蜥蜴）　三〇ウ5
トガシ（富樫）
トカシ　三〇オ6
トガノキ（榤）
トカノキ　二九ウ7
トガノヲ（梅尾）　二八ウ5
トガヘリ（鳥回）
トカヱリ　三三ウ2
トガム（尤）
トカムル　三三オ4
トガリヤ（鋒矢）　三一オ2

トキ（斎）二九オ8・三一ウ2・三二オ6
トキ（時・節・尅・景・春・秋・
辰・旹）　二九オ8
トギ（伽）　三〇オ3・三三ウ1
トキグシ（解櫛）　三一オ6
トキノコヱ（鬨音・鯨波浪）　三一オ8
トキノハ（鴾羽）　五四ウ4
トキハギ（常繁木）
トキワギ　二九ウ3
トキハノハシ（常磐橋）　二八ウ7
トキメク（得時）　三三ウ5
トギャク（吐逆・吐劫）
トキャク　三三ウ2
トギョ（渡御）
トキョ　三一ウ6
トギョ（蠹魚）
トキョ　三〇ウ4
トキン（頭巾）　三一オ2
トキンケイ（吐錦鶏）　三〇ウ6
トク（説）　三三ウ7
トグ（砺）　三三ウ8

（硎）　三三ウ3
トグ（逐）
トグル　三二ウ8
トゲヌ　三二ウ8
ドク（毒）　三一ウ2
ドクギン（独吟）　三二オ4
トクサ（木賊）　二九ウ3
トクシュ（得酒）　三一ウ6
ドクジュ（読誦）　三一ウ7
トクセイ（徳政）　三二オ5
トクタイ（得替）
（トク）タイ　三一ウ7
ドクダミ（蕺）
トクタミ　二九ウ6
トクチウ（篤偷）　三二オ6
トクド（得度）
（トク）ド　三一ウ7
トクトク（得々）　三三ウ1
トクビコン（犢鼻褌）
トクヒコン　三一オ2
ドクマクリ（毒椋）
トクマクリ　二九ウ4
トグラ（塒）　二九オ2
トクラ（利倉）　三〇オ5
トクリ（土壺理）　三一オ6
ドクロ（髑髏）　三〇オ7
トグヮ（図画）　三二オ8
ドクヮン（土官）　三〇オ3
トケイ（土圭・斗景）　三一オ5
トケンクヮ（杜鵑花）　二九ウ4
トコ（床）　二九オ3
トコシナヘ（終古・鎮）　三三オ4
トコソヤマ（鳥籠山）　二八ウ7
ドコトモナシ（無土古）
トコロモナシ　三二ウ5
トコナツ（常夏）　二九ウ1
トコノウラ（床浦）　二八ウ8
トコフ（咒）
トコウ　三三オ7
トコメヅラシ（常夜）
トコメツラシク　三三ウ4
トコメヅラナリ（不古）
トコメツラナリ　三二ウ3
トコロ（廻）　三三オ1
トコロ（草薢）　二九ウ3
（山老）　三一ウ2
トコロヲミル（相攸）　三二ウ1
トサ（土佐）　二八ウ8
トサイ（閫）　二九オ3
ドザウ（土蔵）　二九オ1
トザシ（扃）
トサシ　二九オ5
トザス（鎖）
トサス　二九オ5・三三オ6
トサマカウサマ（左右）　三二ウ4
トザマシュ（外様衆）
トサマシュ　三〇オ2
トサン（土産）　三一ウ6
トシ（年・歳・載）　二九オ7
（稔・祀）　二九オ8
ドシイクサ（同士軍）　三一ウ4
トジキミ
トシキミ（閫）　二九オ3

（閾）　二九オ4
トシコシ（歳越）　二九ウ1
トシシエン（菟糸子円）　三一ウ2
トシタク（年闌）
　トシタケ　三〇オ3
トシダマ（歳贄）
　トシタマ　二九ウ1
トシトク（歳徳）目二ウ1・二九オ6
トシマノイソ（豊嶋磯）　二八ウ7
トシミ（杜子美）　三〇オ4
トシヨバヒ（年齢）
　トシヨバイ　三三ウ3
トシヨリシュ（年寄衆）
　トシヨリ（シュ）　三〇オ2
トシワウ（都市王）
　トシ（ワウ）　一四〇オ3
トセイ（渡世）　三一ウ6
トゼン（徒然）
　トセン　三三ウ3
トソウ（抖擻）　三二ウ6
ドソウ（度僧）
　トソウ　三二ウ8
トソビャクサン（屠蘇百散）　三一ウ1
ドタイ（駑駘）
　トタイ　三〇ウ3
トタウ（徒党）　二九ウ8
トタウ（渡唐）　三一ウ6
トタン（塗炭）　三二オ6
トチ（杼・橡・芧・柔・栩・杤）　二九ウ2
ドチヘユク（共恵行）
　トチヘユクソ　三三ウ4
トチメク（迷瞞）　三三ウ4
トチモチ（杼餅）　三二ウ2
トチャウ（斗帳）　三一オ1
ドヂャウ（鰍・鱒・土桃）　三〇ウ4
　トテウ（土桃）　三〇ウ4
トチュウ（途中）
　トチウ　二九オ3
トツ（吱）　三三オ4
トヅ（杜）　三三オ4
トヅ（閉）　三二ウ7
トツグ
　トツク（嫁）　三三オ6・二七オ2
　（尾・合）　三三ウ3
　（婚）　三三ウ4
ドククワツ（独活）　二九ウ4
トッコ（独鈷）　三〇ウ7
トッサ（咄嗟）　三二オ7
トッサカ（鶏冠）　二九ウ6
トツサク（咄作）　三一ウ5
トツトツ（咄々）　三三オ8
ドットワラフ（吱笑）
　ドットワラウ　三一ウ4
トツバウ（徳望）
　トツハウ　三二オ4
トッホ（独歩）　三二オ4
トツマ（突磨）　三二オ6
トテツ（途轍）　三二オ6
ドデフ（度牒）
　トテウ　三一ウ1
トテモ（迚）　三三オ8
トト（斗々）　三〇ウ5

トド（百々）　三〇オ6
ドド（度々）
　トド　三二ウ1
トドク（届）
トドクル　三一ウ5
トドコホル（滞）
　トトコヲル　三二オ3
トトノフ（調）
　トトノウ　三二オ3
トトノボル
　トトノヲラズ（不同）　三二ウ3
トドマル（留）
　トトマル　三二オ2
トドム
　トトム（留）　三一ウ5
　（停・駐佇）　三二オ2
トドメク（動）
　トトメク　三二オ2
トドメヲサス（留目螫）
　トトメヲサス　三一ウ4
トドロキノタキ（轟滝）
　トトロキノタキ　二八ウ7
トドロク
　トトロク（轟）　三二オ3
　（轉々）　三二ウ1
トナセノタキ（戸難瀬滝）　二八ウ8
トナフ（唱）　三二オ1
トナミノセキ（礪波関）　二八ウ6
トナリ（隣）　二九オ1
トニカクニ（左右）　三二ウ4
トネ（刀禰）　三〇オ1
トネリ（舎人）　三〇オ1
トネリコ（石楠）　二九ウ2
　（欓・桊子・梣）　二九ウ7
トノバラ（殿原）　三〇オ1
トノモノカミ（主殿頭）　三〇オ8
トノヰ
　トノイ（宿直）　三一ウ5
　（宿）　三二オ7
トノヰモノ（宿衣）
　トノイモノ　三〇ウ7
トバ（鳥羽）　二八ウ5
トバイ（鳥飛）　三二ウ1
トハウ（十方）　三一ウ3
トバシル（驟）
　トハシル　三二オ3
トバヱル（翥）　三二ウ4
トヒ（問）　三〇オ2
トヒ（桶）
　トイ　三〇オ6
トヒ（土肥）
　トイ　三〇オ5
トヒ（都鄙）　二八ウ8
トビ（鳶）　三〇ウ2
トビアガル（頡）
　トヒアカル　三二オ3
トビウヲ
　トヒウヲ
　（䲅・鮵）　三〇ウ3
　（鯸・文鰩魚・鯀・飛魚）　三〇ウ4
トビカカル（翀）
　トヒカカル　三二オ4

トビクダル（頑）
　トヒクタル　三二オ4
トビヒ（燧）　三二オ7
トヒヤ（問屋）
　トイヤ　二九オ2
トビャウシ（土拍子）　三一オ1
トビラ（門扇）　二八ウ8
（闔）　二九オ3
トビラ（扉）　二九オ2
ドビン（土瓶）　三〇ウ8
トフ（問）　三一ウ7
トブ（飛）　三二ウ8
トフウラ（十輔浦）　二八ウ8
トブヒ（烽）　三二オ7・三二ウ3
（燵）　三二オ7
トブラフ（訪）
　トフラウ　三二オ2
ドフン（怒忿）
　トフン　三一オ3
トベ（富部）　三〇オ5
トヘ（十重）　三二オ5

トヘラノキ（石南山）　二九ウ6
トボク（悦）
　トボクル　三二オ7
ドボク（土木）
　トボク　三一ウ5
トボコ（外架）　二九オ3
トホサブラヒ（遠侍）
　トヲサフライ　二九オ2
トホシ（遠）
　トヲシ　三一ウ8
トボソ（扉）　二九オ2
トホタフミ（遠江）
　トウタウミ　二八ウ6
トホヤマ（遠山）
　トヲヤマ　三〇オ5
トホル
　トヲル（透）　三二ウ4
（融）　三二オ1
トホルノオトド（融大臣）
　トヲルノヲトド　三〇オ4
トマ（苫）　三一オ4

（篷）　三一オ7
トマリ（泊・宿）　二九オ2
トマリドマリ（泊々）
　トマリトマリ　三二ウ1
トマリヤマ（宿山）　三二ウ5
トミ（富）　三二オ6
トミタ（富田）　三〇オ4
トミナガ（富永）
　トミナカ　三〇オ5
トミノコウヂ（富小路）
　トミノ（コウヂ）　一六一ウ4
トミヤマ（富山）　三〇オ6
ドミン（土民）　二九ウ8
トム（関）
　トムル　三二ウ3
トメイリ（趑入）　三二ウ4
トモ（艫）　三一オ7
トモ（鞆）　二八ウ5
トモ（倫）　三二ウ8
トモカウモ（左右・左右袖）　三二ウ4
トモガラ

トモカラ（輩）　二九ウ8
　（伴）　三三オ3
トモシ（乏）　三三オ1
トモシ（照射）　二九ウ1
トモシュ（伴衆）　三〇オ1
トモス（炷）　三三オ1
トモダチ（朋友）
　トモタチ　二九ウ8
トモヅナ（纜）
　トモツナ　三一オ2
トモノ（伴野）　三〇オ5
トモムシ（蟦）　三〇ウ5
ドモリ（瘂）　三〇オ3
　トモリ（囁嚅）　三〇オ3
トモリ（瘖）　三〇オ5
トモロキ（柄呂岐）　二六ウ6
トモヱ（巴）　二九オ5
トモン（都門）
　ト（モン）　三二ウ6
トヤセマシカウヤセマシ（為左為右・為左杜右）　三二ウ5

トヤダシ（鳥屋出）　三二ウ2
トヨアシハラ（豊葦原）　目二ウ1・二六ウ4
ドヨウ（土用）　二九ウ1
トヨダ（豊田）　三〇オ5
ドヨム（動）　三二オ2
トラ（虎）　三〇ウ2
　（厇）　三〇ウ3
ドラ（鉦）　三一オ7
トラカス（蕩）　三二オ2
トラノカハ（虎皮）　三一オ7
トラフ（檎）
　トラウ　三二オ1
トリ（禽・鳥）　三〇ウ2
トリアハセ（鳥鬪）
　トリアワセ　三二ウ2
トリアフ（取不敢）
　トリアヱス　三二ウ2
トリオコナフ（取行）
　トリヲコナウ　三二ウ1
トリカヂ（取梶・取楫）　三一オ7

トリカヒマキ（鳥類牧）
　トリカイマキ　二六ウ7
トリカヘ（取替）　三二ウ3
トリコ（擒）　三二オ1
トリサシザヲ（鳥粘竿）　三一オ6
トリシヅメ（取静）
　トリシツメ　三二ウ2
トリシバル（扼）
　トリシハル　三二オ4
トリソロヘ（取汰）　三二ウ5
トリツカム（撮）　三二ウ4
トリツクロフ（執刷）　三二ウ3
　トリツクロウ（取繕）　三二ウ2
トリシハル（拒）　三二オ4
トリトコロ（屑）　三一ウ5
トリドコロ（杘）　三二オ7
トリトリモチ（黐）　二九ウ3
トリナホス（取直）
　トリナヲス　三二ウ2
トリノク（取除・取退・姥）　三二ウ2
トリノコ（鳥子）　三一オ4

トリノシタ（鳥舌）　二一オ5
トリヒシグ（拉）　二三オ3
トリヒシク（挫）　二三オ6
トリヒソム（取竊）
　トリヒソメ　二三ウ4
トリマハス（取廻）
　トリマワシ　二三ウ5
トリミダス（取乱）
　トリミタス　二二ウ3
トリモチ（黏）　二一オ5
トリモチ（執持）　二二ウ1
トリモチアソブ（握）　二三オ4
トリヨス（取寄）　二三ウ3
トリヨル（婼）　二三ウ4
トリワケ（特）　二三オ7
トリヰ（鳥居・華表）
　トリイ　二九オ1
トリヰシャウジ（通入障子）
　トリイシャウジ　二九オ4
トル（取）　二二ウ7
（拾）　二三オ5

ドレカラ（閭）　三〇オ3
ドロ（泥）　二九オ3
トロトロ（土漏々々）　二三オ8
トロメン（兜羅綿）　三〇ウ7
トワスミ（丼）　二九ウ5
トヰ（屠維）
　トイ　一六二オ3
ドヰ（土井）
　ドイ　二九オ1
ドヱン（度縁）
　トヱン　二二ウ7
トヲ（十・拾・旬）　二三オ5
ドンカン（鈍漢）
　トンカン　二二ウ8
トンコウ（敦厚）　二三オ8
ドンゴン（鈍根）
　ドンコン　二二ウ8
ドンゴンサウ（鈍根草）
　ドンコンサウ　二九ウ5
ドンジキ（鈍色）
　ドンシキ　二二オ7

トンジキ（屯食）
　トンシキ　二三オ5
トンシャウ（敦将）　一六二オ6
ドンス（段子）　三〇ウ7
トンセイ（遁世）　二三オ3
トンダ（富田）
　トンタ　三〇オ4
トンヂュウ（炭頭）
　トンチウ　三〇ウ1
トンテウ（呑鳥）　二三オ6
トンバウ（蜻蜓）　六〇ウ4
トンヒ（遁避）　二三オ4
トンヨク（貪欲）　二三オ5

ナ

ナ（名）　七五ウ4
ナ（菜）　七三ウ8
ナイガシロ（懱・蔑如）　七五ウ5
（上）　七五ウ6
ナイガマ（長鎌）　七四ウ8

ナイキ（内記）　七四ウ2
ナイケン（内検）　七五オ6
ナイコク（酒刻）　七三ウ4
ナイジ（酒時）　七三ウ3
ナイシドコロ（内侍所）
　ナイシトコロ　七四ウ7
ナイシンワウ（内親王）　七四オ4
ナイゼンノカミ（内膳正）　七四ウ3
ナイダイジン（内大臣）
　ナイタイシン　七四ウ2
ナイツウ（内通）　七五オ5
ナイトウ（内藤）　七四オ5
ナウ（脳）　七四ウ1
ナウシャヱン（脳麝園）　七五オ4
ナウダイ（曩代）
　ナウ（ダイ）　七四オ3
ナウラン（脳乱）　七五オ7
ナエ（地震）
　ナヘ　七三オ8
ナガアメ（霖）
　ナカアメ　七三オ7

ナガイキ（長活）　七五ウ2
ナカウド（仲人）　七四オ4
ナカクボ（凹）　七五ウ6
ナカゴ（心）　七四ウ8
ナガサハ（長沢）
　ナカサワ　七四オ7
ナガシ（長）　七五ウ5
ナガシマ（中島）
　ナカシマ　七四オ6
ナガシホ（長塩）
　ナガシヲ　七四オ5
ナガタ（長田）　七四オ5
ナカダカ（凸）　七五ウ6
ナカダチ（媒）　七四オ3
ナガタナ（菜刀）　七五オ2
ナカヅカサ（中務）
　ナカツカサ　七四ウ2
ナガツキ（玄月・長月）
　ナカツキ　七三ウ3
ナカデ（点）　七五ウ8
ナガト（長門）

ナカト　七三オ5
ナガナガシ
　ナガナガシク（長々敷）　七五ウ7
ナガノ（長野）
　ナカノ　七四オ6
ナガヌマ（長沼）　七四オ5
ナカノミカド（中御門）
　ナカノミカト　一六一オ3
ナカバ（半）
　ナカハ　七五ウ4
ナカハヤシ（中林）
　（ナカ）ハヤシ　七四オ6
ナカヘ（轅）
　ナカヘ　七五オ1
ナガム（詠）
　ナガムル　七五ウ3
ナカムラ（中村）
　ナカ（ムラ）　七四オ6
ナカヤマ（中山）
　（ナカ）ヤマ　七四オ6
ナガヤマ（長山）

ナカヤマ　七四オ5
ナガラ（乍）
ナカラ　七五ウ4
ナカラヅキ（暌）
ナカラツキ　七五ウ8
ナガラヒ（中活）
ナガライ　七五ウ2
ナガル（流）
ナカル　七三オ7
ナカルル　七五ウ5
ナカレ（莫）　七五ウ5
（母）　七五ウ7
ナカヰ（中井）
ナカイ　七四オ6
ナガヰ（長井）
ナカイ　七四オ5
ナカヰモノ（中居者）
ナカイモノ　七四オ3
ナカヲ（中尾）　七四オ6
ナギ（梛）　七四オ1
（南木）　七四オ2

ナギ（無波）　七三オ8
ナギサ（汀・渚）
ナキサ　七三オ7
ナギナタ（長刀）　七四ウ8
ナク（啼）　七五ウ3
（泣）　七五ウ2
（號）　一三ウ7
ナグ（薙）　七五オ2・七五ウ3
ナグサム（慰）
ナクサム　七五オ7
ナゲウツ（抛・擲）
ナケウツ　七五ウ4
ナゲク（歎）　七五ウ2
ナゲシ（長押）
ナケシ　七三オ6
ナゴシノハラヒ（名越之祓）
ナゴシノハライ　七三ウ2
ナコシノハライ　目三オ7
ナゴリ（名残・余波）
ナコリ　七五ウ1
ナサケナシ（無情）　七五ウ1

ナシ（梨）　七四オ1
ナシ（無）　七五ウ3
ナシヂ（梨地）　七五オ2
ナジミ（馴染・名染）　七五オ8
ナシモノ（成物）　七四ウ6・七五オ4
（鯀）　七五オ4
ナジル（詰）　七五ウ2
ナジル（署）　七五ウ5
ナス（那須）　七三オ6・七四オ8
ナスビ（茄子）　目三オ7・七三ウ8
ナゾダテ（謎）
ナソダテ　七五ウ3
ナゾラフ（准）
ナゾラヘテ　七五ウ4
ナタ（鉈・錺）　七四ウ8
ナダム（宥）　七五ウ2
（投）　七五ウ7
ナダラカ（平懐）　七五ウ6
ナダレ（雪頽）　七三ウ1
ナチ（那知）　七三オ5
ナツ（夏）　七三ウ4

ナヅ（撫）
　ナヅル　七五ウ2
ナツカシ（馴思・懐敷）　七五オ8
ナツク（嫕）　七五オ8
ナッショ（納所）　七四オ3
ナッソリ（納蘇利）　二〇オ2
ナットウ（納豆）　七五オ4
ナットク（納得）　七五オ7
ナヅナ（薺）　七四オ1
ナヅム（泥）
　ナツム　七五ウ3
ナツメ（棗）　七四オ1
ナデサスル（摩婆）　七五ウ7
ナデシコ（瞿麦）
　ナテシコ　七三ウ7
ナトリグサ（名取草）
　ナトリクサ　七四オ2
ナナメナラズヨロコブ（不斜悦）
　ナナメナラスヨロコフ　七五ウ5
ナニガシ（某）
　ナニカシ　六六ウ6・七四オ3

ナニトナシ（小大無）
　ナニトナク　七五ウ6
ナニハ（難波）　七三オ5・七四オ7
ナニヘン（何篇）　七五オ8
ナノリ（名字・名乗）　七五ウ1
ナハ
　ナワ（索）　七五オ2
　　（縄）　七四ウ8
ナハ（那波）　七四オ7
ナハシロ（苗代・畷）　七三オ7
ナハテ
　ナワテ（阡）　七三オ7
　　（縄手）　七三オ8
ナハナフ（索綯）
　ナワナウ　七五ウ5
ナビカ（並河）　七四オ7
ナビク（靡）　七五ウ4
ナフケサ（納袈裟）　七五オ1
ナフジュ（納受）　七五オ7
ナフチャウ（納帳）　七五オ2
ナフリャウ（納涼）↓ダフリャウ

ナブル（嬲）　七五ウ8
ナヘ（苗）　七四オ1
ナベ（鍋）　五五オ1・七五オ2
ナヘク（跛・蹇）　七四ウ1
ナベタ（行田）　七四オ5
ナヘムシ（螟）　七四ウ5
ナホシ（直）
　ナヲシ　七五ウ2
ナホラヒ（直礼）
　ナウライ　七五ウ6
ナホル
　ナヲル（直）　七五ウ6
　　（愈）　七五ウ7
ナマグサシ（腥）
　ナマクサシ　七五ウ3
ナマコ（生海鼠）　七四ウ5
ナマジヒ（憖）
　ナマシイニ　七五ウ1
ナマス（膾）　七四ウ5
ナマヅ（鯰・鮀・鮎・鮧）　七四ウ4
ナマシキ（生魚）　七五ウ7

ナマヅ（歴癧） 七四ウ1
ナマナリスシ（生成鮨） 七四ウ6
ナマメク（最媚） 七五ウ7
ナマメイタル（窈窕） 七五ウ7
ナマリ（鈆） 七四ウ8
（錫） 七五オ2
ナミ（波・浪・濤・瀾） 七三オ7
ナミダ（涙）
ナミタ 七五ウ2
ナミヰル（次居）
ナミイル 七五ウ1
ナム（南無） 七五オ5
ナム（嘗）
ナムル 七五ウ4
ナメクヂラ（蛐蜒） 七四ウ4
ナメシ（滑） 七五オ1
ナメズスキ（滑茸）
ナメススキ 七四オ1
ナメラカ（滑） 七五ウ4
ナモミ（羊附来） 目三オ7・七三ウ7
ナヤム（悩） 七五ウ3

ナユ（輭）
ナユル 七五オ8
ナヨシ（鰡・名吉・魴） 七四ウ5
ナラ（奈良） 七三オ5・七四オ7
ナラウ（楢葉） 七四オ7
ナラノキ（楢） 七四オ2
ナラビノヲカ（並岡）
ナラヒノヲカ 七三オ6
ナラフ（学） 七五ウ4
ナラウ（習） 七五ウ2
ナラブ
ナラフ（双・並・比） 七五ウ2
（双） 七五ウ8
ナランダジ（那蘭陀寺）
ナランダ（ジ） 一〇四ウ6
ナル（成・就） 七五ウ4
（作・為） 七五ウ8
ナル（登） 七五ウ6
ナル（鳴） 一九オ6・七五ウ3
ナル
ナルル（馴） 七五ウ3

（狎） 七五ウ4
ナルカミ（雷公） 七三ウ1
ナルコ（鳴子） 七五オ1
ナルタキ（鳴滝） 七三オ6
ナルトノワタリ（鳴門渡） 七三ウ1
ナルバ（椒） 七四オ1
ナレコマヒ（馴子舞）
ナレコマイ 七五ウ5
ナンガン（難堪） 七五オ6
ナンコウ（難功）
（ナン）コウ 七五オ6
ナンゴン（輭言） 七五オ8
ナンジフ（難渋）
ナンジウ 七五オ6
ナンジュホクト（南斗北斗） 七三オ8
ナンダ（涙）
ナンタ 七四ウ1
ナンダイ（難題）
（ナン）タイ 七五オ7
ナンヂ（汝・爾）
ナンチ 七四オ3

ナンヂ（難治）　七五オ6
ナンデウ（南条）　七四オ7
ナンテン（南天）　目三オ7・七三ウ5
ナンナントス（向）　七五ウ7
（垂）　七五ウ8
ナンバ（難波）
ナンハ　七四オ7
ナンバン（南蛮）　七三オ6
ナンモッカウ（南木香）　七四オ2
ナンリョ（南呂）　七三ウ3
ナンレウ（南鐐）
ナンリャウ　七四ウ7

ニ

ニ（丹・赭）　二一オ4
ニアヒ（似合）
ニアイ　二二オ1
ニウワ（柔和）　二一ウ1
ニカイ（二階）　二〇オ6
ニカイダウ（二階堂）
ニカイタウ　二〇ウ5
ニカス（捲）　四六オ8
ニガタケ（苦竹）
ニガタケ　二〇ウ3
ニガニガシ
ニガニガシク（苦々敷）　二一ウ5
ニカハ（膠）　二一オ4
ニカム（断）　二一ウ8
ニガル（勃）　二二オ1
ニギハス（饒）　二二オ7
ニギハフ（優）
ニギヲウ　二一ウ7
ニキビ（痤・胞廉）　二〇ウ7
ニギメク（稼）
ニキメク　二一ウ6
ニギリ（握）
ニキリ　二二オ4
ニギリカハ（挙皮）　二二オ5
（弣革）　二二オ6
ニギル（挙）
ニキル　二一ウ5
ニク（肉）　二〇ウ7
（羓）　二一オ2
ニグ
ニクル（迯）　一九オ8・二一ウ6
ニクル（捲）　四六オ8
ニクゾウ（生憎）
ニクサウ　二二オ7
ニクム（悪）　二一ウ7
ニグルヲオフ（逐北）
ニクルヲヲウ　二二オ1
ニゲイル（逃入）
ニケイル　二二オ7
ニゲカクル（逃竄）
ニケカクル　二二オ7
ニゲコモル（迯籠）　二二オ7
ニコウ（尼公）　二〇ウ4
ニコゲ（毛・氈）　二〇ウ7
（毳）　二二オ1
ニコニコ（輾然）　二一ウ3
ニコノリ（丹兄鶏）　二一オ3
ニコヤカ（婥約）　二二オ7

ニゴリサケ（濁酒・醓・醪・醨・醬）　二一オ7
ニコリサケ　二一オ7
ニゴル（濁）
ニコル　二一ウ7
ニシ（西・光）　二〇オ6
ニシ（辛螺）　二一オ2
（螺子・海螺）　二一オ3
ニジ（虹・霓）　二〇オ7
ニシキ（錦）　二一オ4
ニシキカハ（錺川）　二〇オ5
ニシキノコウヂ（錦小路）
ニシキノ（コウヂ）　一六一オ5
ニシコホリ（西郡）
ニシコヲリ　二〇ウ5
ニシノトウキン（西洞院）
ニシノトウイン　一六一ウ3
ニシノヲカ（西岡）　二〇オ5
ニジフ（廿）
（ニ）シウ　一四〇ウ7
ニジム（染）　二一ウ7
ニシヤマ（西山）　二〇ウ5

ニシュウ（尼宗）
ニシウ　二〇ウ4
ニジル（涪）　二一オ7
（躙）　二一ウ5
ニシン（鯡）　二一オ3
ニセモノ（贋）　二二オ1
ニタイバウ（二諦坊）　二一オ5
ニチゲン（日限）　二一ウ1
ニッキ（仁木）　二〇ウ5
ニックヮン（入棺）　二一ウ3
ニッコトワラフ（莞尒笑也）
ニッコトワラウ　二一ウ4
ニッショク（日蝕）　二〇オ7
ニッタ（新田）　二〇ウ5
ニッタウ（入唐）　二一ウ2
ニッラウ（入労）　二一ウ2
ニナ（蜷）　二一オ3
ニナガハ（蜷川）
ニナカハ　二〇ウ5
ニナフ（荷）
ニナウ　二一ウ7

ニノマヒ（二之舞）　二二オ1
ニノマイ
ニハ（神庭）　二〇オ5・二〇ウ5
（庭）　二〇オ6
ニハカ（卒尒）　二一ウ4
ニワカ（俄）　二一ウ7
（現）　二一ウ8
ニハザクラ（庭桜・王帯華・楔・朱桜）
ニハサクラ　二〇オ8
ニハダタキ（鶺鴒）
ニハタタキ　二一オ2
ニハタヅミ
ニハタツミ（潢潦）　二〇オ6
（潦）　二〇オ7
ニハトコ（木朔・木朔藋）　二〇ウ2
ニハトリ（鶏）　目二オ6
（雞）　二〇ウ8
ニハノリ（場騎）　二二オ1
ニヒマクラ（新枕）
ニイマクラ　二二オ6

ニブイロ（鈍色・勤）
　ニフイロ　二一オ6
ニフカン（入間）
　ニウカン　二一ウ2
ニブシ（駑駘）　二一ウ4
ニフダウ（入道）
　ニウタウ　二〇ウ4
ニフヂャウ（入定）
　ニウヂャウ　二一ウ2
ニフノヤマ（丹生山）
　ニウノヤマ　二〇オ5
ニフメン（入麺）
　ニウメン　二一オ7
ニヘ（贄）
ニヱ　二一オ8
ニヘ（添膠）　二一オ5
ニベ（鮸）　二一オ5
ニホトリ（鳰）　二一オ2
ニホフ（匂・発越）
　ニホウ　二一ウ4
ニミヤ（二宮）　二〇ウ5

ニモツ（荷物）　二一オ5
ニュウビン（乳瓶）
　ニウビン　二一オ7
ニュウミ（乳味）
　ニウミ　二一オ7
ニュウモク（乳木）
　ニウモク　二一オ4
ニョイ（如意）　二一オ4
ニョウゴ（女御）　二〇ウ4
ニョウゴノシマ（女護島）　二〇オ5
ニョウバウ（女房）　二〇ウ4
ニョウバチ（鐃鈸）　二一オ5
ニョウロ（繞路）　二一ウ8
ニョシャウ（女性）　二〇ウ4
ニヨフ（吟・瘖）
　ニヨウ　二一ウ8
ニョホフ（如法）
　ニョホウ　二二オ7
ニラ（薤）　二〇ウ2・一五オ5
ニラノミ（細辛）　二〇ウ2
ニラム（白眼・瞋）　二一ウ8

ニル（似）
ニタリ　二一ウ5
ニル（烹・煮）　二一ウ6
ニレ（楡）　二〇ウ2
ニング（人工）　二〇ウ4
ニンゲン（任限）
　ニンケン　二一ウ3
ニンゲンバンジサイオウガムマ（人間万事塞翁馬）
　ニンゲンバンジサイヲウカムマ　二二オ2
ニンジャウ（刃傷）　二一ウ3
ニンジン（人参）　二〇ウ3
ニンニク（忍辱）　二一ウ3
ニンニク（葱辱・蒜・葷）　二〇オ8
ニンピ（人非）
　ニンヒ　二一ウ1

ヌ

ヌ（寝）

ヌル 四〇ウ4
ヌイクヮン（内官） 四〇オ6
ヌエ（鵺）
　ヌヱ 四〇オ7
ヌカ（鵅・鴽） 四〇オ7
ヌカ（糠） 四〇ウ1
ヌカ（額） 三九ウ8
ヌカカ（蚋） 四〇オ8
ヌカゴ（零余子） 四〇オ2
ヌカタ（額田） 四〇オ5
ヌカヅキ（叩頭虫）
　ヌカツキ 四〇オ8
ヌカヅク（叩頭）
　ヌカツク 四〇ウ3
ヌカムシ（粕虫） 四〇オ7
ヌキ（緯） 四〇ウ4
ヌキアシス（蹐） 四〇ウ4
ヌキス（貫簀） 四〇ウ1
ヌキンヅ（抽）
　ヌキンツ 四〇ウ4
ヌク（抜） 四〇ウ5
ヌグ（脱） 四〇ウ4
　（免） 四〇ウ6
ヌク井（温井）
　ヌクイ 四〇オ5
ヌグヒヌノ（拭布）
　ヌクイヌノ 四〇ウ1
ヌシ（主） 四〇オ4
ヌシ（塗土） 四〇オ4
ヌヌビト（盗） 四〇オ4
ヌスム（盗） 四〇ウ3
ヌタ（沼田） 四〇オ5
ヌタ（垈） 四〇オ8
ヌタ（菟） 四〇ウ7
ヌタ（怒濤） 四〇ウ3
ヌナイ（蓴） 四〇オ3
ヌノ（布） 四〇ウ1
ヌノヒキノタキ（布引瀧） 三九ウ8
ヌビ（奴婢） 四〇オ4
ヌヒドノノカミ（縫殿頭）
　ヌイトノカミ 四〇オ6
ヌヒドノノスケ（縫殿助）
　ヌイトノスケ 四〇オ6
ヌヒメ（絁・緝）
　ヌイメ 四〇ウ6
ヌヒモノ（縫物）
　ヌイモノ 四〇ウ1
ヌヒモノシ（縫物師）
　ヌイモノシ 四〇オ4
ヌフ（縫） 四〇ウ4
ヌボク（奴僕） 四〇オ4
ヌマ（沼） 三九ウ8
ヌメル（忽滑） 四〇ウ7
ヌラス（霑） 四〇ウ5
ヌリゴメ（塗籠） 三九ウ8
ヌリゴメドウ（塗籠藤） 四〇ウ1
ヌリバチ（塗鉢） 四〇ウ2
ヌリヲケ（塗桶） 四〇ウ2
ヌル（塗） 四〇ウ6
ヌルシ（猶悠・鴽） 四〇ウ3
　（温） 四〇ウ7
ヌルデノキ（白膠木） 四〇オ1
　（樗木・櫄） 四〇オ2

ネ

ネイジン（倭人）　七二オ8
ネウジ（鐃磁）　七二ウ4
ネウシウ（鐃州）　七二ウ4
ネウネツ（閙熱）　七三オ2
ネウバウ（女房）　七二オ8
ネウハチ（鐃鈸）　七二ウ4
ネガフ
　ネガウ（願）　七二ウ8
　（希）　七三オ2
ネギ（祝・禰宜）
　ネキ　七二オ8
ネコ（猫）　七二ウ2
ネコジドノ（子子子殿）
　ネコジ（ドノ）　七二ウ1
ネゴト
　ネコト（寝語）　七三オ1
　（寝）　七三オ3
ネゴロ（根来）　七二ウ2

ネザメ（寝覚）
　ネサメ　七二ウ7
ネズミ（鼠）
　ネスミ　七二ウ2
ネズル（絵・捏）
ネ□ル　七三オ1
ネタバ（寝刃）　七三オ3
ネタム（嫉・妬）　七二ウ8
ネヂクビ（捻頸）　七二ウ8
ネヂケビト（胡乱人）　七二オ8
ネヅ（堤）
ネツル　七三オ2
ネツゴク（熱極）
　ネツコク　七三オ1
ネツフ（捏）　七三オ2
ネツモチ（棲）　七二オ6
ネドコロ（寝所）
　ネトコロ　七二オ2
ネドヒ（重問）
　ネドイ　七三オ2
ネナシカヅラ（菟糸子・蕳）

　ネナシカツラ　七二オ7
ネノビ（子日）　七二オ3
ネブル（舐・吮・䑛）　七三オ1
ネベシ（根歴）　七三オ2
ネマル（踞）　七三オ2
ネムノキ（合歓木・夜合皮・睡木）　七二オ6
ネムル（眠・睡）　七二ウ8
ネヤ（閨）　七二オ2
ネヤス（黏）　七二ウ8
ネラガフ（寵）
　ネラカウ　七三オ2
ネラヒ（憪）
　ネライ　七二ウ8
ネラフ（覘・䚀・忍）
　ネラウ　七二ウ8
ネリグリ（練絞）　七二ウ4
ネリヌキ（練貫）　七二ウ4
ネル（遅少）　七三オ3
ネル（迯）　七三オ1
ネル（練・錬）　七三オ1

ネンカウ（拈香）　七二ウ6
ネンガウ（年号）
　ネンカウ　七二ウ6
ネンキ（年紀）　七二オ3
ネンキ（年忌）　七二オ3
ネング（年貢）　七三オ3
ネンゴロ（苦・懇・懃）
　ネンコロ　七二ウ8
ネンシ（年始）
（ネン）シ　七二ウ7
ネンジャ（念者）　七二オ8
ネンジュ（念誦）
　ネンシュ　七二ウ6
ネンジョ（念序）
（ネン）ショ　七二ウ7
ネンホ（年甫）
（ネン）ホ　七二オ3
ネンラウ（年老）
（ネン）ラウ　七二ウ6
ネンレイ（年齢）
（ネン）レイ　七二ウ7

ノ

ノ（箆）　八四オ8
ノ（野）　八三ウ7
ノウカウ（農耕）　八四ウ2
ノウケ（能化）　八四オ3
ノウゲイ（能芸）　八四ウ3
ノウジャ（能者）
（ノウ）シャ　八四オ3
ノウジョ（能書）
　ノウショ　八四ウ3
ノウゼンカヅラ（凌雪花・旨苦）　八四オ1
ノウヂ（能治）
（ノウ）ヂ　八四ウ3
ノウニン（農人）　八四オ3
ノウレン（暖簾）　八四オ8
ノガル（逃・遁）
　ノカル　八四ウ4
ノキ（檐）　八三ウ8

ノギ（芒）　八四オ1
ノキバ（軒端）
　ノキハ　八三ウ8
ノケタキギ（野介薪）
　ノケタキキ　八三ウ7
ノコギリ（鋸）
　ノコキリ　八四オ8
ノゴヒノ（拭箆）
　ノコイノ　八四ウ1
ノコフ（訓）
　ノコウ　八四ウ6
ノゴフ（拭）
　ノゴウ　八四ウ3
ノコル（余）　八四ウ7
（残・遺・貽）　八四ウ4
ノサカ（野坂）　八四オ4
ノザラシ（野曝）　八四ウ7
ノシ（長鮑）　目三ウ3・八四オ6
ノシアハビ（熨鮑）
　ノシアワビ　八四オ6
ノジリ（野尻）　八四オ4

ノス（載）　八四ウ5
ノス（巾）　八五オ1
ノセ（能勢）　八四オ4
ノセトリ（鵋）　八四オ7
ノゾキ（監器）
ノソキ　八四ウ1・八四オ1
ノゾク（除）　八四ウ5
（鐲）　八四ウ6
ノゾク（覰）
ノソク　八五オ1
ノゾム（望・臨）
ノソム　八四ウ4
ノタマフ
ノタマイケリ（宣梟）　八四ウ7
ノタマウ（宣給）　八四ウ8
ノタメ（篦撓）　八四オ8
ノタメノシロ（揉笴代）　八四ウ1
ノツチ（蝍蛆）　八四オ7
ノット（祝言）　八四ウ2
ノツトル（雄）　八四ウ6
ノト（能登）　八三ウ7

ノドカ（長閑）　八四ウ7
ノドワ（喉輪）　八四ウ1
ノノシル（詈・噐）　八四ウ6
（喤呷）　八四ウ7
（震）　八五オ1
ノフ（貽）　八四ウ4
ノブ（述・延）　八四ウ4
（伸・陳・宣・舒）　八四ウ6
（申）　八五オ1
ノブル（行）　八五オ1
ノブシ（野武士）　八四オ3
ノベ（郊）　八三ウ8
ノベフス（偃）　八四ウ6
ノボリハシ（梯）
ノホリハシ　八四ウ1
ノボル（昇・上・登）　八四ウ6
（昇・騰）　八五オ1
ノホッテ（陟）　一六四オ2
ノマメ（野豆）　八四オ1
ノミ（鏨・鑿）　八四オ8
ノミ（蚤・蟣）　八四オ6

ノミ（耳・而已牟）　八四ウ8
ノミイレ（呑入）　八四ウ1
ノミツクス（醢）　八四ウ8
ノミヲハル（飲已）
ノミ（ヲハリ）テ　一九ウ7
ノム（飲）　八四ウ4
ノムトキ（飲時）　一九ウ7
ノムラ（野村）　八四オ4
ノヨリ（野依）　八四オ4
ノリ（法・範）　八四ウ4
（孝・式・規・則・刑・憲・矩
・儀）　八四ウ5
ノリ（海苔）　八四オ2
ノリ（糊）　八四ウ1
ノリガヘ（乗替）
ノリカヘ　八四オ6
ノリモノ（駕）　八四ウ8
ノル（罵）　八四ウ3
（詈）　八四ウ4
ノル（乗）　八四ウ3
（騎）　八四ウ5

ノロシ（烽火）　八四ウ7
（能路志）　八三ウ8
ノホフ（呪詛）
ノロウ　八四ウ5
ノワキノカゼ（暴風）　八三ウ7
ノンキ（暖気）　八四ウ2
ノンセキ（暖席）　八四オ8
ノンド（咽・喉・哃・吮）
ノント　八四オ5
ノンレウ（暖寮）
ノンリャウ　八四ウ2

ハ

ハ（破）　一八オ7・一八ウ2
ハ（葉）　一二ウ6
ハ（歯）　一三ウ6
ハイ（䍙）　一二七オ3
ハイ（早藕・萏）　一二オ7
ハイカイ（俳諧）　一八ウ7
バイカイ（媒介）　一七オ1
ハイガメ（沛艾）　一七ウ2
ハイキャク（排却）　一七オ4
ハイクヮイ（徘徊）　一七ウ1
ハイクヮンギャウ（配巻経）
ハイクヮンキャウ　一四ウ4
バイゲツ（梅月）　一三オ1
ハイショ（配所）　一一ウ2
バイショウ（賠従）
バイセウ　一七オ7
バイゾウ（倍増）
バイソウ　一六ウ8
ハイタイ（莓苔）　一七ウ4
ハイタカ（鷙・鷫・䳞・鷂）　一四オ3
ハイダテ（脛楯）
ハイタテ　一四ウ7
ハイヂョ（拝除）　一六ウ3
ハイデン（拝殿）
ハイテン　一六オ5
バイテン（梅天）
ハイテン　一六オ5
バイトク（買得）
バイドク　一八ウ3
ハイドクサン（敗毒散）
ハイトクサン　一六オ4
ハイノザウ（肺臓）　一四オ1
バイバイ（売買）　一七ウ2
ハイバン（盃盤）
ハイハン　一七ウ1
ハイフ（配符）　一四ウ5
ハイホ（粉霜）　一五ウ1
ハイボク（敗北）
ハイホク　一九オ5
ハイマウ（廃忘）　一七オ6
バイヨウ（貝葉）　一五オ7
ハイリフ（配立）
ハイリウ　一七オ6
ハイロ（羽色）　一五ウ1
ハウ（蚑）　一四ウ2
ハウ（麭）　一九ウ3
ハウ（烹）　一八ウ1
バウ（棒）
ハウ　一五オ6

バウ（犎）
　ハウ　一四オ8
バウイ（防已）　一二ウ7
ハウイツ（放逸）　一七オ2
ハウイン（豹隠）　一六オ8
バウウリ（坊売）　一二ウ7
ハウカ（放家）　一三オ2
バウカ（忘家）　一六ウ5
ハウガク（方角）
　ハウカク　一一オ6
ハウキ（伯耆）　一一オ5
ハウキ（箑・苕）　一五ウ5
ハウキグサ（蒉）
　ハウキクサ　一二ウ2
ハウキボシ（彗星）　一一ウ5
ハウクロ（黒子）　一四オ1
ハウクヮウ（膀胱）　一四オ1
ハウクヮウ（彷徨）　一七ウ1
ハウグヮン（判官）
　ハウ（グヮン）　一三ウ5
バウグヮン（房官）　一三オ1

ハウコジ（龐居士）　一三オ7
バウサイ（茅柴）
　ハウサイ　一六オ1
ハウサン（放参）　一二オ2
ハウサン（茅山）　一七ウ1
ハウジ（芳志）　一七オ4
ハウシ（方士）　一九オ1
バウジ（傍尓）
　ハウジ　一一ウ2
バウジ（坊士）　一三オ2
ハウシキ（柝）　一五ウ7
ハウシツ（抱膝）　一七オ5
バウジャウ（坊城）　一六一ウ2
バウジャクブジン（傍若無人）　一六ウ7
ハウジョ（芳汝）
　バウジョ　一三ウ2
ハウス（烹）　一八ウ1
バウズ（坊主）　一三オ1
バウセウ（芒消）
　ハウセウ　一二ウ8

バウゼン（惘然）　二五ウ2
　バウセン　一七オ2
ハウソ（柞）　一二ウ5
バウタ（滂沲）
　ハウタ　一六ウ2
ハウダイ（放題）
　ハウタイ　一七オ3
ハウチャウ（包丁）　一四ウ6
ハウヂャウ（方丈）
　ホウチャウ　一二ウ5
バウテン（望天）
　ハウテン　一六オ8
バウナン（謗難）
　ハウナン　一七オ5
ハウバイ（傍輩）　一三オ5
ハウハン（芳飯・包飯）　一六オ3
バウフ（防風）　一二ウ7
ハウホツ（髣髴）　一七ウ2
ハウボン（方盆）
　ホウボン　二四オ5
バウマン（飽満）

ハウマン　一七オ8
ハウムル（葬）　一八ウ1
ハウメイ（芳茗）　一六オ2
ハウモ（袍裳）　一五オ8
ハウヤク（方薬）
　ホウヤク　二四ウ6
バウユウノモノ（忘憂物）
　ハウユウノモノ　一六オ2
ハウライ（方来）　一六ウ8
ハウラツ（放埒）　一七オ4
ハウレイ（傍例）　一六ウ6
ハエ（鮠・鰛・鮑）　一四ウ2
ハエノコ（胆）　一四オ7
ハカ（墓）　一一ウ2
ハガ（坍和）　一三ウ4
　（擸）　一五ウ6
バカ（馬嫁）　一七ウ3
ハカウ（巴狭）　一四オ8
ハカセ（帯刀）　一四ウ8
ハカセ（博士）　一三オ3
ハカセ（墨譜）　一八ウ2

ハカタ（博多）　一一オ5
ハガタメ（歯固）
　ハカタメ　一三オ4
ハカドコロ（陵）
　ハカトコロ　一一ウ3
ハカナシ（無墓）　一七ウ5
ハカマ（袴）　一四ウ8
ハカリ（秤子）　一四ウ6
ハカリ（蝌）　一四ウ2
ハカリコト（籌）　一九オ3
ハカリコトメグラス（請策）
　ハカリコトメクラス　一九オ8
ハカリノオモシ（権衡）
　ハカリノヲモシ　一五ウ5
ハカリノオモリ（銓）
　ハカリノヲモリ　一五ウ5
ハカリムシ（蠖）　一四ウ2
ハカル（計）　一八オ4
　（量）　一八オ8
ハカル（謀）　一八オ8
ハギ（萩）

ハキ　一三オ7・一三ウ2
ハギ（腳・腨）　一三ウ6
　ハキ（脛）　一三ウ6
ハギトル（剝執）　一九ウ2
ハキノゴヒ（掃拭）
　ハキノゴイ　一七ウ6
ハク（白）　一三オ1
ハク（薄）　一五オ3
ハク（箒）　一七ウ7
ハク（吐）　一七ウ7
ハク（剝）　一七ウ7
ハク（噴）　一九オ3
ハク（履・着）　一九オ6
　（要）　一九オ4
　（帯）　一七ウ7
ハグ（擩）
　ハケテ　一八ウ7
ハグ（羽・作）　一七ウ7
ハグ（折）　一七ウ6
　ハク（剝）　一七ウ6
ハグ（駁）

ハク　一四ウ1
ハクル　一八ウ5
ハグ（徴）
ハグル　一八オ4
バク（獏・狛）
バク（妖）　一四オ8
バクル　一九オ3
ハクウチ（薄搗）　一三オ6
ハグキ（齶）　一三ウ6
ハクギョク（白玉）
ハク（ギョク）　一六オ5
ハクク（白駒）　一六オ5
ハグクム（複）　一八ウ1
ハクサ（莠）　一三ウ3
ハクサイ（百済）　一一オ5
ハクザウ（百蔵）
ハクサウ　一三オ4
ハクシ（薄紙）　一五オ5
ハクジ（白磁）　一五ウ6
ハクシュ（白珠）　一六オ6
ハクシュ（白酒）　一六オ3
ハクセウ（白咲）　一六オ5
バクタイ（莫大）　一七ウ2
ハクチ（白癡）　一六オ6
ハクヂ（薄地）　一六オ8
ハクチウ（白昼）　一三オ4
ハクチョ（白楮）　一五オ7
ハクトウサウ（白頭草）　一三ウ6
ハクハ（白波）　一六オ6
ハクバノセツヱ（白馬節会）　一一ウ8
ハクブン（博聞）　一六ウ6
ハクマ（白麻）　一五オ7
ハクモウ（白毛）
ハク（モウ）　一六オ6
バクモンドウ（麦門冬）　一三ウ7
ハクライ（迫来）　一六オ7
バクラウ（博労）　一三オ3
ハクラク（伯楽）　一三オ2
ハクラクテン（白楽天）　一三オ7
バクル（妖）　一九オ3
ハグル（徴）　一八オ4
ハクレン（百錬）　一五オ8
ハグロ（歯黒）
ハクロ　一五オ2・目三オ4・一九オ1
バクロク（伝陸）　一六ウ6
ハクロノセツ（白露節）　一一ウ8
バクワイ（馬嵬）　一一ウ3
ハケ（刷子）　一四ウ6
ハケイ（磻渓）　一七ウ3
ハゲシ
ハケシ（創）　一八オ1
（疾）　一九オ5
ハゲシクトシ（厉疾）　一六五オ3
ハゲタリ（剜）　一九ウ1
ハゲマス（励）
ハケマス　一八オ1
バケモノ
ハケモノ（夭化）　一一ウ5
（媚者）　一三オ5
ハコ（箱）　一五オ5
ハゴイタ（羽子板）　一四ウ5
バコウ（馬后）　一七ウ4
ハコザキ（筥崎）

ハコサキ　一一ウ3
ハゴネヤマ（波姑禰山）
ハコネヤマ　一一オ6
ハコブ（運）　一八オ1
ハコベ（蘩蔞・雞腸草）　一二オ8
（蘩）　一二ウ8
ハコベラ（藧・蘩草・蘩菜）
ハコヘラ　一二ウ1
ハコヤナギ（病木）
ハコヤナキ　一三ウ4
ハコヤノヤマ（姑射山）　一一ウ3
ハザマ
ハサマ（硲）　一一ウ4
（頬・峡）　一一ウ5
（交）　一八オ6
ハサミ（鋏・刀鑷）　一四ウ5
ハサミイタ（夾板）　一一ウ5
ハサム（挟）　一八オ3
ハサン（把盞）　一七オ6
ハシ（梯）　一五オ6
ハシ（筋）　一五オ2
ハシ（觜）　一四オ1
ハシ（端）　一八オ6
ハシ（橋）　一一ウ2
ハジ（土師）　一三ウ4
バシ（馬使）　一九ウ1
ハシカクシ（階隠）　一一オ8
ハジカミ（薑）　一二ウ3
ハシキン（八十金）　一五ウ5
ハギク（弾）　一八オ4
ハシタ（半）　一九オ4
ハシタカ（鷂）　一四オ3
（箸鷹）　一四オ4
ハシタナシ（魠魞）　一七ウ5
ハシタモノ（半物）　一三オ4
ハジノキ（櫨）　一二ウ2
ハシノムマ（端午）　六〇ウ3
ハシバミ（榛）
ハシハミ　一二オ7
ハシブネ（艇）
ハシフネ　一五ウ6
ハジメ（肇）
ハシメ　二一ウ5
ハジメ（始）　一八ウ5
バシャ（婆沙）　一七ウ3
バシャウ（馬上）　一七ウ3
バシャウサン（馬上盞）　一五オ5
バシャク（馬借）　一三オ3
ハシラ（柱・楹）　一一ウ3
ハシリゴクラ（行域）
ハシリコクラ　一八ウ4
ハシリマフ（走舞）
ハシリマウ　一八ウ4
ハシリムマ（散馬）　一九ウ1
ハシル（奔）　一八オ8
ハシン（把針）　一三オ4
ハス（鮦・鮸）　一四ウ2
ハス（荷・芙蓉・芙渠）　一二オ6
（藕）　一二オ7
ハス（癤）　一三ウ8
ハズ（弭）　一五ウ5
ハス（消）　一五オ6
ハズス

ハスサス（不除）　一九オ8
ハスノネ（藕）　一二オ7
ハスノハ（荷）　一二オ6
ハスマキ（筈巻）　一五ウ7
ハスミ（箒墨）　一四ウ8
ハセ（泊瀬）　一一オ5
ハセガハ（長谷川）　一三ウ2
ハゼノキ（櫨・槈）　一二ウ2
ハセベ（長谷部）　一三ウ3
ハセムカフ（馳向）
　サエムカウ　一八ウ7
バセヲ（芭蕉）
　バセウ　一二ウ3
ハタ（畑）　一一オ7
ハタ（鰭）　一四ウ2
ハタ（幢・旌・旗・幡）　一四ウ4
ハタ（泮）　一八オ6
ハタ（将）　一七ウ7
ハダイ（破題）　一七オ7
ハタイタ（波多板）　一一ウ2
ハダイタ（鰭板）　一五ウ6

ハタオリ
　ハタヲリ（促織・蚸）　一四ウ1
　　（螇蚸）　一四ウ2
ハダカ（裸）　一二ウ6
　（㚖）　一九オ6
ハダカス
　ハタカス（鮹）　一四オ4
　　（膃肭臍）　一四オ8
ハタカル（佇）
　ハダカル　一九ウ1
ハダク（刷）　一八オ2
　（㕞）　一八オ3
ハタケ（畠）　一一オ8
ハタケ（瘤）　一三ウ8
ハダケガタナ（刮刀）　一五ウ7
ハタケヤマ（畠山）　一二ウ2
ハタゴ（機）　一五ウ7
ハタゴ（旅籠）
　ハタコ　一四ウ8
ハタサシ（旗差）　一三オ2
ハダシ（膚足）　一七4

ハタジルシ（幟）　一五ウ8
ハタス（果）　一八オ4
ハタセムマ（卸馬）　一四ウ3
ハタチ（二十）　一九オ2
ハタト（叺）　一九オ4
ハタノ（波多野）　一三ウ3
ハダノ（秦野）　一三ウ3
ハタトワスル（八打忘）　一九オ7
ハタハタトナル（破打々々鳴）　一九オ6
ハタバリ（幅）　一八ウ2
ハダヘ（膚）
　ハダエ　一三ウ6
ハダヘニイシマ（膚窳）
　ハタヘニイシマ　一八ウ7
ハタマクノモン（旗幕紋）　一五ウ2
ハタマタ（将又）　一八ウ4
ハタメキカカル（焱懸）　一九オ7
ハタメク（磕・燦軫）　一八オ5
　（竹）　一九オ7
ハタモノ（機）　一五オ6

ハタヤマ（畑山）　一三ウ2
ハダヨシ（肌吉）
　ハタヨシ　一五ウ8
ハタラク（瞤）　一八オ4
ハタル（責・債）　一九オ5
ハチ（蜂・蟇）　一四ウ2
ハチ（鉢）　一五オ1
バチ（鈸）　一五オ1
バチ（枹）　一五オ2
バチ（撥）　一五オ6
ハチエン（八挺）
　（ハチ）エン　一九ウ1
ハチクマデラ（蜂前寺）　一一オ8
ハチクヮウ（八紘）
　（ハチ）クヮウ　一九ウ1
ハチス（蓮）　一三オ6
ハチタタキ（鉢叩）　一三オ4
ハチデウノバウモン（八条坊門）
　（ハチデウ）ノ（バウモン）　一六一オ7
ハチデウハリノコウヂ（八条針小路）
　（ハチデウ）ハリノ（コウヂ）　一六一オ7
ハチボク（山木）　一三ウ2
ハチマキ（帓）　一四ウ6
　（鉢巻）　一四ウ7
ハヂヲススク（雪耻）
　ハチヲススク　一八ウ3
ハヅ（巴豆）　一三ウ5
ハヅ（慙）　一八オ7
バツ（罸）　一八オ8
バツエフ（末葉）
　バツヨウ　一六ウ8
ハッカ（薄荷）　一三ウ7
ハッカウ（八講）　一六ウ3
ハツカグサ（二十日草）
　ハツカクサ　一三ウ3
ハヅカシ（罵）
　ハツカシ　一八ウ1
ハヅカシメラル（罵）→ハツカシ
ハヅキ（葉月）
　ハツキ　一一ウ8
ハッキヤギャウ（百鬼夜行）
　ハッキヤキャウ　一三オ2
ハツギョ（発語）
　ハツキョ　一七オ2
バッキン（罰金）
　ハッキン　一九オ1
ハヅクロヒ（刷毛）
　ハヅクロイ　一四オ2
ハッケイ（八景）　一一ウ4
バッケイ（抜禊）
　ハッケイ　一六ウ2
ハッケン（法眷）　一三オ1
バッコ（跋扈）　一七オ7
ハヅサシ（筈刺）　一四ウ5
バッシ（末子）　一三オ4
バッシツ（房室）　一七オ2
ハヅス（弛・弾）　一八オ2
バッスイ（抜萃）
　ハッスイ　一六ウ2
ハツセ（初瀬）　一一オ6
バッゼツ（抜舌）　一九オ5

ハッセンニン（八仙人）　一三オ8
ハッセン（八専）　一一ウ7
（ハッ）セン　目二オ3
バッソン（末孫）　一三オ6
ハッタ（八田）　一三ウ3
ハッタウ（法当）　一一ウ4
ハッツケ（傑）　一九オ8
ハッテウ（八重）
（ハッ）テウ　一六ウ3
ハット（法度）　一七ウ4
バットタツ（跋立）　一九ウ2
ハットリ（服部）　一三ウ3
ハヅナ（鼻縄）
ハツナ　一五オ5
ハッヒ（法被）　一四ウ4
ハッヒ（半臂）　一五ウ8
ハッヒ（髪膚）
ハッ（ヒ）　一七オ1
ハツブ（撥撫）　一七ウ2
ハヅム（余見）　一八ウ8
ハヅム（利）　一八ウ5

（却含）　一九ウ2
ハツモノ（初物）　一四ウ6
バツモン（罸文）　一九オ5
ハツル（剟）　一八オ3
ハヅル（外）　一九オ3
ハツルル（迦）　一八オ5
ハツヲ（初尾）　一五オ1
（最花）　一四ウ8
（上分）　一六オ1
ハテ（終）　一七ウ8
バテイ（馬蹄）　一五オ2
ハト（鳩・鴿・鵓・鳰）　一四オ3
バトウ（抜頭）
ハトウ　二〇オ2
ハトノツヱ（鳩杖）　一五オ4
ハナ（華）　一三ウ2
ハナ（鼻）　一三ウ6
ハナ（香伏草）　一三ウ6
ハナイキ（齂）　一三ウ7
ハナカケ（鼾）　一三ウ7
ハナカゴ（花籠・械）

ハナカコ　一五オ3
ハナガハ（鼻革）
ハナカバ　一五オ4
ハナガヘシ（鼻返）
ハナカヘシ　一五オ3
ハナカミ（鼻紙）　一五ウ7
ハナキラル（夭）　一八ウ1
ハナキル（鼾）　一八ウ1
ハナクサル（[illegible]・[illegible]）　一三ウ7
ハナザラ（鼻皿）　一五ウ6
ハナシャウブ（花菖蒲）　一三ウ7
ハナス（咄）　一八ウ5
ハナススル（涕）　一九オ4
ハナタチバナ（盧橘）
ハナタチハナ　一三ウ5
ハナヂ（衂・[illegible]）
ハナチ　一三ウ7
ハナツ（放）　一八オ2
ハナヅラ（檿・牢）　一三ウ8
ハナネヂ（鼻搐）　一五ウ7
ハナノヲヤマ（花小山）　一一オ6

ハナバシラ（齃・頞）
ハナハシラ 一三ウ7
ハナヒシノミ（蒺莉子） 一三ウ4
ハナビラ（葩） 一三ウ2・一五ウ5
ハナビル（[illegible]・嚏） 一三ウ7
ハナヒル（塞鼻） 一三ウ8
ハナブサ（萼） 一三ウ4
ハナフサガル（[illegible]・[illegible]）
ハナフサカル 一三ウ7
ハナムケ（餞） 一九オ3
ハナヤカ（声花） 一九オ7
ハナヤカナリ（声華） 一八ウ6
ハナル（離） 一八オ1
ハナレムマ（斑馬） 一四ウ3
ハナヲツク（突鼻） 一八ウ3
ハニフノコヤ（殖生小屋） 一一オ8
（泥小屋） 一一ウ1
ハヌ（駻） 一八ウ6
ハヌル（跳） 一八ウ4
（剄） 一九オ3
ハネ（羽・翼） 一四オ1

ハネガク（羽搔） 一九ウ1
ハネタル（惨纚）
ハネタレタリ 一四オ2
ハネツルベ（桔槹） 一五ウ4
ハネヒロク（革） 一四オ2
ハネムマ（駻・驚） 一四オ4
ハネル（馺） 一九オ7
（刎） 一九ウ2
ハノフリ（半首） 一五ウ8
ハハ（母） 一三オ5
ババ（馬場） 一一オ7・八八ウ4
ハハウジ（牸） 一四オ8
ハハカベ（波々伯部） 一三ウ4
ハバカル（所難）
ハハカル 一七ウ5
ハハキ（箒） 一四ウ4
ハバキ（鉏）
ハハキ 一五ウ3
ハバキ（脛巾）
ハハキ 一五オ4
ハハコグサ（馬先草） 一三ウ4

ハハチ（行纒） 一五オ3
ハハテウ（八々鳥） 一四オ4
ハバム（沮・憚・阻・催） 一八オ2
バハン（番船） 一三オ6
ハヒ（灰）
ハイ 一一ウ2
ハヒ（蠅）
ハイ 一四ウ3
ハビ（巴鼻）
ハヒ 一七ウ6・一九オ1
ハビコル（蔓） 一七ウ5
（桔） 一九オ4
ハヒコル（餖） 一九オ6
ハビコラズ（不一） 八ウ5
ハヒトリグモ（蠅虎）
ハイトリクモ 一四オ5
ハヒハラヒ（蠅拂）
ハイハライ 一五ウ8
ハフヲヤブル（害法）
ハウヲヤブル 一九オ2
ハフ（破風） 一一ウ2

ハフ（蔓）　一七ウ5
ハウ（這）　一八ウ4
ハブ（土生）　二ウ4・一三ウ4
バフ（奪・簒）
ハウ　一七ウ8
ハブク（省）　一八オ6
ハフリ
ハウリ（祝）　一三オ4
（巫）　一三オ5
ハフリコ（祝子）
ハウリコ　一三オ5
ハフル（翥）　一四オ1
バベンサウ（馬鞭草）　一三ウ5
ハマ（浜）　一一ウ2
ハマ（破魔）　一五オ6
ハマグリ（蛤蜊・蛤）
ハマクリ　一四オ5
ハマチ（䱙・魬）　一四オ6
ハマナ（浜名）　一三ウ2
ハマナカ（飯間盖）　一一ウ1
ハマビシ（蒺莉子）　一三ウ4

ハマヤカ（飯間盖）→ハマナカ
ハム（飦）
ハムル　一九オ8
ハム（食）　一八ウ5
（喫）　一九オ3
ハム（入）　一七ウ7
ハムシャ（葉武者）　一三オ6
バメン（馬面）　一五ウ7
ハモ（鱧・鱶・鮱）　一四オ5
ハヤシ（林）　二オ8・一三ウ2
ハヤシ（逸）　一八ウ6
ハヤシ（早）　一八オ3
ハヤシモノ（拍子物）　一八ウ2
ハヤス（奏）　一八オ5
（剔）　一八ウ5
（逸）　一八ウ6
（囃）　一九オ3
ハヤセ（早瀬）　一三ウ3
ハヤトノカミ（隼人正）　一三ウ5
ハヤブサ（準・鶽・鶻・鷂）　一四オ4
ハヤフネ（舸）　一五ウ6

ハヤム（駈）　一八オ3
ハヤム（囃）　一八オ8
ハヤリモノ（突騎）　一九オ7
ハヤル（逸・勝・足乱）　一九オ4
ハヤル（蚤）　一九オ4
ハヤル（葉流）　一八ウ5
ハヤル（早遣）　一九オ7
ハヤワザ（勤捷）　一七ウ4
（早雄）　一七ウ5
ハラ（畏）　一七ウ8
ハラ（原）　一一ウ2
ハラ（腹）　一三ウ6
ハラアテ（腹当）　一四ウ7
ハラウ（波浪）　一六ウ1
ハラカ（鰚）　一四オ6
ハラガケ（腹懸）
ハラカケ　一五オ4
ハラゴモリ（胎）
ハラコモリ　一三ウ6
ハラハラニグ（蚊々迯）
ハラハラニグル　一九オ8

ハラバヒス（匍・匐）
ハラハイス　一八ウ4
ハラヒ（禊）
ハライ　一八オ7
ハラヒスツ（撥撫）
ハライスツ　一七ウ2
ハラフ
ハラウ（払）　一八オ7
（洒）　一八オ1
（禊）　一八オ7
ハラフクル（㾓）　一三ウ8
ハラマキ（腹巻・勒肺）　一四ウ7
ハラマダラ（腹斑）　一四オ6
ハラム（娠）　一八オ8
（孕）　一三ウ8
ハララゴ（鮦・鮷）　一四オ7
ハラワタ
ハラハタ（腸）　一三ウ6
（大腸）　一四オ1
ハリ（針）　一五オ6
ハリ（玻璃）　一五オ2

ハリツケ（張付）　一九オ8
ハリノキ（榿・梾）　一三ウ1
ハリマ（幡磨）　一一オ5
バリン（馬鱗）　一三ウ1
バリン（馬藺）
ハリン　一三ウ6
バリンサウ（馬林草）
ハリンサウ　一三ウ6
ハル（春）　一三オ2
ハル（晏）　一七ウ6
ハルル（晴・霽）　一一ウ5
ハル（張）　一七ウ6
ハル（腫）
ハルル　一八ウ2
ハルカ（遥）　一八オ2
（邈）　二七ウ2
ハルビ（腹帯）　一五オ4
（鞁）　一五ウ4
ハレ（晴）　一八ウ4
ハレモノ（腫）　一三ウ8
ハレワザ（広態）

ハレワサ　一七ウ5
バレン（刷手）　一五オ8
ハヱ（樋）　一七ウ8
バヱン（馬遠）
バエン　一三ウ1
ハヲクヒシバル（切歯）
ハヲクイシバル　一七ウ5
ハン（判）　目二オ4・一八ウ8
バン（盤）　一五ウ5
ハンアイ（汎愛）　一六ウ8
バンカ（晩夏）
（バン）カ　一三オ3
ハンキウ（半弓）　一五ウ6
ハンキウ（班給）　一七オ6
ハンクヮイ（焚噌）　一三オ7
ハングヮン（判官）
ハンクヮン　一三ウ5
ハンゴンカウ（反魂香）　一五オ8
ハンサイ（判斎）
（ハン）サイ　一八ウ2
ハンザフダラヒ（楾盥・逌手洗）

ハンザウダライ 一五オ5
バンシウ（晩秋）
（バン）シウ 一三オ3
ハンジャウ（繁昌）
ハンシャウ 一七オ8
バンジャウ（番匠） 一三オ3
バンジャク（盤石） 一一オ7
ハンジャッカ（半釈迦） 一三オ5
バンシュ（番衆） 一三オ5
バンシュッケ（晩出家） 一三オ1
バンシュン（晩春） 一三オ3
バンスイ（晩炊） 一六オ3
ハンセイ（半済） 一九オ5
バンソウ（伴僧） 一七オ1
ハンダ（般田） 一三ウ4
バンダウショ（伴道所） 一一オ7
ハンタク（乏宅） 一五オ7
バンタツ（晩達） 一三オ1
ハンダン（判断） 一七オ7
ハンチク（班竹） 一三ウ1
ハンデフ（半畳）
ハンデウ 一五オ7
ハンド（反吐）
ハント 一七オ8
ハンドウ（飯銅）
ハントウ 一四ウ5
バントウ（晩冬）
（バン）トウ 一三オ4
バンドウ（晩頭） 一六オ7
バントリ（鵲・鴦） 一四オ4
ハンニャタウ（般若湯） 一六オ2
バンネンザンシャウコクジ（万年山相国寺）
ハンネンサンシャウコク（ジ） 一〇四オ8
ハンノキ（椚） 一三ウ5
ハンヒ（半臂）→ハッヒ
ハンビ（煩費）
ハンヒ 一七ウ6
ハンベリ
ハンベル（侍） 一八オ1・一九ウ2
（陪） 一九ウ2
ハンベン（半弁） 一六オ3
ハンメウ（班猫） 一三ウ8
ハンヤ（半夜） 一六オ7
バンユウ（盤遊） 一六オ8
バンリ（万里）
ハンリ 一六ウ5
ハンヰ（版位）
ハンイ 一六ウ2

ヒ

ヒ（梭） 一四九ウ5
ヒ（樋） 一四七ウ3
ビ（未）
ヒ 一六三オ6
ビ（美） 一四八オ4
ヒアフギ（檜扇） 一四九オ6
ヒイキ（贔屓） 一五〇ウ1
ヒイヅ（秀） 一五〇ウ5
ヒイヲドシ（魚権） 一四九ウ2
ヒウチ（燧） 二三オ7

（火燧）　一四九オ7
（隊金）　一四九ウ5
ヒウガ（日向）　一四七ウ1
ヒウチブクロ（燧袋）　一四九ウ5
ヒエ（稗）
ヒヱ　一四八オ2
ヒエイザン（比叡山）
ヒヱイサン　一四七オ4
ヒエイツジ（比叡辻）
ヒヱイツジ　一四七オ8
ヒエハツ（冷終）
ヒヘハテテ　一五一オ2
ヒエン（飛檐）
ヒヱン　一四七オ7
ヒカウ（披講）　一五一オ5
ビカウ（鼻高）
ヒカウ　一四九ウ1
ビカウ（美好）
ヒカウ　一五〇オ5
ヒカゲ（晷）　一四七ウ5
ヒガゴト（僻叓）　一五〇ウ2

ヒガシノトウキン（東洞院）
ヒアガシノトウイン　一六一ウ3
ヒカユ
ヒカユル（扣・攣）　一五一オ4
ヒガン（彼岸）
ヒカン　一四七ウ4
ヒキアハセ（引合）
ヒキアワセ　一四九オ5
ヒキイデモノ（引出物）　一四九ウ3
ヒキイレガフシ（引入合子）
ヒキイレガウシ　一四九ウ3
ヒキオコシ（延命草）
ヒキヲコシ　一四八オ1
ヒキガイル（蟾蜍）　一四九オ2
ヒキカイル（[illegible]）　一四九オ2
ヒキシ（低）　一五〇ウ8
ヒキタ（引板）　一四九ウ4
ヒキツクロフ（引繕）
ヒキルクロウ　一五〇オ8
ヒキデ（鐶鉤）
ヒキテ　一四九ウ4

ヒキメ（蟇目）　一四九オ5
ヒキャク（飛脚）　一四八オ6
ヒキョウ（比興）
ヒケウ　一五〇オ5
ヒク
（牽）　一五〇ウ5
（引・曳・弾・挽・彎）　一五〇ウ6
ビク（比丘）　一四八オ4
ヒクヅ（籔屑）　一四九ウ6
ビクニ（比丘尼）　一四八オ6
ヒグラシ（盬）　一四九オ3
ヒクラシ（螗）　一四九オ2
ヒグラシヤマ（蜩山）
ヒクラシマ　一四七ウ2
ヒクル（[illegible]）　一五〇ウ8
ヒクヮン（被官）　一四八ウ5
ヒゲ（髯）　一四八ウ2・一四八ウ3
（鬢・髭・鬂）　一四八ウ2
ヒゲコ（鬢籠）　一四九ウ1
ヒコ（彦）　一四八オ6
ヒゴ（肥後）

ヒ（ゴ）　一四七ウ2
ヒコヅル（如手）　一五一オ2
ヒコバエ（芽）
　ヒコバヘ　一四八オ3
ヒゴロ（日来）
　ヒコロ　一四七ウ5
ヒザ（膝）　一四七オ4
ヒサウ（彼倉）　一五〇オ6
ヒザウ（秘蔵）
　ヒサウ　一五〇オ6
ビサウ（美相）
　ヒサウ　一五〇オ6
ヒサギ（楸）
　ヒサキ　一四七ウ8
ヒサゲ（堤子）
　ヒサケ　一四九オ4
ヒサコ（瓢・匏）　一四八オ3
ヒサシ（庇）　一四七オ7
　（廂）　一四七オ8
ヒザノサラ（髕）　一四八ウ3
ヒザマヅキドコロ（啓処）
　ヒサマツキドコロ　一五一オ5
ヒザマヅク（跪）
　ヒサマツク　一五〇ウ8
ヒシ（菱）　一四八オ2
ビシ（微志）　一五〇オ8
ヒジキ（海鹿）　一四八オ1
ヒシクヒ（鴻）
　ヒシクイ　一四九オ1
ヒシコ（鯷）　一四九オ2
ヒシホ（醬・麺）　一四九ウ6
ヒシメク（躁）　一五一オ2
ヒシャク（柄杓）　一四九オ4
ヒジリ（聖）　一四八オ6
ビジン（美人）　一四八オ4
ヒスイ（翡翠）　一四八ウ8
ヒセン（卑賤）　一五〇オ7
ヒゼン（肥前）
　ヒ（ゼン）　一四七ウ2
ヒソ（檜楚）　一四七ウ7
ビソ（鼻祖）　一五〇ウ4
ヒソカ
　ヒソカニ（竊）　一五〇ウ4
　（潜）　一五〇ウ8
　（陰）　一五一オ1
ヒソム（顰）
　ヒソムル　一五一オ1
ヒダ（襞）　一五一オ4
ヒダ（飛騨）　一四七ウ2
ヒタウ（緋桃）　一四七ウ8
ヒタク（播）　一五〇ウ8
　ヒタクル（盱・旻）　一四七ウ4
　（日旰）　一四七ウ5
ヒタサラ（太）　一五〇ウ8
ヒタス（漬・蘸）　一五〇ウ8
ヒタタク（滔）　一五一オ1
ヒタタレ（直垂）　一四九ウ3
ヒタタル（浸）　一五〇ウ8
　ヒタタツテ（溺）　一五一オ1
ヒタチ（常陸）　一四七ウ2
ヒタヒ（額・顙）
　ヒタイ　一四八ウ3
ヒタヒジロ（額白）

ヒタイシロ　一四九オ1
ヒタヒヒロ（楊）
　ヒタイヒロナリ　一五一オ4
ヒダリ（左）　一四八ウ3
ヒタル（浸）　一五〇ウ8
ヒダルシ（卑堕涙）
　ヒダルイ　一五〇ウ4
ヒヂ（肱・臂）　一四八ウ2
　ヒチ（肘）　一四八ウ3
ヒヂキ（鹿尾草）→ヒジキ　一四七ウ6
ビヂャウ（美丈）
　ヒヂャウ　一四八オ4
ビヂャク（微弱）　一五一オ3
ヒチリキ（觱篥）　一四九オ8
ヒツ（弼）　一四八ウ6
ヒツ（櫃）　一四九ウ1
ヒッカ（筆架）　一四九オ6
ヒッキャウ（畢竟）　一五〇ウ2
ヒックム（引組）　一五〇オ8
ビックヮイ（密懐）　一五〇ウ3
ヒッサグ（提）
ヒッサクル　一五〇ウ4
ヒツジ（羊）
　ヒツシ　一四九オ1
（ヒツジ）（坤）　一四七オ7
ヒッソク（逼塞）　一五〇ウ4
ヒッタク（畢卓）　一四八オ7
ヒッヘギ（引倍）
　ヒッヘキ　一四九オ5
ヒヅメ（蹄）
　ヒツメ　一四八ウ2
ヒデリ（旱）　一四七ウ4
ヒト（人・仁・者）　一四八オ7
ヒトエダ（一柄）
（ヒト）エタ　一五〇オ1
ヒトカケ（一懸）
（ヒト）カケ　一四九ウ8
ヒトカサネ（一重）
（ヒト）カサネ　一五〇オ2
ヒトカザリ（一餝）
　ヒトカサリ　一四九ウ8
ヒトカド（一角）　一五〇オ7
ヒトクチ（一口）
（ヒト）クチ　一五〇オ1
ヒトコシ（一腰）
（ヒト）コシ　一五〇オ2
ヒトシ（等・均・斉）　一五〇ウ7
ヒトシホ（一入）　一五〇オ7
ヒトスヂ（一筋）　一五〇オ3
ヒトタキ（一炷）
（ヒト）タキ　一五〇オ1
ヒトタケ（一長）　一五〇オ3
ヒトタバネ（一把）
（ヒト）タバネ　一五〇オ2
ヒトツアテ（一配・一充）　一五〇オ3
ヒトツガヒ（一番）
　ヒトツガイ　一四九ウ8
ヒトツラ（一行）　一五〇オ3
ヒトトナル（生長）　一五〇ウ3
ヒトナミビトナミ（人次・若而人）　一五〇ウ3
　ヒトナミヒトナミナリ（若徒）　一五〇ウ3

ヒトハネ（一劄）
（ヒト）ハネ　一四九ウ8
ヒトヒロ（一尋）
（ヒト）イロ　一四九ウ8
ヒトフリ（一振）
（ヒト）フリ　一五〇オ2
ヒトヘ（単・偏）　一五〇ウ7
ヒトミ（晴・瞳）　一四八ウ3
ヒトミ（遍身）　一四八ウ2
ヒトミチ（一途）
（ヒト）ミチ　一五〇オ1
ヒトモジ（葱）　一四八オ3
ヒトモト（一本）　一五〇オ3
ヒトモノ（一居）
（ヒト）モト　一五〇オ2
ヒトモト（職）
（ヒト）モト　一五〇オ1
ヒトリ（独・孤）　一四八オ6
ヒトリ（薫炉）　一四九オ6
ヒトヲリ（一折）
（ヒト）ヲリ　一五〇オ2

ヒナ（雛）　一四九オ1
ヒナアソビ（雛遊）　一五一オ3
ヒナミ（日並）　一四七ウ5
ビナリ（美）　一九ウ7
ヒナン（謬難）　一五〇ウ4
ヒニン（非人）　一四八オ4
ヒネリブミ（捻文）
ヒネリフミ　一四九ウ4
ヒネル（捻・捏・撚・捫）　一五〇ウ5
ヒノキ（檜）　一四七ウ8
ヒハ（鶸）　一四九オ1
ヒワ（鶸）　一四九オ2
ビハ（枇杷）
ビワ　一四七ウ7
ビハ（琵琶）　一四九オ4
ヒハウ（誹謗）　一五〇ウ2
ヒハク（非薄）　一五〇ウ3
ヒバシ（火箸）　一四九オ5
ヒハダイロ（檜皮色）
ヒワタイロ　一四九ウ2
ヒハダブキ（檜皮葺）

ヒワダブキ　一四七オ8
ヒバチ（火鉢）　一四九ウ3
ヒバラサウ（畢婆羅草）
ヒハラサウ　一四七ウ6
ヒバリ（雲雀）　一四八ウ8
ヒバリゲ（鶬毛）
ヒハリケ　一四九オ1
ヒハン（批判）　一五〇ウ2
ヒビ（胼・胝・胶）　一四八ウ3
ヒビウ（紕繆）　一五一オ2
ヒビク（響）　一五〇ウ7
ビビシ
ヒヒシク（美々敷）　一五〇オ5
ヒヒラグ（疼）
ヒイラク　一五一オ4
ビブツ（美物）　一四九ウ6
ヒブン（非分）　一五〇オ7
ヒボ（紐）　一四九オ5
ヒボガハ（紐革）
ヒホカワ　一四九オ6
ヒボトク（褫）　一五一オ4

ヒマヲアク（明隙）
　ヒマヲアクル　一五一オ4
ヒマヲドシ（間権）
　ヒマヲトシ　一四九ウ2
ヒムロ（氷室）　一四七オ7
ヒメ（妃）　一四八オ7
ビメイ（未明）　一四七ウ4
ヒメギミ（姫公）
　ヒメキミ　一四八オ5
ヒメモス（終日・尽日）　一四七ウ4
ヒメユリ（姫百合）　一四八オ3
ヒモロキ（胙）　一四九ウ6
ヒャウ（丙）　一六三オ2
ヒャウ（瓢）　一四八オ1
ヒヤウ（日養）　一四八オ5
ヒャウゴ（兵庫）　一四八ウ6・一四七オ7
ヒャウシ（拍子）　一五〇ウ2
ヒャウジ（兵士）　一四八オ5
ヒャウジャウ（評定）　一五〇オ7
ヒャウヂャウシュ（評定衆）
　ヒャウヂャウシウ　一四八オ4

ヒャウブ（兵部）　一四八ウ5
ビャウブ（屏風）　一四九オ4
ヒャウモン（狂文）　一四九ウ3
ヒャウラウ（兵粮）　一四九ウ7
ヒャウラン（兵乱）　一五〇オ8
ヒャウヱノカミ（兵衛督）　一四八ウ5
ヒャクシャウ（百姓）　一四八オ6
ビャクシン（柏槙）　一四七ウ8
ヒャクセン（佰仟）　一五〇オ3
ビャクダン（白檀）　一四七ウ8
ビャクラフ（白鑞）
　ビャクラウ　一四九オ7
ビャクロク（白録）
　ヒャクロク　一四九ウ1
ヒヤシブネ（冷槽）　一四九オ6
ヒヤシル（冷汁）　一四九ウ6
ヒヤス（冷）　一五〇ウ6
ビャッケシ（白芥子）　一四七ウ8
ヒヤムギ（冷麪）
　ヒヤムキ　一四九ウ6
ヒヤヤカナリ（冷）

　ヒヤヤカ也　一九ウ7
ヒヤリ（毘耶離）　一四七オ6
ヒユ（莧）　一四八オ2
ヒヨウ（費用）　一五〇ウ1
ヒヨクトリ（比翼鳥）　一四八ウ8
ヒヨドリ（鵯）
　ヒヨトリ　一四九オ1
ヒラ（比良）　一四七オ8
ヒラウ（疲労）　一五〇ウ2
ヒラカタ（枚方）　一四七オ8
ヒラギ（榕）
　ヒラキ　一四八オ3
ヒラク（開）　一五〇ウ6
　　（啓）　一五〇ウ7
ヒラタケ（平茸）　一四七ウ8
　　（菌茸）　一四八オ3
ヒラヅツミ（平包）
　ヒラツツミ　一四九ウ1
ヒラヌキ（平緯）　一四九オ8
ヒラメク（閃・碎・淴）　一五一オ1
ビラリ（東風）　一五一オ3

ヒル（昼）　一四七ウ5
ヒル（鰭）　一四八ウ3
　（蛭）　一四九オ2
ヒル（蒜）　一四八オ1
　（簸）　一五〇ウ8
　（[illegible]）　一五一オ3
ヒルイナシ（無比類）
　ヒルイ（ナシ）　一五〇オ5
ヒルガヘル（翻・飄）　一五〇ウ7
　（飜）　一五〇ウ8
ヒルマ（疼）　一五一オ2
ヒルムシロ（蛇床子）　一四八オ1
ビレイ（美麗）
　ヒレイ　一五〇オ5
ヒロウ（披露）　一五〇オ6
ビロウ（尾竜）　一五〇ウ2
ヒログ
　ヒロク（攤）　一五一オ1
　ヒ□クル（攤）　一五一オ4
　　（繙）　一五一オ1
ヒロシ（広）　一五〇ウ7
ヒロフ
　ヒロウ（拾）　三三オ5・一五〇ウ5
　　（䟽）　一五〇ウ5
ヒヲ（鮊・鮇・魞）　一四九オ2
ヒヲドシ（緋権）
　ヒヲトシ　一四九ウ2
ヒヲドシノヨロヒ（火威鎧）
　ヒヲトシノヨロイ　一四九ウ2
ヒヲムシ（蜉蝣）　一四九オ2
ビン（鬢）　一四八ウ2
ヒンガウタイ（平江帯）
　ヒンカウタイ　一四九オ7
ビンガテウ（頻伽鳥）
　ヒンカ（テウ）　一四八ウ7
ビンギ（便宜）　一五〇ウ1・一五一オ3
ビングウ（貧窮）
　ヒンクウ　一五〇ウ5
ビングシ（鬢櫛）　一四九オ4
ビンシケン（閔子騫）　一四八オ8
ヒンジュツ（擯出）　一五〇ウ1
ビンセン（明船）　一五〇ウ1
　（便船）　一五一オ3
ビンツラ（炉）　一四八ウ4
ヒンデイシュ（兄弟衆）
　ヒンテイシュ　一四八オ5
ビンテン（旻天）
　ヒンテン　一四七オ4
ヒンホツ（秉払）　一五〇オ5
ビンラウジ（擯榔子）　一四七ウ7
ビンラウクルマ（擯榔車）　一四九ウ4

フ

フ（腑）　一〇一ウ3
フ（麩）　一〇二オ8
フ（経）
　ヘタリ　二八オ4
フイガウ
　フイカウ（鞴）　一〇二オ3
　　（鑁）　一〇二オ7
ブイク（撫育）　一〇三オ8
フイン（訃音）　一〇三オ8

フウガ（風雅）　一〇三オ1
フウス（副寺）　一〇一オ8
フウズ
　フウス（封）　一〇三ウ3
　（緘）　一〇三ウ4
フウタイ（風帯）　一〇二オ5
フウフ（婦夫）　一〇一ウ1
フウボ（父母）　一〇一オ8
フウリウ（風流）　一〇三オ1
フウン（不運）
　（フ）ウン　一〇二ウ8
フヱ（笛）
　フヱ　一〇二オ3
フヱ（布衣）
　フヱ　二四オ4
フヱ（脬）　一〇一ウ3
ブヱキ（無射）
　ブヱキ　一〇〇ウ8
フカ（鰲・鯸）　一〇一ウ4
　（河㹠）　一〇一ウ5
　（騰）　一〇一ウ6

フカ（浮家）　一〇一ウ8
フカウ（不孝）
　（フ）カウ　一〇二ウ6
フカキニノゾンデウスキヲフム（臨深履薄）
　ヲフム
　（フカ）キニ（ノゾンデ）ウスキ　目四オ3
　フカキニノソンテ（ウスキ）ヲフム　一〇三オ8
フカク（不覚）
　（フ）カク　一〇二ウ6
フカクサ（深草）　一〇〇オ8
フカシ（沖）　一〇二オ4
　（深・浚・嬾）　一〇三ウ3
フガフ（符合）
　フガウ　一〇三オ6
フカミクサ（牡丹）　一〇一オ6
フカン（諷諫）　一〇二ウ2
フキ（款冬）　目四オ2・一〇一オ2
　（蕗）　一〇一オ5
フギ（浮蟻）　一〇二オ1

ブギャウ（奉行）　一〇一オ8
フギン（諷経）
　フキン　一〇二ウ2
フク（腹）　一三ウ6
フク（鰒・鰏・鰒）　一〇一ウ4
フク（吹）　一〇三ウ4
フク（葺）　一〇三ウ4
　（葺）　一〇三ウ1
フクイウ（福祐）
　フクユウ　一〇三オ6
フクシャウグン（副将軍）　一〇一ウ1
フクソウ（輻湊）　目四オ3・一〇三オ6
ブクス（服）　一〇三ウ3
　フクス（伏）　一〇三ウ4
フクタウ（河魨）　一〇一ウ5
フクム（含）　一〇三オ4
フクユウ（富有）　一〇三オ2
フクラゲ（緩）　一〇一ウ4
フクラスズメ（脹雀）
　フクラ（スズ）メ　一〇一ウ5
フグリ（陰嚢・闇）　一〇一ウ3

フグリカゼ（疝気）　一〇一ウ3
フクリフ（腹立）
　フクリウ　一〇三オ3
ブクリャウ（茯苓）　一〇一オ5
フクリン（覆輪）　一〇二オ4
フクロ（袋・嚢）　一〇二オ2
フクロ（梟・鵩・鸜・鵂）　一〇一ウ4
フクロクジュ（福禄寿）　一〇〇ウ4
フクロクジュノヱ（福禄寿絵）　一〇二オ1
フクヮイ（不会）
（フ）クヮイ　一〇二ウ5
フクヮイ（不快）
（フ）クヮイ　一〇二ウ5
フケウ（不暁）　一〇〇ウ8
フケヒ（深日）
　フケイ　一〇〇ウ6
フケヒノウラ（吹飯浦）
　フケイノウラ　一〇〇ウ3
フケラカス（囿）　一〇三ウ3
フケル（耽）　一〇三ウ2・一〇三ウ7

フゲンゴクヮンワウ（普賢五官王）
　フゲンゴクヮン（ワウ）　一三九ウ8
フサ（総）　一〇三オ3
フサ（布薩）　目四オ2・一〇二ウ1
フサウコク（扶桑国）　目四オ1・一〇〇オ7
フサガル（鬱）　一〇三ウ4
フサク（壅）　一〇三ウ2
　（塞）　一〇三ウ3
フサシリガイ（房鞦）
　フサシリカイ　一〇一う8
フサン（副参）　一〇一オ8
フシ（裙・罘）　一〇一オ6
フジ（不次）
　フシ　一〇三ウ6
ブシ（武士）　一〇一オ8
ブシ（附子）　一〇一オ6
ブジ（無事）　一〇三ウ6
フシギ（不思議）　一〇二ウ7
フジサン（富士山）　目四オ一・一〇〇ウ1

フシッ（不悉）
（フ）シッ　一〇二ウ5
フジナデシコ（富士撫子）　一〇一オ7
フシナハメノヨロヒ（棎索目鎧・桾縄目鎧）　一〇二オ6
フジノミネ（附神岳）　一〇〇ウ5
フシマキ（節巻）　一〇二オ6
フシマロブ（跎）
　フシマロフ　一〇三オ6
フシミ（伏見）　一〇〇オ8
フシャウ（不祥）　一〇二ウ4
フジュ（諷誦）　目四オ2・一〇二ウ2
フジュク（不熟）
（フ）ジュク　一〇二ウ8
ブショゾン（無処存）
　ブショソン　一〇三ウ6
フシン（不審）
（フ）シン　一〇三オ5
フシン（普請）　一〇二ウ3
フス（副使）　一〇一ウ1
フス（臥）　一〇三オ5

フスベ（瘤）　一〇一ウ3
フスベガハ（薫革）
フスベカワ　一〇二オ1
フスマ（衾・被）　一〇二オ3
（襖）　一〇二オ4
フスマシャウジ（襖障子）　一〇二オ5
フセ（布施）　一〇二ウ2
フセウ（不肖）
（フ）セウ　一〇二ウ6
フセグ（禦・防・杜）
フセク　一〇三ウ2
フセゴ（篝）　一〇二オ3
（伏籠）　一〇二オ4
ブゼン（豊前）　一〇〇ウ6
フセンリョウ（浮線綾）
フセンレウ　一〇二オ4
フゾク（付嘱）　一〇三オ4
フダ（札）　一〇二オ6
（簡・牘）　一〇二オ7
フダイ（譜代）
フタイ　一〇三オ6
ブタイ（舞台）　一〇〇ウ4
フタウ（不当）　一〇二ウ7
ブタウ（無道）　一〇三オ2
ブダウ（葡萄）　目四オ2・一〇一オ1
フタゴコロナシ（無弐）　一〇三ウ7
フタタビ（両・再）　一〇三ウ1
フタヘナシ（二重成）
フタヱナシ　一〇三ウ1
フタミノウラ（二見浦）　一〇〇ウ5
フダラク（補陀落）　一〇〇オ7
フチ（淵・潭）　一〇〇ウ4
フチ（扶持）　一〇三オ1
フヂ（藤）　一〇一オ5
ブチ（駮）　一四ウ1
（駁）　一〇一ウ4
フチダカ（縁高）　一〇一オ8
フヂト（藤渡）
フジト　一〇〇ウ5
フヂバカマ（蘭）　一〇一オ5
（蕙）　一〇一オ6
フチュウ（府中）
フチウ　一〇〇オ8
フチン（浮沈）　一〇三オ6
フツウ（普通）　一〇二ウ2
フッキ（富貴）　一〇三オ1
ブツキリャウ（物忌令）　一〇二オ3
ブッシャウ（仏餉）　一〇二オ5
ブッセウケ（仏咲華）　一〇一オ7
ブッソウ（物忩）
ブッサウ　一〇三オ2
ブツダン（仏壇）　一〇〇ウ1
フッテイ（払底）　一〇三オ3
ブツデン（仏殿）
ブツテン　一〇〇ウ6
フット（一切）　一〇三ウ6
ブツモ（仏母）
フツモ　一〇一ウ7
フデ（筆・毫）　一〇二オ2
フデウ（不調）
（フ）デウ　一〇二ウ4
フテキ（不敵）
（フ）テキ　一〇二オ8

フデユヒ（筆匠）
　フテユイ　一〇一ウ1
フデヲトル（握筆）　一〇三ウ6
フト（不図）　一〇三ウ4
フトイ（篦）　一〇三ウ3
フドウ（不動）
　フトウ　一三九ウ7
フトクシン（不得心）　一〇二ウ8
フトコロ（懐）　一〇一ウ3
フトシ（篦）↓フトイ
フトヌノ（鹿布）　一〇二オ2
フトン（蒲団）　一〇一ウ7
フナ（鮒・鯽・鯖）　一〇一ウ5
ブナ（鯖）　一〇一ウ5
フナカズ（艘）　一〇二オ7
フナバタ（舷）
　フナハタ　一〇二オ7
フナヲカヤマ（船岡山）　一〇〇ウ3
フニン（補任）　一〇三オ3
フネ（舟・船）　一〇二オ2
（艇・舶・般）　一〇二オ4

ブネウ（豊饒）　一〇三ウ5
フノリ（布苔）　一〇一オ2
フハノセキ（不破関）
　フワノセキ　一〇〇ウ3
フビ（不備）
（フ）ビ　一〇二ウ5
フビン（不憫）　一〇二ウ3
フビン（不便）　一〇二ウ3
フビン（不敏）
　フヒン　一〇二ウ4
フブキ（雪吹）
　フフキ　一〇〇ウ4
フベン（不弁）
（フ）ベン　一〇二ウ8
フミヅキ
　フミツキ
（文月・親月）
　目四オ1・一〇〇ウ7
（相）　一〇〇ウ8
フミハタカル（跋扈）　一七オ7
フム（躡・蹈・跚）　一〇三ウ3

ブモ（父母）　一〇一オ8
フモツ（負物）　一〇三オ4
フモト（麓）　一〇〇ウ4
（足）　一〇〇ウ5
フユ（冬）　一〇〇ウ8
フヨウ（芙蓉）　三オ6・一〇一オ6
ブリ
　フリ（鰤）　一〇一ウ4
（鱄）　三五オ7
フリツヅミ（皷鞞）　一〇二オ5
フリハフ（振延）
　フリハヘテ　一〇三オ5
フリャウ（風鈴）　一〇一ウ8
フル（降）　一〇三ウ7
フル（触）
　フルル　一〇三ウ2
ブルイ（部類）　一〇一オ8
フルシ（古・旧・故）　一〇三ウ2
フルヒ（篩・簁）
　フルイ　一〇二オ7
フルフ（振・震・揮）

フルウ 一〇三ウ2
フルフ（奮）
フルウ 一〇三ウ2
フルマヒ（振舞）
フルマイ（振舞） 一〇三オ4
（翔） 一〇一オ4
フルヤ（墟） 一〇〇ウ4
フレテレ（降照） 一〇三ウ4
フレマハル（触廻）
フレマワル 一〇三ウ7
フロ（風呂） 一〇〇ウ3
フロ（風炉） 一〇一ウ7
ブヰ（無為）
ブイ 一〇三ウ6
フヱツ（普悦） 一〇一ウ2
ブンカフ（文匣）
ブンカウ 一〇一ウ7
ブンゲン（文限） 一〇三オ3
ブンコ（文庫） 一〇〇ウ3
ブンゴ（豊後） 一〇〇ウ6
フンコツ（粉骨） 一〇三オ4

フンザイ（分斉）
フンサイ 一〇三オ5
ブンジ（分匙） 一〇三オ6
フンジツ（紛失）
フンシツ 一〇三オ6
ブンシャウ（文章） 一〇三ウ3
ブンスイ（文粋） 一〇一ウ8
ブンダイ（文台） 一〇三オ5
ブンチン（文鎮） 一〇一ウ7
ブンツクル（文作） 一〇三オ5
ブンバク（文莫） 一〇三ウ3
フンバコ（笈） 一〇三オ7
フンバタカル（奎踽） 一〇三ウ5
フンバル（蹶張） 一〇三ウ6
ブンブ（文武） 一〇三ウ2
フンボ（墳墓）
フンホ 一〇〇ウ6
フンヨカ（文挙可） 一〇一ウ2

ヘ

ヘ（屁） 二六ウ8
ヘ（軸） 二七オ3
ヘ（綜） 二七オ7
ヘイ（塀） 二六ウ1
ヘイ（壁） 二六オ8
ヘイカ（陛下） 二七ウ2
ヘイキョ（弊居） 二八オ1
ヘイグヮイ（炳外）
ヘイクヮイ 二七オ8
ヘイグヮイ（平懐） 二七ウ2
ヘイケ（平家） 二六ウ4
ベイゲンシャウ（米元章） 二六ウ5
ヘイコウ（閉口） 二七ウ7
ヘイジ（瓶子） 二七オ2
ヘイジツ（并日） 二七ウ3
ヘイス（鵯） 二八オ5
ヘイス（嬖） 二八オ5
ヘイヂュウモン（屏重門）

ヘイチウモン　二六ウ1
ヘイハク（幣帛）　二七オ2
ヘイハフ（兵法）
ヘイハウ　二八オ5
ヘイハフジャ（兵法者）
ヘイホウシャ　二六ウ4
ヘイメイ（平明）　二七ウ1
ヘウ（俵）　二七オ5・六三オ2
ヘウ（豹）　二七オ1
ヘウ（標）　二七オ5
ベウ（廟）
ヘウ　二六オ8
ベウエイ（苗裔）
ベウヱイ　二七ウ7
ヘウガイ（氷崖）　二六ウ7
ヘウキョ（馮虚）　二七ウ7
ヘウグ（表具）　二七オ2
ヘウシ（表紙）　二七オ2
ヘウジ（表叓）　二七ウ5
ベウセツ（謬説）
ヘウセツ　二八オ2

ヘウセン（表銭）　二七オ3
ヘウソ（瘭疽）　二六ウ8
ヘウタウ（漂倒）　二八オ2
ヘウタン（瓢箪・瓢單）　二六ウ3
ヘウトクガウ（表徳号）
ヘウトクカウ　二八オ8
ヘウノカハ（豹皮）　二七オ4
ベウバウ（眇邈）　二七ウ2
ヘウビ（豹尾）　二六ウ2
ベウベウ（眇々）
ヘウヘウ　二八オ6
ヘウホヱ（表補絵・表背絵）　二七オ3
ヘウマイ（表米）　二七オ3
ベウリャク（廟略）　二八オ1
ヘキガン（碧岩）　二七オ6
ヘキキョ（辟居）　二七ウ8
ヘキショ（壁書）　二七オ4
ヘキスイ（碧水）　二七オ8
ヘキタウ（碧桃）　二六ウ3
ヘキホ（碧蒲）
（ヘキ）ホ　二七オ8

ヘキラク（碧落）　二六ウ1
ベキラノガウ（汨羅江）　二六ウ1
ヘキヱン（僻遠）　二七オ8
ヘグ（批）
ヘク　二八オ8
ヘクソカヅラ（百部根）
ヘクソカツラ　二六ウ3
ベシ（可）　二八オ4
ヘス（厭・謙）　二八オ4
ヘソ（臍）　二六ウ8
ヘソ（巻子）　二七オ6
ヘタ（下手）　二八オ3
ヘタ（帯）　二六ウ3
ヘダツ（隔）
ヘタツ　二八オ4
ヘタリ（経）　二八オ4
ベッカフ（鼈甲）
ベッカウ　二七オ5
ベッカン（鼈羹）　二八ウ2
ベツギ（別儀）　二七ウ2
ベツゲフ（別業）

ベツゲウ　二六オ8
ベツジ（蔑尓）　二七ウ8
ベツショ（別墅）　二六オ8
ベッタウ（別当）　二六ウ4
ヘッツヒ（竃・竈）
ヘッツイ　二六オ8
ヘツホツ（ノ乀）　二八オ3
ヘツラフ（諂）
ヘツラウ　二八オ5
ヘド（反吐）　二八オ8
ヘドウワウ（平等王）
　ヘドウ（ワウ）　一四〇オ2
ベニ（䞓粉）　二七オ5
ヘニツク（学）　二八オ4
ヘノコ（陰核）　二六ウ8
ヘバリツク（割付）　二八ウ2
ヘビ（蛇）　二七オ1
ヘヒリムシ（蜚）　二七オ1
ヘベ（戸）　二六ウ1
ヘミル（閲）　二八オ5
ヘメクリ（経廻）　二八ウ1

ヘヤ（部屋）　二六オ8
ヘラ（鉾・楹）　二七オ6
ヘリ（縁）　二七オ3
ヘリクダル（謙）
　ヘリクタル　二八オ4
ヘベル（屁禿）　二八ウ1
ヘリサシムシロ（縁刺席）　二七オ4
ヘル（耗）　二八オ4
ヘル（笮）　二七オ6
ヘル（謙）　二八オ4
ヘヲ（足組・足緒）　二七オ4
　（[舟+發]・繳）　二七オ5
ヘン（偏）　二七オ4
ヘン（経）　二八オ4
ベン（弁）　二六ウ7
ヘンウン（片雲）　二七オ8
ベンエツ（抃悦）
　ヘンヱツ　二八ウ1
ヘンガイ（変改）
　ヘンカイ　二八オ1
ベンカウ（弁香）　二七オ1

ヘンカン（反難）　二七ウ7
ベンカン（抃感）
　ヘンカン　二七ウ8
ベンキャク（便脚）
　ヘンキャク　二八ウ2
ベンケイ（弁慶）　二六ウ5
ヘンコ（偏戸）　二七ウ4
ベンコウ（弁口）
　ヘンコウ　二八オ6
ヘンサイ（辺塞）　二七ウ3
ベンザイテン（弁才天）
　ベンサイテン　二六ウ4
ヘンサン（遍参）　二八オ2
ヘンサン（遍散）　二八オ2
ヘンザン（遍衫）　二七オ2
ヘンシ（片時）　二六ウ2
ヘンジウ（陪従）
　ヘンシウ　二七ウ8
ヘンシャウワウ（変成王）
　ヘンシャウ（ワウ）　一四〇オ1
ベンシャウ（弁償）　二八オ3

ヘンジャク（扁鵲）
　ヘンシャク　二六ウ5
ヘンス（変）　二八オ4
ベンセイ（弁済）
　ヘンセイ　二七ウ4
ベンゼツ（弁舌）
　ヘンセツ　二八オ6
ベンタウ（便当）　二八オ8
ヘンタフ（返答）　二八ウ2
ヘンチャク（貶謫）　二七ウ8
ヘンド（辺土）　二六ウ1
ヘントツ（編綴）　二七オ2
ヘンネン（編念）　二八オ4
ヘンバ（偏頗）　二八ウ1
ヘンバイ（返閉）　二七ウ6
ヘンバイヲフム（返閇蹈）　二八ウ1
ヘンバウ（偏傍）
　ヘンハウ　二七ウ4
ヘンハク（貶剥）　二八オ1
ヘンハン（翩翻）　二八オ7
ヘンフ（篇付）　二七ウ5
ヘンフク（蝙蝠）　目三オ1・五三オ7
ヘンヘイ（返閉）　二七ウ5
ヘンベキ（便僻）
　ヘンヘキ　二八オ3
ヘンベン（扁変）　二八オ6
ヘンベン（返弁）
　ヘンヘン　二七ウ6
ベンベン（便々）　二八オ8
ヘンミ（逸見）　二六ウ5
ベンリウ（冕旒）　二七オ5
ベンレウ（冕凌）
　ヘンレウ　二七ウ2

ホ

ホ（帆）　二四オ5
ホ（穂・穟）　二三オ3
ホイ（布衣）　二四オ4
ホイキン（鉢盂巾）　二四オ8
ホイタウ（陪堂）　二四ウ3
ホイロ（焙炉）　二四オ7
ホウ（保）　二三ウ5
ボウ（堋）　二三ウ7・二四ウ1
ボウアク（暴悪）
　ボ（ウ）アク　二四ウ5
ホウイ（布衣）　二三オ8
ホウカ（要賀）　二五オ4
ホウガ（奉加）　二四ウ8
ホウカフ（腷甲）
　ホウカウ　二四ウ1
ホウキ（蜂起）　二六オ3
ホウギュウ（封牛）
　ホウ（ギュウ）　二四オ2
ホウキャウ（封疆）　二三ウ6
ホウギョ（崩御）　二五ウ2
ホウグ（反故）　二四オ8
ホウクロ（黒痣）　二三ウ4
ボウケイ（謀計）　二五オ7
ホウケン（宝剣）　二四オ8
ホウコウニン（奉公人）　二三オ8
ボウシ（帽子）　二四オ4
ホウシャ（鳳車）　二四オ3

ホウジャウ（鳳城）
　ホウシャウ　二一ウ5
ボウシャウ（毛廧）　二五オ5
ホウシュケ（宝珠毛）　二三オ4
ホウショ（奉書）　二四オ8
ホウス（封）　二五ウ4
ホウス（報）　二五ウ6
ホウゼウ（鳳詔）
　ホウセウ　二六オ2
ホウセン（登仙）
　ホウ（セン）　二五ウ1
ホウセンクワ（鳳仙花）　二三オ3
ホウソ（宝祚）　二五オ1
ホウソウ（髼鬆）　二五オ7
ボウゾウ（髼鬙）
　ボウソウ　二三ウ5
ボウタク（夢沢）
　ホウタク　二四ウ5
ホウチウ（鳳味）　二四オ7
ホウギャウ（方丈）　二一ウ5
ホウチャク（宝鐸）　二四オ7

ホウヅキ（山茨菰）　二三オ2
ホウデウ（北条）　二三ウ2
ホウデン（宝殿）
　ホウテン　二一ウ8
ホウドウ（宝幢）
　ホウトウ　二四ウ8
ホウドウ（鋒胴）　二四ウ1
ホウドウケ（宝幢花）
　ホウトウケ　二三オ4
ホウネン（豊年）　二四ウ6
ホウノキ（朴木）　二三オ2
ボウハン（謀判）　二四ウ2
ホウビ（報賽）
　ホウヒ　二五オ2
ホウヘイ（奉幣）　二四ウ7
ホウムル（薨）　二六オ2
ホウモン（蓬門）　二四ウ7
ホウユウ（朋友）　二三オ8
ホウヨ（褒誉）　二五オ3
ホウライ（蓬莱）　二一ウ5
ホウリャウ（方量）　二六オ1

ホウレキ（鳳歴）　二五オ4
ホウロク（俸禄）　二四ウ3
ホウワウ（鳳凰）　二三ウ6
　（ホウ）ワウ　目二オ8
ホカ（外）　二五ウ2
ホカフ（祭）　二五ウ6
ホガミ（小腹・髵）
　ホカミ　二三ウ4
ホガラカ（寥廓）　二五オ8
　（豁）　二六オ2
ホカヰ（外居）
　ホカイ　二四オ8
ボギ（母儀）　二三オ6
ボク（僕）　二三オ7
ボクシ（牧士）　二五オ4
ボクジウ（僕従）　二五オ7
ボクゼイ（卜筮）　二六オ1
ボクセウ（乏少）　二六オ1
ボクセキ（墨跡）　二四オ6
ホクソ（木糞）　二四ウ1
ホクダウ（北堂）　二三オ6

ボクドウ（牧童）　二三オ7
ボクトウコウ（墨頭公）　二四オ6
ホクバイ（北焙）　二四ウ4
ホクバウ（北邙）
　ホクハウ　二二ウ6
ボクボク（撲々）
　ホクホク　二五ウ8
ホクメン（北面）　二三オ6
ボクリ（木履）　二四ウ1
ボクワウ（穆王）
　ボクアウ　二三ウ1
ボケノミ（木瓜子）　二三オ3
ホコ（戈・矛・鉾・戟・鋒）　二四オ6
ホコ（架）　二四ウ2
ホゴモ（帆薦）
　ホコモ　二四ウ2
ホコリ（微塵・霾）　二二ウ8
ホコル（倨兢）　二五オ8
ホコロブ（綻）　二五ウ5
ホコヲナゲカブトヲヌグ（投戈放甲）
ホコヲナケカブトヲヌク　二六オ6

ホサカノマキ（穂坂牧）　二二ウ8
ボサツ（菩薩）　二三オ7
ホシ（星・斗・辰）　二二ウ7
ホシイヒ（糒・粮・干飯）
　ホシイイ　二四ウ3
ホシイママ（意）　二五オ3
　（自由・放縦）　二五ウ1
ホシジシ（脯）　二四ウ4
ホシワラビ（干蕨）　二四ウ4
ホス（干）　二五ウ2
ホス（酺）　二五ウ6
ホスク（皺）　二六オ1
ホゾ（帯）　二三オ3
ホゾ（臍）
　ホソ　二三ウ4
ホゾオチ（熟瓜）
　ホゾヲチ　二三オ4
ホソクヅ（燗）
　ホソクツ　二二ウ7・二四オ6
ホソシ（細）　二五ウ4
　（濃）　二五ウ7

ホソヂ（熟瓜）　二三オ4
ホソツ（歩卒）　二五オ7
ホゾノヲ（胞）
　ホソノヲ　二三ウ4
ホソフクリン（細覆輪）　二四ウ2
ホタ（檛）　二二ウ7
　（榾）　二六オ2
ボダイ（菩提）　二五オ2
ボダイジュ（菩提樹）　二三オ5
ボダウ（母堂）
　ホダウ　二五オ5
ホタクヒ（煨）
　ホタクイ　二四オ7
ホダシ（靽）
　ホタシ　二四ウ1
ホダシカネ（鋜）
　ホタシカネ　二四ウ2
ホタテガヒ（帆立貝）
　ホタテガイ　二四オ2
ホタル（螢）　二四オ2
ボタン（牡丹）　二三オ2

ホッカク（発覚）　二五オ1
ホッキョク（北極）　二四ウ5
ホックヒ（榾柮）
　ホックイ　二三オ4
ホッケウ（法橋）　二三オ7
ホッケツ（北闕）　二二ウ5
ホッケン（北絹）　二四オ4
ボツジョ（勃如）　二五オ7
ホッス（払子）　二四オ6
ホッス（欲）　二五ウ4
ホッソク（法則）　二六オ4
ホッタテ（棖）　二二ウ7
ホツミ（穂積）　二三ウ3
ホツホツ（払々）　二五ウ8
ボツラク（没落）　二五ウ7
ホテ（最手）　二五オ8
ホテイ（布袋）　目二オ7・二三ウ1
ホテル（紱）　二三ウ4
ホテン（補天）
　ホ（テン）　二四ウ6
ホド（程）

ホト　二五ウ2
ホトギ（缶）
　ホトキ　二四ウ1
ホドク（誥）
　ホドクル　二六オ1
ホトケ（仏）　二三オ7
ホドコス（施）　二五ウ4
　（播）　二六オ2
ホトトギス
　（杜鵑）　二三ウ7
　（鶻・鸂鳥・別都頓宜寿）　二三ウ8
　（田鳥・鴘鸂）　二四オ1
ホドナク（猶暮）
　ホトナク　二六オ2
ホトバシル（躍）　二五ウ6
ホトボス（浸）　二五ウ4
ホトホリカヘル（炐返）
　ホトヲリカヘル　二五ウ2
ホトホリヤム（癘）
　ホトヲリヤム　二三ウ4
ホトホル

ホトヲル（寒熱）　二三ウ5
　（熱）　二五ウ4
　（発熱）　二六オ4
ホトリ（辺・頭・畔）　二三ウ6
ホトル（齔）　二六オ6
ホトンド（殆）
　ホトント　二五ウ4
ホナイ（禱）　二五ウ6
　（敁耐）　二六オ1
ホネ（骨）　二三ウ4
ホネン（甫年）　二三オ1
ホノカ（髣髴）　二五オ8
　（側）　二五ウ4
　ホノカナリ（耿々）　二五ウ8
ホノカニキク（風聞）　二五オ8
ホノキク（風聞）　二五オ8
ホノクロシ（行黒）　二五ウ7
ホノボノ
　ホノホノ（睇々）　二五ウ7
　（少見々々）　二五ウ8
ホノミノサキ（穂見崎）　二二ウ8

ホノメキイヅ（浮出）　二五ウ2
ホバシラ（檣）　二四オ6
ホハラ（鰾）　二四オ1
ホフ（法）
　ホウ　二五ウ6
ホフイン（法印）
　（ホフ）イン　二三オ7
ボフウ（暴風）　二二ウ7
ホフク（匍匐）　一八ウ4・二五オ6
ホフゲン（法眼）
　（ホフ）ゲン　二三オ7
ホフモン（法文）　二四ウ8
ホフヤク（法薬）　二四ウ6
ホフル（屠）　二五ウ6
ホホ（莽々）
　ホ（ホ）　二五ウ8
ホホ（頬）
　ホウ　二三ウ4
ホボ（嫫母）　二五オ5
ホボ（粗）　二五ウ3
ホホアカ（頬赤）
　ホウアカ　二四オ1
ホホアテ（頬当）
　ホウアテ　二四オ4
ホホケタリ（潦倒）　二五ウ1
ホホジロ（頬白）
　ホウシロ　二四オ1
ホホメク（熕）　二六オ5
ホホヱム（忍咲）　二五ウ1
ホム
　ホメラル（被誉）　二六オ4
　ホムル（褒）　二五ウ5
ホメク（熛）　二六オ5
ホメヌヒトコソナカリケレ（不讃人杜無梟）
　ホメヌヒトコソナカリケリ　二六オ5
ホヤ（寄生）　二二オ3
ホヤ（岩花）　二四オ2
ホユ（吠）
　ホユル　二五ウ3
ホヨク（輔翼）　二五オ4
ホラ（峒・洞）　二二ウ6
ホラガヒ（螺）
　ホラカイ　二四オ3
ホラダテ（棖）　二二ウ7
ホリ（堀）　二二ウ6・二三ウ3・二五ウ3
　（塹）　二二ウ6
ホリウ（蒲柳）　二五オ6
ホリカハ（堀川）　一六一ウ2
ホリモノ（彫物）　二六オ2
ホリヲウム（堙堀・塡堀）
　ホリヲウムル　二六オ5
ホリヲホル（掘堀）　二六オ5
ホリン（蒲輪）　二五オ6
ホル
　ホレタリ（忙）　二五ウ6
　ホルル（惘然）　二五ウ2
　（悦惚）　二六オ3
　（頑・惘）　二六オ4
ホル（耄）
　ホルル　二五ウ5
ホルホル（悦々）　二五ウ8

ボレイ（暮齢）　二四ウ5
ホレウ（破了）　二六オ4
ホレホレトナリ（調々成）　二六オ1
ホレモノ（蒙者）　二六オ1
ホロ（母衣）　目2オ8
（縨・母衣）　二四オ4
（袍・母羅・武羅）　二四オ5
ホロコス（漁）　二五ウ4
ホロブ（亡）　二五ウ4
ホロボス（沈人）　二六オ3
ホロミソ（法論味噌）　二四ウ3
ホヲル（掘）　二六オ6
ボン（盆）　二四オ7
ホンガウ（本郷）　二三ウ2
ホンギャク（返逆）　二五ウ7
ホング（反故）　二四オ8
ボンジ（梵字）　二四ウ6
ホンシキ（本式）
（ホン）シキ　二六オ3
ホンシャウ（稟性）　二五オ6
ホンジャウ（本庄）　二三ウ2
ホンソウ（奔走）　二五オ6
ボンデン（梵天）　二三オ4
ボンナウ（煩悩）　二五オ5
ボンニン（凡人）
ホンニン　二三オ6
ボンヒ（凡卑）
ホンヒ　二五ウ7
ホンマ（本間）　二三ウ2
ホンマツ（本末）　二五オ2
ホンヤク（翻訳）　二五オ3
ボンヨウ（犯用）　二六オ3

マ

マ（魔）　一八オ6・四五ウ1・九五ウ1・九五ウ4
マ（摩）　九六オ7
マイ（売）　九六オ5
マイス（売子）　九五オ7
マイタイ（莓苔）　九四ウ8
マイネン（毎年）　九六オ4
マイマイ（毎々）　九六オ4
マイロウ（売弄）　九六ウ5
マイロヲドシ（間色権）　九六オ2
マウアク（猛悪）　九六オ6
マウカ（孟夏）　九五オ1
マウク（設）　九六ウ2
（副）　九六ウ5
マウク（儲）　九六ウ2
マウケノキミ（儲君）　九五オ8
マウザウ（妄想）
マウサウ　九六オ4
マウシウ（孟秋）　九五オ1
マウジャ（亡者）　九五オ8
マウシュン（孟春）　九五オ1
マウス（言）　九六オ8
マウシケリ（申梟）　九六ウ6
マウソウチク（孟宗竹）　九五オ3
マウソツ（猛卒）　九五オ8
マウデ（至）　九六ウ6
マウテ（詣）　九六ウ1
マウト（迷人）　九五ウ1

マウトウ（孟冬）　九五オ1
マウニチ（望日）　九五オ1
マウモク（盲目）　九五オ8
マガキ（籬）　九四ウ7
マカス（任）　九六オ8
（委）　九六ウ6
マカナヒ（賂）
マカナイ　九六オ8
マカナフ（媒・嫁）
マカナウ　九六オ8
マガヒナシ（無紛）
マカイ（ナシ）　九六オ7
マガフ
マカウ（繽紛）　九六ウ5
マガハズ（不紛）
マガハス　九六オ7
マカリ（罷）　九六オ5
マカリノガウ（望理郷）　九四ウ6
マガル（曲）
マカル　九六ウ2
マキ（牧）　九四ウ6

マキ（槇）　九五オ4
マキノシマ（真木島）　九四ウ6
マギル
マキレズ（不紛）　九六オ7
マキヱ（蒔絵）　九六オ2
マキヱシ（蒔絵師）　九五ウ1
マク（幕）　九六オ1
マク（巻）　九六ウ2
（捲）　九六ウ7
マク（負・貧）
マクル　九六ウ7
マク（蒔）　九六ウ3
マグ（枉）
マケテ　九六ウ4
マクグシ（幞串）　九六オ1
マクサ（莎草・秣）　九五オ5
マクラ（枕）　九六オ1
マクラコトバ（臣等言）　九六オ6
マケ（膜）　九五ウ2
（瞖）　九五ウ3
マゴ（孫）

マコ　九五オ8
マコト（信・真）　九六オ8
（実）　九六ウ1
マコモ（蒋）　九五オ4
マサ（柾）　九五オ4
マサカリ（鈇・鉞・斧・鐇）　九六オ2
マサゴ（沙）　九四ウ7
マサシ
マサシイ（正）　九六ウ4
マサシク（雅）　九六ウ7
マサニ（正・当）　九六ウ4
マサニ（将）　九六ウ5
マサル（勝）　九六ウ2
マジナフ（呪・禁）
マシナフ　九六ウ4
マジハル
マシワル（交）　九六ウ3
（接錯）　九六ウ4
マシマス（御）　九六ウ4
マジロキ（眴・瞬）
マシロキ　九六ウ7

マス（舛）　九六オ1
マス（鱒）　九五ウ5
マス（益）　九六ウ1
　（倍）　九六ウ1・九六ウ6
　（増）　九六ウ3
マシ（増）　九六ウ6
マスラヲ（益雄）　九五オ7
マセ（欄）　九四ウ7
マタ（胯）　九五ウ2
マタガル（跨）　九六ウ6
マタグラ（跨）
マタクラ　九五ウ2
マダタキ（瞬）
マタタキ　九五ウ2
マタタビ（天蓼）　九五オ4
マタブリ（杈・叉）
マタフリ　九五オ4
マダラ（斑）　九六ウ2
マダラウシ（牸）
マタラウシ　一四オ8
マチ（町）　九四ウ7・一六一ウ3

マチ（店）　九四ウ8
マチ（襠）　九六オ2
マチガネヤマ（待難山）　九四ウ7
マチマチ（区）　九六オ8
マツ（松）　九五オ4
マツ（待）　九六ウ2
マッカウ（抹香）　九五ウ8
マッカウ（真向）　九五ウ2
マツゲ
　マツケ（睫）　九五ウ2
　（眏）　九五ウ3
マヅシ（貧）
マツシ　九六ウ7
マッシャ（末社）　九四ウ6
マッセ（末世）　九六オ4
マッタク（全）　九六ウ3
マツダケ（松茸）　九五オ3
　（松蕈）　九五オ6
マッタシ（完）　九六ウ3
マット（真人）　九五オ8
マツバヤシ（松拍子）　九六オ7

マツハル（綢繆）
マツワル　九六ウ5
マッヒラ（真平）　九六ウ5
マツムシ（松虫）　九五ウ5
マツヤニ（松脂）　九六オ1
マツリ（祭）　九五オ2
マツリゴト（政）　九六ウ6
マツル（祭）　九六ウ2
マテ（蟶）　九五ウ7
マデ（迄）
マテ　九六オ8
マテドモマテデモヲソシ（遅遅遅）　九六ウ7
マデノコウヂ（万里小路）
マデノ（コウヂ）　一六一ウ4
マト（的）　九六オ1
マド（窓・牖・櫺）　九四ウ7
マドシ（貧）
マトシ　九六ウ1
マトバ（的場）　九四ウ7
マトフ（纏・紆・絡）

マトウ　九六ウ3
マドフ（惑）
マトウ　九六ウ3
マナ（末那）　九五ウ5
マナ（魚）　九五ウ4
マナ（真字）　九六オ6
マナイタ（末那板・俎）　九五ウ8
マナガツヲ（魚味鰹）　九五ウ5
マナカツヲ（鯧）　九五ウ6
（真鰹）　九五ウ6
マナコ（眼・瞳・睡）　九五ウ2
マナジリ（眸）　九五ウ2
マナシリ（眦）　九五ウ3
マナバシ（魚箸）
マナハシ　九六オ1
マナブ（学・翫）　九六ウ5
マナブタ（瞼・眶）　九五ウ3
マヌガル（免）
マヌカル　九六ウ2
マネク（招）　九六ウ1
マノアタリ（親・眼前）　九六オ7

（面）　九六オ8
（目）　九六ウ6
マバ（真羽）　九五ウ8
マハリ（囲）
マワリ　九四ウ8
マフ（舞）
マウ　九六ウ2
マフタギ（鉉子）
マフタキ　九六オ2
マヘダリ（韎韐）
マヘタリ　九五ウ8
マボル（衛）　九六ウ6
マホル（守）　九六ウ1
（護）　九六ウ2
マボロシ（幻）　九六ウ2
（㞢）　九六ウ6
ママ（儘）　九六オ8
ママコ（後子）　九五オ7
ママハハ（継母）　九五オ7
マミ（猯）　九五ウ7
マメ（豆・菽）　九五オ5

マメウマシ（豆甘）　九五ウ6
マメガラ（萁）　目三ウ8・九五オ5
マメツ（磨滅）　九六オ6
マヌヲトコ（益雄）　九五オ7
マユ（眉）　九五ウ2
マユズミ（黛）
マユスミ　九六オ1
マユミ（壇・梓）　九五オ4
マヨフ（迷）
マヨウ　九六オ5
マラ（男根）　九五ウ2
マラウド（賓・客）
マラウト　九五オ7
マリ（鞠）　九六オ1
マルアハビ（団鮑）　九五ウ5
マレナリ（希・稠）　九六ウ3
（稀）　九六ウ1
（少）　九六ウ6
マロシ（団）　九六ウ2
（円）　九六ウ3
マロブ（転）　九六ウ7

マロムシ（蛣[illegible]） 九五ウ5
マヰラス（進）
マイラス 九六ウ1
マヰリアフ（会）→マヰリワフ
マヰリワフ（会）
マイリワウ 九六ウ7
マヰル
マイル（参） 九六ウ1
（入） 九六ウ6
マヲトコ（密夫） 九五オ8
（癖陽公） 九五ウ1
マン（万） 九六ウ8
マンガマレ（万稀）
マンカマレ 九六オ6
マンカン（顢頇） 九六ウ5
マンジュジ（万寿寺） 一〇四ウ1
マンジュシャゲ（曼殊沙花）
マンジュシャケ 九五オ6
マンシン（慢心） 九六オ7
マンズ（瞞） 九六ウ5
マンゾク（満足）
マンソク 九六オ4
マンダラ（曼陀羅） 九五ウ8
マンヂュウ（饅頭）
マンチウ 九六オ3
マンドコロ（政所） 九四ウ7
マンナカ（真中） 九六ウ4
マンマン（漫々） 九六ウ4

ミ

ミ（身・余・躬・軀） 一三三オ2
ミ（箕） 一三三オ8
ミイロギ（三尋木）
ミイロキ 一三三オ8
ミオロス（直下）
ミヲロス 三七ウ4
ミカギル（見限）
ミカキル 一三三ウ6
ミガク
ミカク（琢・切） 一三三ウ7
（磨・磋・研） 一三三ウ8
ミカタ（御方） 一三四オ1
ミカタノセイ（御方勢） 一三一ウ5
ミカド
ミカト（帝） 一三一ウ4
（朝） 一三一ウ5
ミカノハラ（瓶原） 一三一オ6
ミカハ（参河） 一三一オ2
ミキ（御酒） 一三三ウ2
ミギ（二） 一三四オ2
ミキ（右） 一三三オ3
ミギハ（汀）
ミキハ 一三一オ3
ミギリ（砌）
ミキリ 一三一オ3・一三三ウ8
ミクモ（三雲） 一三一ウ6
ミグリ（莎草） 一三二ウ2
ミゲウショ（御教書） 一三三オ7
ミケン（眉間） 一三三オ2
ミケンジャク（眉間尺）
ミケンシャク 一三一ウ6
ミコ（御子） 一三一ウ4

ミゴ（寐語）　一三ウ4
ミゴ（獮猴）　一三オ5
ミゴク（御穀）　一三オ6
ミコシ（神輿）　一三オ6
ミコトノリ（勅）　一四オ2
ミサイ（微細）　一三ウ6
ミサゴ（鵤）　一三オ4
ミサコ（雎・水砂児・鴞）
ミササギ（陵）　一三オ5
ミササキ　一三オ4
ミササギノカミ（諸陵頭）
ミササキノカミ　一三ウ8
ミサヲ（操）　一四オ1
ミジカシ（短）
ミシカシ　一三ウ7
ミシホフ（御修法）
ミシホウ　一三ウ6
ミス（御簾）　一三オ6
ミスマス（見澄）　一三ウ6
ミセダナ（見世棚）

ミセタナ　一三オ5
ミソ（味噌）　一三ウ2
ミゾ（溝・渠）　一三オ3
ミソウヅ（糝）
ミソウス　一三ウ2
ミソギ（禊）　一三ウ3
（禊）　一八オ7
ミソギ（御衣木）　一三オ6
ミソサザイ（鷦鷯・鷚）　一三オ4
ミソタレブクロ（醬嚢）
ミソタレフクロ　一三オ8
ミソノヲ（御簾尾）　一三オ6
ミゾハギ（鼠尾草・宿魂草）
ミソハギ　一三ウ1
ミゾレ（霙・霏）　一三オ4
ミソレ（霰・雨雪）　一三オ4
ミゾロイケ（御菩薩池・御泥池）
ミソロイケ　一三オ6
ミダイ（御内）
ミタイ　一三ウ4
ミダリ

ミタリ（叨）　一四オ1
（漫）　一三ウ5
ミダリガハシ（擾）
ミタリカハシ　一三ウ8
ミダル（乱・紛）
ミタル　一三ウ8
ミダレガハシ（猥）
ミタレカハシ　一三ウ8
ミダン（未断）
ミタン　一三ウ5
ミチ（路）　一三オ4
（馗）　一三オ7
ミチカハク（満乾）
ミチカワキ　一四オ1
ミチノク（陸奥）　一三オ2
ミチビク（導）　一三ウ6
ミチヲナス（成業）　一四オ1
ミツ（密）　一三ウ2
ミツ（充・満）　一三ウ7
（盈）　一三ウ8
ミツル（手・豊）　一三ウ8

（塡） 一三四オ1
ミツ（十） 三二オ5
ミヅ（水） 一三一オ3
ミヅイレ（水滴）
ミツイレ 一三二オ7
ミヅウミ（湖）
ミツウミ 一三一オ4
ミヅカネ（鉛・汞）
ミツカネ 一三二オ8
ミツカン（蜜柑） 一三一ウ1
ミヅクサ（水草）
ミツクサ 一三二ウ1
ミツグミ（三構）
ミツクミ 一三四オ2
ミヅグルマ（[illegible]）
ミツクルマ 一三二ウ1
ミツクロフ（見繕）
ミツクロウ 一三二ウ5
ミヅコ（若子） 一三一ウ4
ミヅタムル（豬）
ミツタムル 一三一オ7

ミツチ（蛟・螭） 一三二オ5
ミツドウ（蜜筒）
ミツトウ 一三一ウ2
ミツノカラクニ（三韓） 一三一オ5
ミヅヒキ（水引） 一三二オ7
ミヅブキ（鶏頭草・芡）
ミツブキ 一三一ウ3
ミヅヲコボス（建水）
ミツヲコボス 一三四オ2
ミドリ（緑・碧・翠）
ミトリ 一三一ウ2
ミドリコ（嬰子）
ミトリコ 一三一ウ5
ミナ（皆） 一三二ウ6
（僉） 一三二ウ7
ミナギル（漲）
ミナキル 一三二ウ7
ミナヅキ（旦月・皆熱）
ミナツキ 一三一オ8
ミナト（湊） 一三一オ3
ミナモト（源） 一三一オ3

ミニクシ（醜） 一三二ウ7
ミネ（峯） 一三二オ4
（嶂） 一三一オ7
（脊） 一三一オ7
ミノ（美濃） 一三二オ7
ミノ（蓑） 一三二オ7
ミノオ（箕面）
ミノヲ 一三一オ3
ミノベ（美濃部） 一三一ウ6
ミブ（壬生） 一六一ウ2
ミホ（三保）
ミヲ 一三二オ5
ミマサカ（美作） 一三一オ2
ミミ（耳） 一三二オ3
ミミカキ（耳攪） 一三二オ7
ミミシヒ（聱）
ミミシイ 一三四オ1
ミミズ
ミミス（蚯蚓） 一三二オ4
（地竜） 一三二オ5
ミミダレ（聤耳） 一三二オ3

ミミヅク（木菟）
ミミツク　一三三オ4
ミミツキ（七寸）　一三三オ3
ミミツブル（聾）
ミミツフル　一三三オ2
ミミトシ（聡）　一三四オ1
ミメ（眉目）　一三三オ2
ミヤ（宮）　一三三オ4
ミャウガ（茗荷）　一三三ウ1
ミャウギャウハカセ（明経博士）
ミャウキャウハカセ　一三三オ1
ミャウシュ（名主）　一三三ウ5
ミャウセンジシャウ（名詮自性）　一三三ウ4
ミャウダイ（名代）
ミャウタイ　一三三ウ5
ミャウハフハカセ（明法博士）
ミャウホウハカセ　一三三ウ8
ミャウリ（名利）　一三三ウ4
ミャウリョ（冥慮）　一三三ウ4
ミャウヱシャウニン（明恵上人）　一三三ウ6

ミャク（脈）　一三三オ3
ミヤゲ（土産）
ミヤケ　一三四オ2
ミヤコ（京・洛・都）　一三三オ3
（城）　一三三オ7
ミヤジ（宮任）　一三三ウ4
ミヤヅカヒ
ミヤヅカイ（官・宦）　一三三ウ5
（宧）　一三三ウ8
ミヤマ（深山）　一三三オ5
ミヤマシキミ（太山樒）　一三三ウ2
ミヨシノ（深吉野）　一三三オ2
ミル（海松）　一三三ウ2
ミル（見）　一三三ウ7
ミレン（未練）　一三三ウ5
ミロク（弥勒）　一四〇オ1
ミヰデラ（三井寺）
ミイデラ　一三三オ2
ミンブ（民部）　一三三ウ8
ミンロウ（明楼）　一三三オ5

ム

ム（戊）　一六二オ2
ムカゴ（零余子）　七八オ4
ムカシ（昔・曽・曩）　七七ウ5
ムカデ（蜈蚣）　七八ウ2
ムカバ（板歯）
ムカハ　七八ウ1
ムカバキ（行縢）
ムカハキ　七八ウ5
ムカバラ（肚）　七八ウ1
ムカヒ（迎）
ムカイ　七九オ6
ムカフ（向）
ムカウ　七九オ4
ムキ（無愧）
（ム）ギ　七九オ1
ムギ（麦）　七八オ3
ムキグリ（剥栗）　七八オ3
ムク（椋）　七八オ2

（精・棵）七八オ3
ムクイヌ（犾）七八ウ2
ムクゲ（木槿）七八オ1
（槿花）目3ウ1・七七ウ6
ムクノカミ（木工頭）七八オ8
ムクヒゲ（干思）七八ウ1
ムクフ
ムクウ（酬・報）七九オ3
（答・酧）七九オ4
ムグメク（蠢）
ムクメク 七九オ8
ムクユ→ムクフ
ムグラ（葎）七八オ2
ムクリコクリ（蒙古里国里）七八オ3
ムクレンヂ（欒）
ムクレンジ 七八オ4
ムクロ（軀）七八ウ2
ムゲ（無下）
（ム）ゲ 七九オ1
ムケン（無間）七七ウ3
ムコ（聟・壻）七八オ5

ムサウ（夢想）七九オ4
ムササビ（鼯鼠）七八ウ2
ムサシ（武蔵）七七ウ3
ムサブル（忼）七九オ5
ムサフル（貪）七九オ3
ムザン（無慙）
（ム）サン 七九オ1
ムシ（虫）七八ウ2
ムシクヒ（虫食）
ムシクイ 七八ウ2
ムジツ（無実）
（ム）シツ 七九オ2
ムジナ（狢）
ムシナ 七八ウ2
ムシハム（蠹）三〇ウ4・七九オ5
ムシャ（武者）七八オ5
ムジャウ（無状）七八ウ8
ムジュン（矛盾）七九オ4
ムシル（刮）七九オ6
ムシル（繕）七九オ6
ムシロ（席・筵）七八ウ6

ムシロ（寧）七九オ5
ムス（茂）七九オ8
ムス（蒸）七九オ5
ムズトクム（元手搏）七九オ7
ムスブ（紐）七九オ5
（結）七九オ7
ムスメ（息女）六六ウ6
（女・娘）七八オ5
ムセブ（咽）七九オ5
（噎）七九オ7
ムタイ（無体）七九オ1
ムチ（策・鞘・鞭・箠）七八ウ6
ムヂュウハウ（無住方）
ムヂウハウ 七八ウ8
ムツ（鰀）七八ウ2
ムツカシ（六借）七九オ6
ムツキ（睦月）目三ウ1・七七ウ5
ムツキ（襁褓）七八ウ6
ムツゴト（密語・昵言）
ムツコト 七九オ6
ムツノクニ（陸奥）七七ウ4

ムツマジ
　ムツマシク（昵敷）　七九オ5
ムナイタ（胸板）　七八ウ5
ムナガケ（胸懸・鞦・鞅）
　ムナカケ　七八ウ5
ムナシ（空）　七九オ6
　（虚）　七九オ8
ムネ（棟）　七七ウ3
ムネ（宗・旨）　七九オ6
ムネ（胸）　七八ウ1
ムネアゲ（棟上）　七九オ4
ムネイキル（心煩）　七九オ7
ムネトノモノ（宗旨者）　七八オ5
ムネベツ（棟別）　七九オ5
ムネン（無念）　七八ウ8
ムバラ（茨・棘）
　ムハラ　七八オ3
ムブンケウ（無分暁）　七九オ2
ムベ（宜）
　ムヘナルカナ　七九オ3
ムホン（謀叛）　七九オ5

ムマ（胡馬）　七八ウ3
ムマグハ（馬歯）
　ムマグワ　七八ウ5
ムマタ（馬田）　七八オ7
ムマビユ（馬歯莧）
　ムマヒユ　七八オ4
ムマビル（蟥）　七八ウ3
ムマヤ（厩・閑）　七七ウ3
ムマヤ（駅・馬屋）　七七ウ3
ムメ（梅）　七八オ2
ムメガコウヂ（梅小路）
　ムメカ（コウヂ）　一六一オ7
ムモレギ（埋木）
　ムモレキ　七八オ3
ムヤ（撫養）　七八オ7
ムヤク（無益）　七九オ1
ムラ（村・邑）　七七ウ3
ムラカミ（村上）　七八オ7
ムラガル（群）
　ムラカル　七九オ5
ムラゴ（村濃）　七八ウ7

ムラゴキ（村刮）　七九オ7
ムラサキ（紫）　七八オ3
ムラサキスソゴ（紫斉濃）　七八ウ7
ムラサメ（暴雨）　七七ウ4
ムラマツ（村松）　七八オ7
ムラヤマ（村山）　七八オ7
ムル（簇）
　ムレツツ　七九オ8
ムレヰル（簇居）
　ムレイル　七九オ7
ムロ（室）　七七ウ3
ムロ（榁）　七八オ2
ムロマチ（室町）　一六一ウ3

メ

メ（妻・婦）　一三一オ4
メ（目）　一三一オ6
メ（和布）　一三一オ3
メイ（姪女）　一三一オ4
メイゲフ（萓萊）

メイケウ　一三オ1
メイゲン（鳴絃）
メイケン　一三ウ7
メイシャウ（名匠）　一三オ4
メイジン（名人）　一三オ4
メイタダキ（鰭）
メイタタキ　一三オ7
メイデイ（酩酊）　一三ウ6
メイドウ（鳴動）
メイトウ　一三ウ5
メイバウ（名望）　一三ウ3
メイバク（明白）
メイハク　一三ウ5
メイヨ（名誉）　一三ウ3
メイワク（迷惑）　一三ウ6
メウト（婦夫）　一三オ4
メカフ（麾）　一三オ7
メクバセ（眴）
メクハセ　一三ウ8
メグム（恵）
メクム　一三ウ6

メクラ（盲）　一三オ4
メグラス（請）　一九オ8
メクリ（眵）　一三オ6
メグル
メクル
（巡）　一三ウ7
（繞・遶・迊・帀）　一三ウ6
メシ（飯）　一三ウ2
メシイダス（召出）
メシイタス　一三ウ4
メシウト（囚人）　一三オ5
メシグス（召具）　一三ウ4
メシコム（召籠）
メシコムル　一三ウ4
メシツカフ（召使）
メシツカウ　一三ウ4
メシトル（召捕）　一三ウ4
メシハナス（召放）　一三ウ4
メシフ（盲・瞽・瞎・瞢）
メシウ　一三オ6
メシブ（召文）

メシフ　一三ウ7
メシヨス（召寄）　一三ウ4
メシロ（目代）　一三オ5
メジロ（目白）
メシロ　一三オ7
メス（召・徴）　一三ウ7
メッキ（滅金）　一三オ8
メツバウ（滅亡）
メツハウ　一三ウ5
メヅラシ
メツラシ（客）　一三ウ8
メツラシク（珍敷）　一三ウ8
メテ（妻手）　一三オ6
メド（蓍）
メト　一三オ2
メドギ（蓍）
メトキ　一三オ2
メトル（娶）　一三ウ8
メナウ（瑪瑙）　一三オ8
メナル（聚）　一三ウ7
メヌキ（韄）　一三オ8

（鏵・鎌）　一三一ウ1
メノト（乳母）　一三一オ4
メハジキ（苑蔚草・益母草）　一三一オ2
メヒシグ（瞑）　一三一オ6
メボウ（目棒）
　メバウ　一三一ウ1
メメ（米）　一三一ウ2
メメジャコ（鱺）
　メメシャコ　一三一オ7
メヤス（目安）　一三一ウ5
メリ（罵詈）　一三一ウ6
メンキョ（免許）　一三一ウ3
メンザウ（眼蔵）
　メンサウ　一三〇ウ8
メンヂョ（免除）
　メンチョ　一三一ウ3
メンドリ（雌）
　メントリ　一三一オ7
メンハイ（面拝）　一三一ウ3
メンバン（綿蛮）　一三一オ7
メンボウ（麺棒）
　メンハウ　一三一ウ1
メンミツ（綿密）　一三一ウ5
メンメウ（面貌）　一三一ウ7
メンルイ（麺類）　一三一ウ2

モ

モ（裾・裳）　一五二ウ1
モ（藻）　一五二ウ3
モイクヮ（梅花）　一五二ウ1
モウウツ（蒙鬱）　一五二ウ8
モウエイ（毛頴）
　モウヱイ　一五二ウ4
モウキ（蒙気）　一五二ウ8
モウギウ（蒙求）
　モウキウ　一五二ウ4
モウス（帽子）　二四オ4・一五二ウ1
モウセン（毛氈）　一五二オ8
モウダウ（蒙堂）
　モウタウ　一五一ウ7
モウテン（蒙恬）　一五二オ3
モウト（蒙都）　一五一ウ1
モウトウ（毛頭）　一五一ウ7
モウフン（霿雺）　二四ウ5
モウマイ（蒙昧）　一五二ウ8
モウモウ（朦々・蒙々）　一五三オ1
モウロウ（朦朧）　一五三オ1
モエギ（青黄）
　モヘキ　一五二ウ5
モエギヲドシ（萌葱権）
　モヱギヲトシ　一五二ウ5
モエクヒ
　モヱクイ（残）　一五二ウ3
　（燼・余燼）　一五二ウ2
モガリ（茂架籬・虎落）
　モカリ　一五一オ8
モク（木）　一九ウ3
モグ（椀）　一五三ウ2
モグ（奪）　一五三ウ2
モクアン（黙庵）　一五二オ3
モクケイワショウ（牧渓和尚）

モクケイ（ワショウ）　一五二オ2
モクゲンジ（木槵子）　一五一ウ4
モグサ（熟艾）　一五一ウ4
モクサイ（木犀）　一五一ウ3
モクダイ（目代）
　モクタイ　一五一ウ8
モクヨク（沐浴）　一五三オ4
モクランヂ（木蘭地）　一五二ウ5
モクロク（目録）　一五二ウ3
モシホグサ（藻塩草）
　モシヲグサ　一五一ウ5
モズ（伯労・百舌鳥・鵙）　一五二オ7
モタグ（擡）
　モタクル　一五三オ6
モダシガタシ（難黙止）
　モタシカタシ　一五三オ5
モタヒ
　モタイ（罌）　一五二ウ3
　（甕）　一五二ウ6
モダユ（悶絶）
　モタユル　一五三オ4

モチ（糯）　一五一オ6
モヂ（鈚）　一五二ウ2
　（鋇）　一五二ウ6
モヂ（戻）
　モチ　一五二オ8
モチゴメ（糯米）
　モチコメ　一五一ウ5
モチヅキ（望月・十五夜・三五夜・望）
　モチツキ　一五一ウ2
モチナハ（糆）
　モチナワ　一五二ウ6
モチヒ（餅）
　モチイ　一五一ウ6
モチユ（尋）　一五三オ8
　（用）　一五三ウ1
モチロン（勿論）　一五三オ3
モッカウ（木香）　一五一ウ4
モッキウ（木毬）　一五二ウ4
モヅク（海雲）
　モツク　一五一ウ4

モックヮ（木瓜）　二三オ3
モッケ（物怪）　一五三オ1
モッコ（持籠・簣）　一五二ウ2
　（畚）　一五二ウ6
モッサウ（物相）　一五二ウ1
モッシュ（没収）　一五三オ2
モッシュ（物主）　一五一ウ8
モッタイナシ（無勿体）　一五三オ3
モッテノホカ（以外）　一五三オ3
モットモ（尤・最）　一五三ウ1
モッハラ（専）　一五三オ5
モヅメ（物集女）　一五一オ8
モテアソブ（翫）　一五三オ5
　（弄）　一五三オ6
モテナス（持成）　一五三オ3
　（饗）　一五三オ6
モドク（熟）
　モトク　一五三ウ2
モトドリ（髻）
　モトトリ　一五二オ6
モトヒ

モトイ（髻）　一五二ウ5
（鬣）　一五二ウ6
（基）　一五一オ8・一五三オ6
モトホシ
モトヲシ（施）　一五二ウ5
（天筋）　一五二ウ7
モトム（求）
モトムル　一五三オ5
モトヨリ（本自）　一五三ウ1
モドル（捩）　一五三オ8
モドロヲドシ（母度呂権）
モトロヲトシ　一五一ウ4
モトヰ（基）
モトイ　一五一オ8
モナカ（最中）　一五一ウ2
モヌク（蛻）　一五三オ5
モムケ（蛻）　一五二オ6
モノイヒ（物云）
モノイイ　一五三オ4
モノイフ（言）
モノイウ　一五三オ2

モノイミ（斎）　一五三オ6
モノウシ（懶）　一五三オ6・一五三ウ1
（慵・嬾）　一五三ウ1
モノグルヒ（物狂）
モノクルイ　一五一ウ8
モノノカズトモセズ（不屑）
モノノカストモセス　一五三オ3
モノノフ（物夫）　一五一ウ8
モノハミ（胃）　一五二オ6
モミ（籾）　一五一ウ3
モミウリ（揉瓜）　一五一ウ6
モミヂ（楓・紅葉）　一五一ウ3
モミノキ（樅）　一五一ウ3
モム（揉・搵）　一五三オ8
（橾）　一五三ウ1
モミニモンデ（橾）
モミニモンテ　一五三ウ1
モモ（股・髀）　一五二オ6
モモ（桃）　一五一ウ3
モモシキ（百敷）　一五一オ7
モヤ（身屋）　一五一オ7

モヤウ（模様）　一五三ウ2
モヤシ（蘖）　一五一ウ4
モユ（燃）
モユル　一五三オ5
モヨホス（催・促）
モヨヲス　一五三オ5
モラス（泄・漏）　一五三オ6
モラフ（餬）
モラウ　一五三オ5
モリ（森）　一五一オ7
モレキコユ（洩聞）　一五三オ2
モロコシ（大唐国）　一五一オ7
モロコシ（唐黍）　一五一ウ5
モロコシビト（唐人）　一五一ウ8
モロシ（脆）　一五三オ5
モロテ（両手）　一五二オ6
モロトモ（諸共）　一五三オ2
モロミ（醎・醪）　一五一ウ6
モロモロ（庶）　一五三オ6
（十）　三オ5
モンジャ（紋紗）

モンシャ　一五二ウ1
モンシャウ（文釈）　一五三オ2
モンシャウ（捫択）　一五三オ2
モンジャウハカセ（文章博士）
　モンシャウハカセ　一五二オ5
モンジュ（文殊）　一三九ウ8
モンショ（文書）
　モンショ　一五二ウ3
モンジン（問訊）
　モンシン　一五二ウ8
モンス（門守）　一五一ウ8
モンゼキ（門跡）
　モンセキ　一五一ウ8
モンゼン（文選）　一五二ウ3
モンダフ（問答）
　モンタウ　一五二ウ8
モンヂュウショ（問註所）
　モンチウショ　一五二オ1
モント（門徒）　一五一ウ7
モンドノカミ（主水正）
　モントノカミ　一五二オ5
モンハ（門派）　一五一ウ7
モンマウ（文盲）　一五三オ1
モンムクヮン（門無関）　一五二オ2
モンメン（木綿）　一五二オ8
モンメンノキ（棉）　一五一ウ3

ヤ

ヤ（矢・箭）　九三ウ6
ヤ（屋）　九二ウ3
ヤイト（灸）　九三オ8
ヤウイタウ（養胃湯）　九三ウ7
ヤウイク（養育）　九四オ3
ヤウガウ（影向）
　ヤウカウ　九四オ6
ヤウガヒ（貝錦）
　ヤウガイ　九三ウ2
ヤウカン（羊羹）　九四オ2
ヤウキヒ（楊貴妃）　九三オ6
ヤウキュウ（楊弓）
　ヤウキウ　九三ウ6
ヤウサイ（栄西）　目四ウ1
ヤウジ（楊枝）
　ヤウシ　九三オ7・九三ウ7
ヤウジャウ（養生）　九四オ3
ヤウシュクガ（楊叔雅）
　ヤウシクカ　九三オ6
ヤウス（様子）　九四オ6
ヤウテイカウ（羊蹄膏）　九三ウ7
ヤウバイセン（楊梅煎）
　ヤウハイ（セン）　九三ウ8
ヤウホシ（楊甫之）　九三オ6
ヤウヤウ（漸々）　九四オ7
ヤウヤウニマウス（様々申）　九四ウ2
ヤウヤク（漸）　九四ウ4・九四オ7
　（徐）　九四ウ4
ヤウユウ（楊雄）　九三オ7
ヤウラク（瓔珞）　九三ウ3
ヤウラクゲ（瓔珞花）
　ヤウラクケ　九二ウ7
ヤウリウ（楊柳）　九二ウ7
ヤカタ（屋形）　九二ウ3

ヤガテ（聽）　九四ウ4
ヤガテイユ（施巳）
　ヤカテイヘ　九四ウ3
ヤカラ（族・種）　九三オ2
ヤガラ（簳）
　ヤカラ　九三ウ6
ヤカン（野干）　九三ウ1
ヤキ（薬器）　九三ウ3
ヤキバ（刃）　九三ウ4
　（鉎）　九四ウ1
ヤク（焼）　九四オ8
　（煮）　二ウ7
ヤクシ（薬師）　一四〇オ2
ヤクショ（役所）　九二ウ2
ヤクソク（約束）　九四オ4
ヤクダク（約諾）　九四オ3
ヤクバン（薬盤）　九三ウ3
ヤクビョウ（疫病）
　ヤク（ビャウ）　九三オ8
ヤクブダクマイ（役夫工米）
　ヤクブタクマイ　九四オ3

ヤグラ（干城）　九二ウ4
ヤクヮン（薬罐）　九三ウ3
ヤゲン（薬研）　九三ウ3
ヤサキ（鏑・金）　九三ウ7
　（箭鋒）　九三ウ8
ヤサケビ（矢叫）　九四オ7
ヤサシ（艶）　九四ウ1
　ヤサシイ（有情）　九四オ6
ヤシ（椰子）　九二ウ6
ヤシキ（屋敷）　九二ウ3
ヤシナフ
（ヤシナウ）（養・育）　九四オ3
　（食）　九四ウ4
（ヤシナフ）（養）　九三オ2
ヤシナハ（ズ）（不養）　目四オ6
ヤシハイ（椰子盃）　目三ウ7・九三ウ4
ヤシハゴ（曾孫）
　ヤシワゴ　九三オ1
ヤジリ（鏃）
　ヤシリ　九三ウ6

ヤシロ（社・祀・祠・廟・庿）　九二ウ4
ヤシン（野心）　九四オ6
ヤス
ヤスル（瘦・癯）　九三オ8
ヤセタリ（疲）　九三オ8
ヤスシ（安）　五七ウ3・九四ウ1
　（易）　九四ウ3
　ヤスカラズ（否）　九四ウ4
ヤスム（休）　九四ウ1
ヤスラフ（徘徊）
　ヤスラウ　九四オ7
ヤスリ（鑢）　九三ウ6
ヤダ（矢田）　九二ウ4
ヤタウ（夜討）　九四オ4
ヤトウ（夜盗）　九三オ2
ヤタテ（鏃）　九三ウ6
　（鏑）　九三ウ7
ヤタバネ（矢束）
　ヤタハネ　九三ウ6
ヤツイレノボン（八納盆）　九三ウ8

ヤヅカ（矢束）
ヤツカ　九三ウ6
ヤッコ（奴・臣）　九三オ2
ヤツバチ（八撥）　九三ウ8
ヤツバラ（奴原）　九三オ1
ヤツレモノ（瘻者）　九三オ3
ヤド（宿・次・舎）　九二ウ3
ヤトフ
ヤトウ（雇）　九四オ7
（倩）　九四オ8
ヤナ（魚梁・梁）　九二ウ2
ヤナイバコ（柳筥）　九三ウ5
ヤナギ（樫）　九二ウ6
ヤナグヒ（胡簶・箙）
ヤナクイ　九四オ1
ヤネ（屋根）　九二ウ3
ヤノ（箭簶）　九四オ1
ヤハズ（筈・栝）　九三ウ6
ヤハタ（八幡）
ヤワタ　九二ウ1
ヤバタイ（邪馬台）　目三ウ7・九二オ3
ヤハラカ（柔）　九四ウ1
（軟）　九四ウ3
ヤハラグ
ヤハラク（和）　九四ウ1
（睦）　九四ウ3
ヤブ（藪）　九二ウ2
ヤブサメ（流鏑）　目三ウ8・九四オ5
ヤブル（破・敗）　九四ウ1
（壊）　九四ウ3
ヤブルル（敝）　九四ウ3
ヤブルルエン（攀縁）
ヤブルルヱン　九四ウ1
ヤホヨロヅヨ（八百万代）
ヤヲロヨツヨ　九四オ5
ヤマオロシ（山下嵐）
ヤマヲロシ　九四オ5
ヤマガ（山賀）　九二ウ4
ヤマガツ（山賊）　九三オ2
ヤマガヘリ（山回）　九四ウ2
ヤマガミ（山上）　九二オ8
ヤマガラ（山雀）　九三ウ1
ヤマグハノユミ（膝弧）
ヤマグワノユミ　九三ウ8
ヤマザキ（山崎）
ヤマサキ　九二ウ5
ヤマシギ（鴫）　九三ウ2
ヤマシナ（山科）　九二ウ5
ヤマシロ（山背・山城）　九二ウ1
ヤマスゲ（麦門冬）　九二ウ6
ヤマト（大和）　九二ウ1
ヤマト（山迹）　目三ウ7・九二オ7
ヤマドリ
ヤマトリ（山鶏）　九三ウ1
（鵯）　九三ウ2
ヤマノイモ（薯蕷）　九三ウ8
ヤマバタ（山畑）　九二ウ2
ヤマヒ（病・疾・痾）
ヤマイ　九三オ8
ヤマビコ（山彦）　九三ウ1
ヤマブキ（蘇䕷）　目三ウ7・九二ウ7
ヤマブシ（山伏）　九三オ1

ヤマメ（鰥・寡）　九三オ1
ヤマメカラス（病鵲）　九三ウ2
ヤマモモ（楊梅）　九二ウ6・一六一オ6
ヤミウチ（闇打）　九四オ6
ヤミヨ（闇夜）　九三オ5
ヤム（休・息）　九四ウ1
　（止・罷）　九四ウ4
　ヤメヨ（断）　九四ウ4
ヤム（病）　九三オ8
ヤモカ（八百日）　一八ウ7
ヤヤアッテ（頓）　九四ウ1
ヤヤヒサシ（良久）　九四オ6
ヤヤモスレバ（動）
　ヤヤモスレハ　九四オ8
ヤヨヒ（弥生・寎）
　ヤヨイ　九三オ4
ヤラハル（逐）
　ヤラハレテ　九四ウ1・九四ウ2
ヤリ（鑓）　九三ウ5
ヤリド（遣戸）　九二ウ5・九三ウ8
ヤル（遣）　九四オ8
ヤロウ（薬籠）　九三ウ8
ヤヲハグ
　ヤヲハグ（作矢）　九四オ7
　（ヤヲ）ハグ（舎矢）　九四オ6
　ヤヲハゲテ（属矢）　九四ウ2
　　（擩箭）　一八ウ7
ヤヲハナツ（舎矢）　九四オ6
ヤヲハム（矯矢）
　ヤヲハムル　九四ウ2

ユ

ユ（牏）　一三〇ウ6
ユ（柚）　一二九オ5
ユイカイ（遺誡）　一三〇オ6
ユイゲン（遺言）　一三〇オ5
ユイゴン（遺言）　一三〇オ5
ユイショ（由緒）　一三〇オ4
ユイセキ（遺跡）
　（ユイ）セキ　一三〇オ6
ユイモツ（遺物）　一三〇オ6
ユウ（酉）　一六三オ6
ユウヅウ（融通）→ユヅウ
ユエン（油煙）
　ユヱン　一三〇オ1
ユカ（床）　一二九オ2
ユカウ（橙）　一二九オ5
ユカウ（櫰椵）　一二九オ6
ユカゲ
　（決拾・鞨）　一二九ウ7
　（鞈・指懸・鞢・鞸・弽・弓懸）　一二九ウ8
　ユガケ（弽）　一三〇オ1
ユカタビラ（明衣）　一二九ウ6
ユガム（枉・斜・咼）
　ユカム　一三〇ウ2
ユカリ（所縁）　一三〇ウ2
ユキ（雪）　一二九オ2
ユキアフ（于遭）
　ユキアイテ　一三〇ウ1
ユキガタ（行方）
　ユキカタ　一三〇ウ4

ユキガタシ（難辷）
　ユキカタシ　一三〇オ8
ユギャウ（遊行）　一二九オ7
ユキワヅラフ（辷）
　ユキワツラウ　一三〇ウ1
ユク（行）　一三〇ウ1
ユクサキ（前程・如往）　一三〇オ8
　（以往）　一三〇ウ4
ユクサンス（郁山主）　一二九ウ1
ユクスヱ（行末）
　ユクスヘ　一三〇オ8
ユクヘ（向後）
　ユクヱ　一三〇オ8
ユゲノホフワウ（弓削法皇）
　ユケノホウワウ　一二九ウ1
ユゴテ（弓籠手）　一二九ウ6
ユゴン（勇健）
　ユコン　一三〇オ7
ユサ（遊佐）　一二九ウ1
ユサン（遊山）　一三〇オ4
ユサン（油盞）　一三〇オ1

ユジ（油糍）　一三〇オ3
ユジュツ（湧出）
　ユシュツ　一三〇オ7
ユタ（雨打）　一二九オ2
ユタカ（豊）　一三〇ウ1
　（饒）　一三〇ウ2
ユタン（油単・油炭）　一二九ウ5
ユダン（油断）　一三〇オ4
ユヅウ（融通）　一三〇オ7
ユツキ（長庚）　一二九オ3
ユヅケ（湯漬）
　ユツケ　一三〇オ3
ユヅリハ（楪）　一二九オ5
ユヅル
　ユツル（茹）　一三〇ウ2
　（譲）　一三〇ウ3
　（煮）　一二ウ6
ユツルハ（弓弦葉）　一二九オ6
ユテキ（雨滴）　一二九ウ6
ユデモノ（茹・茹物）
　ユテモノ　一三〇オ3

ユトウ（湯桶）　一二九ウ5
ユハユル（所謂）　一三〇オ8
ユバリ（尿）
　ユハリ　一三〇ウ6
ユビ（指）　一三〇ウ6
ユヒアハス（云合）
　ユイアハス　一三〇ウ2
ユビク（⿰火面）　一三〇ウ4
ユヒク（腼・湎）　一三〇ウ4
ユヒバチ（結鉢）
　ユイバチ　一三〇オ2
ユヒフクム（云含）
　ユイフクム　一三〇オ7
ユヒヲケ（結桶）
　ユイヲケ　一三〇オ2
ユヒヲケシ（結桶師）
　ユイヲケシ　一二九オ8
ユビヲツム（措指）
　ユヒヲツムル　一三〇ウ3
ユフ（結・縛）
　ユウ　一三〇ウ2

ユフガホ（夕顔）
　ユウガヲ　一二九オ5
ユフキ（結城）
　ユウキ　一二九ウ1
ユフグレ（黄昏）
　ユウクレ　一二九オ3
ユブクロ（韣・橐）　一三〇オ1
ユフケ（夕食）
　ユウケ　一三〇オ1
ユフダチ（夕立）
　ユウタチ　一二九オ3
ユフヅキ（太白月・太白星）
　ユウツキ　一二九オ3
ユフヅキヨ（暮月夜）
　ユウツキヨ　一二九オ4
ユフヅクヨ（夕附夜）
　ユウツクヨ　一二九オ4
ユフヅケトリ（木綿付鳥）
　ユウツケトリ　一二九ウ3
ユフバエ（夕光・夕栄）
　ユウバヘ　一二九オ4
ユフベ（夕部）
　ユウヘ　一二九オ4
ユホッシ（諭法師）　一二九ウ1
ユミ（弓・弩）　一二九ウ6
　（弧）　一二九ウ8
ユミヅル（弦）
　ユミツル　一二九ウ7
ユミハズ（弭・弰）
　ユミハス　一三〇オ1
ユミハリヅキ（弦月・恒月）
　ユミハリツキ　一二九オ3
ユミヲユミブクロニス（韔弓）
　ユミヲユミフクロニス　一三〇オ1
ユメ（夢）　一三〇ウ2
ユメユメ（努努）　一三〇オ7
ユヤナギ（楡）
　ユヤナキ　一二九オ6
ユユシ（猛）
　ユユシク　一三〇ウ2
ユヨ（猶予）　一二九オ3
ユラ（由良）　一二九オ2
ユライ（由来）　一三〇オ4
　（砭）　一三〇ウ2
ユラリトノル（軽乗）　一三〇ウ3
ユリ（百合草）　一二九オ5
ユリアハセ（器合）
　ユリアワセ　一三〇ウ3
ユル（淘）　一三〇ウ3
ユルカセ（忽）　一三〇ウ4
ユルグ（颭）　一三〇ウ4
ユルシ（緩）　一三〇ウ1
　（寛）　一三〇ウ3
ユルス（許・赦・免・容）　一三〇ウ1
　（放）　一三〇ウ4
ユルリ（火炉）　一二九オ2
ユワウ（硫黄）　一二九ウ6
ユンデ（弓手）
　ユンテ　一三〇ウ6

ヨ

ヨ（世）　五八オ6

ヨ（代）　五八オ6
ヨウイ（容易）　五九ウ1
ヨウガイ（要害）　五八オ4
ヨウガン（容顔）　五八ウ4
ヨウキャク（要脚）　五八ウ8
ヨウクヮイ（妖恠）　五八ウ6
ヨウサウ（鷹爪）　五八ウ8
ヨウショク（容色）　五九ウ1
ヨウジン（用心）　五九オ8
ヨウセウ（幼少）　五九オ7
ヨウソ（癰疽）　五八ウ4
ヨウチ（夜討）　五九オ7
ヨウヒ（用否）　五九ウ1
ヨウヘン（窰変）　五九オ4
ヨカハ（横川）　五八ウ3
ヨキ（鈼）　五八ウ8
ヨギ（預儀）　五九ウ5
ヨグ（鐲）
　ヨクル　五九ウ5
ヨクジツ（翌日）　五八オ6
ヨクシン（欲心）　五九ウ2

ヨクボル（猜）　五九ウ5
ヨクリウ（抑留）　五九ウ1
ヨケイ（余慶）　五九オ6
ヨコ（横）　五九ウ3
ヨコシマ（邪）　五九ウ3
ヨコチ（横路）　五八オ3
ヨコネ（便癰）　五八ウ5
　（便毒）　五八ウ4
ヨゴノミヅウミ（与呉潮）
　ヨコノミツウミ　五八オ4
ヨコヤマ（横山）　五八ウ3
ヨシ（葭）　五八オ8
ヨシ（善・良・好・嘉・佳・吉）　五九ウ3
ヨシ（懿）　五九ウ6
ヨシカハ（吉川）　五八ウ3
ヨシスズメ（鵐）
　ヨシススメ　五八ウ6
ヨシダ（吉田）
　ヨシタ　五八オ4・五八ウ3
ヨジツ（余日）　五八オ7

ヨシツミ（吉積）　五八ウ3
ヨジト（夜尿・夜叟）
　ヨシト　五八ウ4
ヨシノ（吉野）　五八オ4・五八ウ3
ヨシミ（好）　五九ウ5
　（吉見）　五八ウ3
ヨシムシリ（反舌）　五八ウ7
ヨステビト（桑門）　五八ウ1
ヨズヱ（夜居）
　ヨスヱ　五九オ8
ヨソ（余所）　五八オ5
ヨソギキ（外聞）
　ヨソキキ　五九ウ2
ヨソフ（准）
　ヨソヘテ　五九ウ5
ヨソホヒ（粧）
　ヨソヲイ　五九ウ3
ヨタウ（余党）　五八ウ1
ヨダツ（与奪）　五九ウ1
ヨダレ（涎・液）
　ヨタレ　五八ウ4

ヨダレカケ（涎懸） 五八ウ8
ヨヅ（攣）
　ヨツ 五九ウ4
ヨツジロ（蹈雪）
　ヨツシロ 五八ウ6
ヨッテ（仍） 五九ウ4
ヨッピク（強引而）
　ヨッヒイテ 五九ウ5
ヨヅメ（夜詰）
　ヨツメ 五九オ7
ヨド（淀）
　ヨト 五八オ4
ヨドム（淀） 五九ウ5
ヨナガレ（夜餉） 五九オ8
ヨニヒヲツグ（夜継日）
　ヨニヒヲツク 五九オ8
ヨネ（米） 五八オ8
ヨノツネ（尋常） 五九オ6
ヨバハリツギ（喚次）
　ヨバハリツキ 五九ウ4
ヨハヒ（齢）

ヨハイ 五九ウ4
ヨバヒ（夜這）
　ヨバイ 五九オ7
ヨヒ（宵・竟夕・隔夜）
　ヨイ 五八オ7
ヨブ（喚） 五九ウ4
ヨフ（酔）
　ヨウ 五九ウ3
ヨブコドリ（喚子鳥）
　ヨブコトリ 五八ウ6
ヨブン（余分） 五九オ6
ヨミガヘル
　ヨミカヘル（蘇） 五九ウ5
　（穌・殅・甦） 五九ウ6
ヨム（読） 五九ウ3
ヨメ（嫂・婦） 五八ウ1
ヨモ（四方） 五八オ4
ヨモギ（蓬・蒿・艾・萊）
　ヨモキ 五八オ8
ヨモスガラ（終夜・終宵・通宵・竟夜） 五八オ6

ヨリ（従・自） 五九ウ4
ヨリアヒ（寄合）
　ヨリアイ 五九オ7
ヨリウド（寄人）
　ヨリウト 五八ウ2
ヨリオヤ（頼親）
　ヨリヲヤ 五八ウ1
ヨリカカリ（靠倚） 五九オ5
ヨリカカル（靠） 五九ウ1
ヨリカキ（棣） 五九オ5
ヨリキ（与力） 五八ウ1
ヨリコ（寄子） 五八ウ1
ヨリノキ（頼離） 五九オ8
ヨリマシ（降童） 五八ウ2
　（神子） 五九ウ6
ヨリヨリ（時々） 五八オ6
ヨル（夜・宵） 五八オ7
ヨル（依） 五九ウ4
ヨロコブ
　（歓・喜・怡・悦・懌・欣熙） 五九ウ2

（婬・賀）　五九ウ3
ヨロシ（宜・宣）　五九ウ4
ヨロヅ（万）　五九ウ4
ヨロヒ（鎧）　五ウ1・五九ウ1
ヨロイ（甲・[金丞]）　五九オ1
ヨロヒグサ（白芷）
ヨロイクサ　五八オ8
ヨワル（弱）
ヨハル　五九ウ5
ヨンドコロ（終帰）
ヨントコロ　五九ウ6

ラ

ライ（畾）　六六オ2
ライ（鶆・隝）　一四オ3
ライカウ（来迎）
（ライ）カウ　七七オ6
ライクヮイ（来会）　七七オ6
ライシ（礼紙）　六六ウ4
ライデン（雷電）　六六オ3
ライナフ（来納）　七七オ7
ライバウ（来訪）
（ライ）ハウ　七七オ6
ライワ（来話）
（ライ）ワ　七七オ6
ラウエイ（朗詠）　六六ウ4
ラウカ（廊下）　六六オ2
ラウカウ（労効）
（ラウ）カウ　七七オ5
ラウガウ（牢強）
ラウカウ　七七オ5
ラウサイ（労瘵）　六六ウ2
ラウシ（老子）　六六ウ1
ラフシ　目三オ8
ラウゼキ（狼藉）
ラウセキ　七七オ7
ラウタイ（老体）　六六オ7
ラウドウ（郎等）　六六オ7
ラウニン（牢人）　六六オ7
ラウバイ（狼狽）　七七オ8
ラウバン（労煩）
ラウハン　七七オ5
ラウビャウ（労病）
ラウヒャウ　六六ウ2
ラウマイ（粮米）　六六ウ5
ラウマウ（老耄・老朦）
ラウモウ　七七オ8
ラウモツ（粮物）　六六ウ5
ラウレウ（粮料）　六六ウ5
ラウロウ（牢籠）
（ラウ）ロウ　七七オ5
ラク（駱）　六六ウ3
ラクインバラノコ（落胤腹子）
ラクインハラノコ　六六オ7
ラクサイ（落髪）　七七オ5
ラクサク（落索）　六六ウ6
ラクシャ（落叉）　七七ウ1
ラクショ（落書）　七七オ4
ラクショ（落処）　六六オ2
ラクショク（落飾）　七七オ4
ラクセイ（落成）　七七オ3
ラクダ（落堕）　七七オ4

ラクギャク（落着）　七七オ3
　ラクチャク
ラクトン（落遁）　七七オ5
ラクハク（落魄）　七七オ4
ラクラウ（楽老）　七七オ8
ラクルイ（落涙）　七七オ4
ラダ（嬾惰）　七七オ8
ラチ（埒）　七六オ3
ラッキョ（落居）　七七オ3
ラッコ（獺虎）　七六ウ3
ラッサイ（辣菜）　七六ウ6
ラッシ（臘次）　七七オ2
ラッソク（蠟燭）　七六ウ4
ラッチヤ（蠟茶）　七六ウ4
ラフ（蠟）　七六ウ4
ラフゲツ（蠟月）
　ラウケツ　百三オ8
　ラウゲツ　七六オ4
ラフバイ（蠟梅）　七六オ6
ラフハツ（蠟八）
　ラフバツ　百三オ8

　ラウバツ　七六オ4
ラン（鸞）　百三オ8・七六ウ3
ラン（蘭）　七六オ6
ランカン（欄干）　七六オ3
ラングヒ（乱杭）
　ランクイ　七六オ3
ランジャ（蘭若）
　ランシャ　七六オ2
ランシャウ（濫觴）
　百三オ8・七六ウ7
ランジャタイ（蘭奢待）　七六ウ4
ランスイ（濫吹）　百三ウ1・七六ウ8
ランソ（濫訴）
　（ラン）ソ　七七オ2
ランダツ（乱脱）
　ランタツ　七七オ2
ランタフ（卵塔）
　ランタウ　七六オ2
ランニフ（乱入）　七七オ2
ランバウ（濫妨）　七七オ1
（乱妨）　七七オ2

ランブ（乱舞）　七七オ3

リ

リアンチュウ（李安忠）
　リアンチウ　三八オ6
リウキウ（琉球・流求）　三七ウ6
リウゴ（鼙鼓）　三八ウ4
リウスイ（流水）　三九オ2
リウタイ（柳黛）　三九オ6
リウテイ（流涕）　三九オ2
リウノヒゲ（竜髯）　三八オ3
リウモン（柳紋）　三八ウ5
リウレン（留連）　三九ウ4
リウヱイ（柳営）　三八オ4
リカン（吏韓）　三九オ7
リキシャ（力者）　三八オ4
リクタンビ（陸探微）　三八オ7
リクヂ（陸地）
　リクチ　三七ウ7
リクチン（陸沈）　三九オ1

リクリツ（六律）　二九ウ1
リクリャク（陸略）　二九オ1
リクリョク（戮力）　二九オ6
リクヮ（梨花）　二八オ3
リゲウフ（李尭夫）
　リケウフ　二八オ7
リケン（利剣）　二八ウ5
リコンサウ（利根草）　二八オ2
リクリョク（戮力）　二九オ6
リジュ（里儒）
　リシュ　二九オ7
リス（利）　二九ウ2
リタン（履端）　二八オ1
リチュウヱン（理中円）
　リチウヱン　二八ウ5
リッシュツ（立春）　二七ウ8
リッシュン（立春）→リッシュツ
リッス（栗鼠）　二八ウ2
リッスイ（立錐）　二八ウ8
リッソウ（律僧）　二八オ4
リツリョ（津呂）　二九ウ1

リハイ（利盃）　二九オ3
リハク（李白）　二八オ6
リハツ（理髪）　二九オ7
リフギ（堅義）
　リウギ　二九オ4
リフジン（李夫人）　二八オ6
リフヨウ（立用）
　リウヨウ　二八ウ8
リベツ（離別）
　リヘツ　二九オ6
リホヱ（輪補絵）　二八ウ3
リメイ（黎明）　二七ウ8
リャウアン（諒闇）　二九ウ3
リャウカイ（梁楷）　二八オ6
リャウキュウ（良久）
　リャウキウ　二八ウ8
リャウグ（霊供）　二八ウ7
リャウケ（領家）　二七ウ7
リャウゲ（霊気）
　リャウケ　二八オ4
リャウケウ（涼轎）　二八ウ3

リヤウゲウ（李陽擬）　二八オ8
リャウケン（霊験）　二九オ3
リャウシャ（寮舎）　二七ウ7
リャウジュ（領主）
　リャウシュ　二八オ5
リャウシン（良辰）　二七ウ8
リャウダン（涼暖）
　リャウタン　二八ウ8
リャウチ（領知）　二九オ1
リャウデウ（令條）
　リャウテウ　二九オ7
リャウバン（両班）
　リャウハン　二八オ4
リャウホウ（柃楷）　二八オ2
リャウホフ（令法）
　リャウホウ　二八オ2
リャクハカセ（暦博士）　二八ウ1
リュウ（竜）
　リウ　二八ウ2
リュウグウ（竜宮）
　リウグウ　二七ウ7

リュウコウシャ（竜骨車）
リウコウ（シャ）　三八ウ6
リュウコツシャ（竜骨車）→リュウ
コウシャ
リュウゼンカウ（竜涎香）
リウゼンカウ　三八ウ5
リュウテイ（竜蹄）
リウテイ　三八ウ2
リュウトウ
リウトウ（竜頭）　三八ウ6
リュウトウ（滝頭）　三九ウ1
リュウナウ（龍脳）
リウナウ　三八ウ5
リョウシュ（龍首）　三九オ5
リョウチ（陵遅）→リョクチ
リョカウノセツ（閭巷之説）　三九ウ4
リョクショ（緑醑）　三八ウ7
リョクチ（陵遅）　三九オ8
リョクリヤク（凌礫）　三九ウ6
リョクリン（緑林）　三八オ5・三九オ6
リョショ（旅所）　三九ウ2

リョリヤウ（慮領）　三九オ8
リリョウメン（李竜眠）
リレウメン　三八オ7
リロ（莉蘆）　三八オ3
リロン（理論）　三九オ8
リヲイダク（懐理）
リヲイタク　三九ウ2
リン（鈴）　三八ウ4
リン（領）　三八ウ4
リン（輪）　三八ウ3
リン（霖）　七三オ7
リンウ（霖雨）　二七ウ7
リンカウ（臨幸）　三九オ4
リンカク（麟閣）　三九オ5
リンカン（淋汗）　二七ウ8
リンキャウ（莅境）　三九オ7
（隣境）　三九オ1
リンクヮダイ（輪花台）
リンクヮタイ　三八ウ3
リンゲンアセノゴトシ（綸言如汗）
リンケンアセノコトシ　三九ウ3

リンゴ（林檎）
リンコ　三八オ2
リンコク（隣国）　二七ウ6
リンシ（綸旨）　三九オ3
リンシ（鱗次）　三九オ2
リンシバイ（綸旨梅）　三八オ2
リンジャク（悋惜）　三九ウ2
リンショウ（林鐘）
リンセウ　二七ウ8
リンセイ（霖西）
リンセ　三九オ6
リンダウ（竜瞻）　三八オ2
リンネ（輪廻）→リンヱ
リンホウ（隣封）　二七ウ6
リンボウ（輪宝）　三八ウ6
リンメイ（綸命）
（リン）メイ　三九ウ5
リンヱ（輪廻）　三九ウ3

ル

ル（騮）　四一オ5
ルイエフ（累葉）
　ルイヨウ　四一オ6
ルイサ（櫑茶）　四一オ2
　（櫑茶）　四一オ3
ルイシン（類親）　四一オ7
ルイセツ（類説）
　（ルイセツ）　四一オ2
ルイルイ（累々）　四一オ7
ルガンノヱ（蘆雁絵）
　ルカンノヱ　四一オ1
ルザイ（流罪）　四一オ6
ルシトク（婁至徳）　四一オ4
ルス（留守）　四一オ6
ルリ（瑠璃）　四一オ3
ルリテウ（瑠璃鳥）
　ルリ（テウ）　四一オ5
ルレン（留連）　四一オ6

レ

レイ（鈴）　六五ウ4
レイインジ（霊隠寺）
　レイイン（ジ）　一〇四ウ8
レイキザンテンリウジ（霊亀山天竜寺）
　レイキ（ザンテンリウジ）一〇四オ7
レイゲン（霊験）
　レイケン　六六オ2
レイシ（茘子）　六五オ6
レイシキ（例式）　六五ウ8
レイジツ（例日）
　レイシツ　六五オ5
レイシュ（醴酒）　六五ウ5
レイジン（伶人）　六五オ8
レイス（礼数）　六六オ1
レイセウヂョ（霊昭女）　六五ウ1
レイゼン（冷泉）
　レイセン　一六一オ3
レイハイ（礼拝）　六六オ1
レイハウ（礼法）
　（レイ）ハウ　六六オ1
レイヤク（例役）
　（レイ）ヤク　六五ウ8
レイラク（零落）　六六オ3
レイリ（伶利）　六五ウ6
レウ（竜）　六五ウ2
レウアウ（陵王）　二〇オ2
レウイ（陵夷）　六六オ3
レウケン（了簡・料簡）　六五ウ6
レウシ（料紙）　六五ウ4
レウジ（聊尓）　六五ウ7
レウシ（猟師）　六五オ8
レウショ（料所）　六五オ4
レウソク（料足）　六五ウ4
レウチ（陵遅）　六六オ3
レウヂ（療治）　六五ウ6
　リョウヂ　一三九ウ2
レウヅ（料桶）　六五ウ4
レウテイ（竜蹄）　六五ウ2

レウドウゲキシュ（竜頭鷁首）
レウトウゲキシュ 六五ウ3
レウラ（綾羅） 六五ウ5
リョウラ 三八ウ6
レウリ（料理） 六五ウ6
レウリャク（凌轢） 六六オ4
レウロウ（竜樓）
（レウ）ロウ 六五オ8
レキゼン（歴然）
レキセン 六六オ1
レキラン（歴覧）
（レキ）ラン 六六オ2
レツザ（列座）
（レツ）サ 六五ウ8
レッサン（列参） 六五ウ8
レン（蓮） 六五オ6
レング
レンク（聯句） 六五ウ8
（レンク）（連句） 六五ウ8
レンクヮ（練花） 六五オ6
レンゲ（蓮花） 六五オ6

レンジ（連子）
レンシ 六五オ4
レンジツ（連日）
レンシツ 六五オ5
レンジャク（連雀） 六五ウ2
レンジャク（連索）
（レン）ジャク 六五ウ5
レンジャク（龍釈） 六五ウ5
レンジョ（連署）
（レン）ショ 六五ウ7
レンゼイ（冷泉） 一六一オ3
レンゼンアシゲ（連銭駿） 六五ウ2
レンゾク（連続）
（レン）ゾク 六五ウ7
レンダイ（簾台）
レンタイ 六五オ4
レンチュウ（簾中）
レンチウ 六五オ4
レンチョク（簾直） 六六オ2
レンボ（恋慕） 六六オ3
レンマ（錬磨） 六六オ2

レンミン（憐愍） 六六オ2
レンメン（連綿） 六五ウ7
レンリ（連理） 六五オ7

ロ

ロ（瘻） 一〇オ4
ロ（櫓） 一〇ウ2
ロ（瘻） 一〇オ4
ロ（爐） 九ウ8
ロウ（籠） 九ウ8
ロウカウ（陋巷） 九ウ8
ロウカク（楼閣） 九ウ8
ロウギ（螻蟻） 一〇ウ1
ロウギョ（籠居）
ロウキョ 一〇ウ6
ロウゲン（哢言）
ロウケン 一〇ウ8
ロウコク（漏刻） 一〇オ1
ロウコクハカセ（漏刻博士） 一〇オ7
ロウジ（籠罰） 一〇ウ2

ロウシャウノヨロコビ（弄璋之悦） 二一オ2
ロウダツ（漏達）
　ロウタツ 一〇ウ7
ロウバン（鏤盤） 二一オ1
ロク（鹿） 一〇ウ1
ロク（禄） 一〇ウ3
ログ（魯愚） 二一オ1
ロクカンクヮ（鹿唧花） 一〇オ8
ロクグサス（六具刺）
（ロク）グサス 二一オ3
ロクサン（緑衫） 一〇ウ4
ロクジ（録叓） 一〇ウ8
ロクシキ（六識） 一〇オ4
ロクシャウ（緑青） 一〇ウ2
ロクシャク（漉酌） 一〇オ3
ロクシュ（六趣） 一〇ウ7
ロクシン（六親） 一〇オ3
ロクスイナウ（漉水嚢） 一〇ウ3
ロクダウ（六道） 一〇オ1
ロクヂ（陸路） 一〇オ1
ロクチク（六蓄） 一〇ウ1
ロクヂン（六塵） 一〇オ5
ロクツウ（六通） 一〇オ5
ロクデウサメウジ（六条佐女牛）
（ロクデウ）サメウジ 一六一オ6
ロクデウノバウモン（六条坊門）
（ロクデウ）ノ（バウモン） 一六一オ6
ロクハラミツ（六波羅密） 一〇ウ7
ロクロ（轆轤） 一〇ウ2
ロクロク（琭々） 二一オ2
ロクロク（轆々・碌々） 二一オ3
ロクロシ（轆轤師） 一〇オ3
ロケン（露顕） 一〇ウ6
ロコ（嚧呼） 一〇ウ8
ロサイ（囉斎・邏菜） 一〇ウ7
ロシ（路次） 九ウ8
ロシウ（芦洲） 二一オ1
ロシツ（漏失） 一〇オ4
ロシャウ（路上） 一〇ウ8
ロチャウカン（鷺腸羹） 一〇ウ5
ロッコン（六根） 一〇オ4
ロテイ（驢蹄） 一〇ウ3
ロノコロモ（羅衣・羅皀） 一〇ウ2
ロバ（驢馬）
　ロハ 一〇ウ1
ロフ（蘿蔔） 一〇ウ5
ロフ（鹵簿） 二一オ1
ロリャウ（盧掠） 二一オ1
ロロ（鹵々） 二一オ3
ロンシ（梠子） 一〇ウ4
ロンズ（論）
　ロンスル 一〇ウ6
ロンソ（論訴） 一〇ウ6
ロンニン（論人） 一〇オ3

ワ

ワ（輪） 四八オ3
ワイカ（胡臭） 四七ウ6
ワイダテ（脇楯）
　ワイタテ 四八オ1・目二ウ4

ワイロ（賄賂）　四八ウ1
ワイワウ（猥誑）　四八ウ3
ワウ（領）　四八ウ6
ワウギシ（王義之）
　ワウキシ　四七ウ3
ワウクヮン（往還）
（ワウ）クヮン　四八オ8
ワウゲンシャウ（王元章）　四七ウ4
ワウコ（往古）　四七オ3
ワウコ（楞）　四八オ2
（杤）　四八オ3
ワウザウ（奥蔵）
　ワウサウ　四九オ3
ワウシ（横死）　四八ウ3
ワウシウ（奥州）　四七オ3
ワウジャウ（皇城）
（ワウ）シャウ　四八オ7
ワウジャク（尩弱）
　ワウシャク　四八ウ4
ワウゼウクン（王昭君）　四七ウ3
ワウテツ（王哲）　四八オ8

ワウタン（黄丹）　四八オ8
ワウニチ（往日）　四七オ5・四八オ7
ワウバン（椀飯）
　ワウハン　四七オ4
ワウバン（黄幡）　四七オ4
ワウビ（横尾）　四八オ3
ワウフウ（皇風）　四八オ7
ワウフク（往覆）　四八オ8
ワウボフ（誑法）
　ワウホウ　四八ウ3
ワウミ（近江）　四七オ3
ワウム（鸚鵡）　四七ウ7
ワウリフホン（王立本）
　ラウリウホン　四七ウ4
ワウリャウ（押領）　四九オ3
ワウレン（黄連）　四七オ8
ワウワウ（往々）　四九オ2
ワウワク（枉惑）　四八ウ4
ワウヰ（王維）
　ワウイ　四七ウ4
ワウヰ（皇位）

（ワウ）イ　四八オ7
ワカ（和歌）　四八ウ2
ワカギミ（若君）
　ワカキミ　四七ウ1
ワカゴ（稚子）　四七ウ1
ワカサ（若狭）　四七オ3
ワカザカリ
　ワカサカリ（少荘・渚）　四八ウ6
ワカシ（稚）　四九オ4
ワカス（煖・徹・沸）　四八ウ7
ワカタウ（若党）　四七ウ1
ワカナ（若菜）　四七オ6
ワガヌ（綰）　四九オ2
ワカバヤシ（若林）
　ワカハヤシ　四七ウ5
ワガママ（自在）
　ワカママ　四九オ2
ワカメ（和布）　四七オ6・一三オ3
ワカヤグ（若施）　四八ウ4
ワカン（和姧）
（ワ）カン　四八ウ2

ワカン（和漢）
（ワ）カン 四八ウ1
ワガン（和顔）
（ワ）ガン 四八ウ1
ワキ（脇） 四七ウ6
ワキカヘル（瀁） 四八ウ7
ワキザシ（脇指）
ワキサシ 四八オ4
ワキツボ（肋） 四七ウ6
ワキノシタ（胳） 四七ウ6
ワキバサム
ワキハサム（挟・掖） 四九オ1
ワキマフ（弁）
ワキマウ 四八ウ8
ワク（籰） 四八オ4
ワク（涌） 四九オ3
ワク（和久） 四七ウ5
ワケ（余） 四八オ6
ワゲタリ（曲）
ワケタリ 四八ウ8
ワゲモノ（曲物）
ワケモノ 四八オ4
ワコク（倭国） 四七オ2
ワゴン（和琴）
ワコン 四八オ1
ワザ（態） 四八ウ5
ワザウタ（倡）
ワサウタ 四八ウ6
ワザハヒ
ワサワイ（煙塵） 四八ウ2
（災） 四八ウ6
ワサビ（山葵）
ワサヒ 四七オ7
ワザン（和讒）
（ワ）ザン 四八ウ1
ワシ（鷲） 四七ウ7
ワシ（糴） 四九オ1
ワシル（趍） 四九オ4
ワシヲ（鷲尾） 四七ウ8
ワス（和） 四八ウ7
ワスル（忘） 四九オ5
ワスレグサ（萱草・忘憂草・謡草） 四七オ6
ワセ（早稲） 四七オ7
ワタ（綿） 四八オ3
ワダ（和田）
ワタ 四七ウ5
ワタイル（着） 四九オ1
ワダカマル（蟠） 四九オ1
ワタクシ（私） 四七ウ2・四八ウ6
ワタシブネ（艜） 四八オ5
ワタナベ（渡辺）
ワタナヘ 四七ウ5
ワタマシ（移徙・{歹家}） 四九オ3
ワタラヒ（活）
ワタライ 四八ウ5
ワタリ（渡） 四七オ2
ワタル（度） 四八ウ7
ワダン（和談）
（ワ）ダン 四八ウ1
ワツカ（羽束） 四七オ2
ワヅカ（僅）
ワツカ 四八ウ8

ワヅラヒ（煩）
　ワツライ　一七ウ6
　ワヅライ　四八ウ5
ワヅラヒツイヱ（煩費）
　ワツライツイヱ　一七ウ6
ワトウ（話頭）　四九オ2
ワナ（締）　四八オ4
ワナナク（戦）
　ワナ（ナ）ク　四八ウ8
ワナミ（吾儕）　四七ウ1
ワニ（鰐）　四七ウ7
　（鱷）　四七ウ8
ワニアシ（捲足）　四七ウ6
ワニグチ（鰐口）　四八オ1
ワビウド（詫人）
　ワビウト　四七ウ2
ワビコト（偈）　四八ウ4
　ワヒコト（侘事・侘言）　四九オ2
ワビシ（醍・惆）　四八ウ4
ワメク（噫）　四九オ1
ワブ（嗁）　四八ウ4

ワヤク（和薬）　四七オ7
ワヨ（和与）　四八ウ1
ワラ（藁）　四七オ7
ワラクツ（屣）　四八オ4
ワラシナ（藁科）　四七ウ5
ワラビ（薇）　四七オ6
ワラヒソフイタル（咲戯居）
　ワライソフイタル　四九オ4
ワラフ（笑・咲）
　ワラウ　四九オ5
ワランヂ（草鞋・藁鞋）　四八オ3
ワランベ（童）→チツコトシタルワランベ　四七ウ2
ワリゴ（破子）
　ワリコ　四八オ2
ワリナシ（無分・元理・無和理）　四九オ4
ワル（破）　四八ウ6
ワルシ（劣）　四八ウ5
ワレ（吾）　四七ウ1
ワレカラ（我柄）　四七ウ8

ワレモカウ（予甲・一根草）　四七オ7
ワレヲタスク（南無）
　ワレヲタスケタマヘ　四八オ7
ワヱ（汙穢）　四八ウ2
ワン（椀）　四八オ4
ワンカハヤマ（五河山）　四七オ2
ワンレイ（還礼）　四九オ3

ヰ

ヰ（胃）
　イ　四オ1
ヰ（井）
　イ　二オ2
ヰ（藺）
　イ　二ウ7
ヰ（位階）
　イカイ　六ウ6
ヰキョク（委曲）
　イキョク　六ウ6
ヰクビ（猪頸）

イクビ　四オ3
ヰゲタ（幹・井舲・井欄）
イゲタ　二オ2
ヰコン（遺恨）
イコン　六ウ6
ヰザリ（膝行）
イザリ　四オ3
ヰザル（膝行）
イサル　七オ7
ヰシ（為市）
イシ　六オ7
ヰセキ（堰埭・井関・井磧・堰）
イセキ　一ウ8
ヰヅツ（韓・幹）
イツツ　二オ2
ヰトク（威徳）
イトク　六ウ7
ヰナ（維那）→ヰノ
ヰナカ（田舎）
イナカ　二オ4
ヰナカウド（田舎人）

イナカウト　三オ5
ヰネウ（囲繞）
イネウ　七オ1
ヰノ（維那）
イノ　三オ8
ヰノウヘ（井上）
イノウヘ　三ウ4
ヰノクマ（猪熊）
イノクマ　一六一ウ2
ヰノコ
イノコ（豕子）　目一ウ6・二オ8
（豚・𡋐）　四ウ5
ヰノコヅチ（牛膝）
イノコヅチ　二ウ5
ヰノシシ（猪）
イノシシ　四ウ5
ヰノタニ（猪谷）
イノ（タニ）　三ウ6
ヰノシリ
イノシリ（鶴虱）　三オ1
（地菘）　三オ2

イノシリ（井尻）　三ウ5
ヰノマタ（猪俣）
イノマタ　三ウ6
ヰノハヤタ（井早田）
イノハヤ（タ）　三ウ6
ヰハイ（位牌）
イハイ　四ウ8
ヰモリ
イモリ（守宮）　四オ7
（䶉）　四オ8
ヰラン（偉乱）
イラン　六ウ7
ヰル（居）
イル　一ウ8
ヰロリ（囲炉裏）
イロリ　二オ3
ヰン（院）
イン　二オ5
ヰンジュ（院主）
インジュ　三ウ1
ヰンジュ（員数）

インシュ　六オ8
ヰンゼン（院宣）
インゼン　六ウ6
ヰンチャウ（院廳）
インチャウ　九オ2

ヱ

ヱ（絵・［尸＋凶］）　一一〇ウ2
ヱキゲンキツ（易元吉）　一一〇オ1
ヱグシ（瞼）　一一一オ2
ヱクボ（靨）　一一〇オ5
ヱゲ（会解）
エケ　一〇九ウ1
ヱゲガサ（解下傘）　一一〇ウ6
ヱサンノモノ（［尸＋凶］賛物）　一一〇ウ2
ヱシ（絵師）　一〇九ウ6
ヱジノタクヒ（衛士焼火）　一一一オ4
ヱシャク（会釈）　一一一オ1
ヱショ（会所）
ヱシュ　一〇九ウ1
ヱタ（穢多）　一〇九ウ6
ヱチゴ（越後）　一〇九ウ3
ヱチゼン（越前）　一〇九ウ2
ヱッチュウ（越中）
ヱッチウ　一〇九ウ2
ヱッテウ（越鳥）　一一〇オ8
エッテウ　目四オ8
ヱド（穢土）
ヱト　一〇九ウ2
ヱノコ（狗・猧）　一一〇オ6
ヱノコグサ（狗尾草）
ヱノコクサ　一〇九ウ5
ヱブクロ（餌袋）　一一〇ウ4
ヱム（笑）　一一〇ウ8
ヱモンノカミ（衛門督）　一一〇オ4
ヱル（彫）　一一一オ2
ヱンアウ（鴛鴦）
エンワウ　目四オ8・一一〇オ7
ヱンギン（遠近）
ヱンキン　一一〇ウ7
ヱンコウ（猿猴）　一一〇オ6
ヱンザ（円座）
ヱンサ　一一〇ウ4
ヱンジャク（円寂）
ヱンシャク　一二オ3
ヱンジュ（槐）　一〇九ウ4
（槐樹）　一〇九ウ5
ヱンドウ（豌豆）
ヱントウ　一〇九ウ4
ヱンリョ（遠慮）　一一〇ウ7

ヲ

ヲ（尾）　四三ウ3
ヲ（緒）　四四オ1
ヲ（苧）　四三ウ8
ヲウネムシ（蝗）　四三ウ6
ヲウム（績）　四六ウ8
ヲカ（丘）　四一ウ6
ヲカク（澆）　四六オ1
ヲガサハラ（小笠原）　四三オ5
ヲガサハラヤマ（小笠原山）

ヲカサハラヤマ　四二オ1
ヲカサベ（隣形部）　四一ウ1
ヲカシ（可咲）　四四ウ6
ヲカシク（阿呵敷）　四四ウ6
ヲカシシ（鳥借）　四四ウ4
ヲカシゲ（可咲）
　ヲカシケ　四四ウ6
ヲカス（犯）　四六オ1
ヲカス（冒）　四六ウ7
ヲカタマノキ（岡玉木）　四二ウ1
ヲカベ（小壁・刑部）　四三オ5
ヲガム（拝）
　ヲカム　四五オ5
ヲギ（荻）　四二オ8
ヲギノ（荻野）
　ヲキノ　四三オ6
ヲグシ（小串）　四三オ4
ヲクヤウ（抑揚）　四六ウ5
ヲグラヤマ（小倉山）
　ヲクラヤマ　四一ウ8
ヲグルス（小栗栖）
　ヲクルス　四一ウ4
ヲグルマ（施覆花）　四二オ7
ヲクルマ（小車）　四三オ5
ヲケ（桶）　四一オ1
ヲケラ（白木）　四二オ6
ヲコ（⿰忄烏⿰忄許）　四四ウ4
ヲコジ（鰧・⿰魚唐）　四三ウ5
　（⿰魚黽）　四三ウ6
ヲコノモノ（嗚呼物）　四二ウ3
ヲサ（捘）　四三ウ8
　（筬）　四四オ5
ヲサナシ（稚）　四五オ4
ヲサナイ（小児）　四二ウ6
　（不肖・不了）　四四ウ7
ヲサム（収）　四五ウ4
ヲシ（鴛鴦）　四三ウ5
ヲシキ（折敷）　四四オ1
ヲシフ（教）　四五オ1
　（敎）　四六オ6
ヲシホヤマ（小塩山）　四一ウ8
ヲジマ（小嶋）　四三オ5
ヲシミタバフ（惜持）
　ヲシミタハウ　四六ウ2
ヲシム（惜）　四五ウ3
ヲシャウ（和尚）　四二ウ6
ヲタ（小田）　四三オ4
ヲヂ（伯父）
　ヲチ　四二ウ4
ヲチカタ（遠方）　四二オ2
ヲチコチ（遠近）　四六ウ3
ヲツド（越度）　四四ウ3・四六ウ5
　（乙度）　四四ウ3
ヲットゼイ（膃肭臍）　一四オ8
ヲトコ（男）　四二ウ4
ヲドス（威）　四五オ1
ヲトス（綴）　四五オ2
ヲトメ（乙女・童女）　四二ウ5
ヲトリ（囮）　四三ウ5
ヲドリアガル（距躍）
　ヲトリアガル　四五オ3
ヲドル（踊）　四五オ3
ヲトワ（乙輪）　四一ウ4

ヲナガドリ（鵲・尾長鳥）
　ヲナカトリ　四三ウ5
ヲノ（斧・鉞）　四四オ1
ヲノノエ（柲）　四四オ4
ヲノノカラ（鉞柲）　四四オ3
ヲノノク（惶）　四五オ4
ヲノノコマチ（小野小町）　四三オ6
ヲノノタカムラ（小野篁）　目二ウ3
　四三オ1
ヲノミ（麻子）　四二オ7
ヲバ（伯母）
　ヲハ　四二ウ4
ヲバナ（蕙）
　ヲハナ　四二ウ1
ヲバマ（小浜）
　ヲハマ　四一ウ8
ヲババヤシ（小林）
　ヲハヤシ　四三オ5
ヲハリ（尾張）　四一ウ1
ヲハリ（十）　三三オ3
ヲハル（了）

ヲワル　四五ウ8
ヲヒ
　ヲイ（甥）　四二ウ4
　（出）　四二ウ6
ヲビク（偽引）　四六オ5
ヲブサノイチ（尾総市）
　ヲフサノイチ　四二オ2
ヲミゴロモ（小忌衣）
　ヲミコロモ　四四オ3
ヲミナヘシ（女郎花）　四二オ7
ヲミノウラ（嗚呼浦）　四二オ1
ヲメク（喚）　四五オ4
ヲムロ（小室）　四三オ5
ヲモロ（小諸）　四三オ5
ヲヤマ（小山）　四三オ3
ヲヤミ（小止）　四六オ6
ヲリ（折）　四四オ1
ヲリ（居）
　ヲル　四五オ1
ヲリフシ（境節）　四四ウ5
ヲル（折）　四五ウ1

ヲルベキトコロニヲラズ（不処処）
　ヲルヘキトコロニヲラサル　四六オ2
ヲロチ（蝮）　四三ウ6
ヲヱ（麻生）　四三オ6
ヲヲ（條）　四四オ4
ヲヲ（呼）　四五ウ7
ヲンカイ（葷蘚）　四二ウ1
ヲンゴン（遠近）　四四オ7
ヲンシ（蔭子）　四四オ8
ヲンジャウジ（園城寺）　四一ウ3
ヲンジョチュウ（慍怨仲）
　ヲンショチウ　四二ウ8
ヲンタウ（隠當）　四四オ7
ヲンデキ（怨敵）
　ヲンテキ　四四ウ2
ヲンドリ（雄）
　ヲントリ　四三ウ5
ヲンビン（穏便）　四四オ7
ヲンホッシ（遠法師）　四二ウ8

あとがき

語彙研究を試みる一環として、節用集の語彙索引を以前にもいくつか公にして来た。国会図書館蔵岡田希雄旧蔵『節用集』(底本＝『岡田希雄旧蔵節用集』一九七五・葉山書院刊)、玉里文庫本『節用集』(底本＝『玉里文庫本節用集』西日本国語国文学翻刻双書Ⅱ所収一九六四・同刊行会) の両書に収録されたすべての和訓を『岡田本・玉里本節用集和訓一覧』(『近思研究』第二・第七) もそのひとつである。

本索引は、節用集の語彙研究を試みるわたし自身の手控えとして作成した『枳園本節用集索引稿』が元となっている。『索引稿』を作成したのが一九七五年であるので四半世紀も以前のことになる。

本書は、その『索引稿』に手を加えて完成させたものである。しかし、索引類の常として、誤りを皆無とすることは非常に難しい。字体等の不統一が存したり、語彙の掲出等において誤りのあることを恐れる。そのような点において、本書も未だ手控えの段階であるかもしれない。大方のご教示をお願いする次第である。

本書の原稿整理の段階で、国文学科 (現日本語日本文学科) 助手内村有里君を煩わした。感謝申しあげる。最後に、出版に際してお世話になった和泉書院社長、廣橋研三氏に心からお礼を申し上げる。

尚、本書は、平成十三年度科学研究費補助金 (研究成果公開促進費) の交付を受けている。記して謝意を表したい。

平成十三年十月

西崎　亨

■編者紹介

西崎　亨（にしざき　とおる）
一九四二年奈良県生まれ
武庫川女子大学文学部教授
〔主要業績〕『東大寺図書館蔵本法華文句古点の国語学的研究　本文篇』（桜楓社、一九九二）『同研究篇』（おうふう、一九九八）『高野山西南院蔵訓点資料の研究』（臨川書店、一九九五）『日本古辞書を学ぶ人のために』（世界思想社、一九九五）『訓点資料の基礎的研究』（思文閣出版、一九九九）など

索引叢書　49

枳園本節用集索引

二〇〇二年二月二八日初版第一刷発行
（検印省略）

編者　西崎亨
発行者　廣橋研三
印刷所　亜細亜印刷
製本所　渋谷文泉閣
発行所　有限会社和泉書院
大阪市天王寺区上汐五―三―八
〒五四三―〇〇〇二
電話　〇六―六七七一―一四六七
振替　〇〇九七〇―八―一五〇四三

ISBN4-7576-0136-0　C3381